U0619653

虹口教育·学校巡礼

—— 虹教系统中小学、幼儿园学校概览（2023年）

上海市虹口区教育局　编

上海教育出版社
SHANGHAI EDUCATIONAL
PUBLISHING HOUSE

图书在版编目（CIP）数据

虹口教育·学校巡礼：虹教系统中小学、幼儿园学校概览.2023年 / 上海市虹口区教育局编.—上海：上海教育出版社，2023.6
ISBN 978-7-5720-2007-0

Ⅰ.①虹… Ⅱ.①上… Ⅲ.①地方教育－概况－虹口区－2023 Ⅳ.①G527.513

中国国家版本馆CIP数据核字(2023)第112430号

责任编辑　蒋文妍　戴燕玲
封面设计　陈　芸

虹口教育·学校巡礼：虹教系统中小学、幼儿园学校概览（2023年）
上海市虹口区教育局　编

出版发行　上海教育出版社有限公司
官　　网　www.seph.com.cn
地　　址　上海市闵行区号景路159弄C座
邮　　编　201101
印　　刷　上海展强印刷有限公司
开　　本　700×1000　1/16　印张 26.25
字　　数　456 千字
版　　次　2023年6月第1版
印　　次　2023年6月第1次印刷
书　　号　ISBN 978-7-5720-2007-0/G·1801
定　　价　128.00 元

如发现质量问题，读者可向本社调换　电话：021-64373213

目　录

🎗 幼儿园

小 学

✎ 初　中

🍃 高 中

🍃 高职校

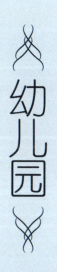

幼儿园

让儿童生活在美的世界里

——上海市虹口区西街幼儿园

🎵 学校之魂

　　上海市虹口区西街幼儿园创办于 1893 年，至今已有 130 年园史，弘扬中华传统文化是园史赋予的使命。西幼以"施之以美，涵之以情"为办园理念，以"醇美教育"为教育哲学，凸显幼儿园课程变革的独特价值追求和文化内涵。秉承以美的手段培育美的人的教育，打造一支"四雅"（雅言、雅量、雅观、雅趣）通融，至善醇美的教师团队，不断探究幼儿发展的心理规律，挖掘其本身已有的美。了解幼儿的兴趣和需求，施之以美育，拓展其他方面的美，从而涵养其性情，健全其人格，达到全面均衡发展。

　　校徽由"虹口西街"的拼音彩色首字母与卡通毛笔、国画颜料的简笔涂鸦组成，象征着西街幼儿园对中国传统文化的传承，以美育为核心融合其他各育，呈现出各具特点的多彩美感，浸润幼儿心灵。

🎵 办学之思

　　陆敏，上海市虹口区幼儿园第二党总支书记兼西街幼儿园园长，特级园长。获上海市三八红旗手、上海市园丁奖、虹口区教育科研先进指导者等荣誉称号。她是一位涵养深厚、襟怀坦荡的园长，以儒雅的风度、独立的思想、勇于承担的勇气默默地耕耘着。她在 43 年的学前教育管

理生涯中，引领西街幼儿园从争创一级园到特色园再到示范园，达到三次重大飞跃，形成西街幼儿园"醇美教育"的品牌。她倡导教师以行为影响行为，以品德培养品德，以能力提高能力，以情操陶冶情操，以境界提升境界，以人格塑造人格，形成"全面渗透审美教育，注重幼儿个性发展"的办园特色。基于上海市提升中小学（幼儿园）课程领导力行动研究，她带领西街人优化迭代西街全景式幼儿园"醇美教育"课程体系的顶层设计，细化课程培育目标，建立"四雅"教师团队培育措施与机制。

教学之本

● 名师风采

林安逸，副园长。获上海市园丁奖、虹口区园丁奖、虹口区"十佳青年教师"称号、虹口区中青年教师评优二等奖。

孙一帆，工会主席，区骨干教师。获上海市园丁奖、上海市教育系统青年教师爱岗敬业教学技能竞赛三等奖，具有丰富的幼儿国画教学经验。

王芳，保教主任，区优秀班主任，上海市见习教师规范化培训优秀指导教师。获虹口区园丁奖，具有丰富的书画教学经验。

周旻骅，年级组长，上海市家庭教育优秀指导教师，上海市见习教师规范化培训优秀指导教师，区骨干教师。获虹口区北外滩街道优秀园丁奖。

陈玲琳，托班教研组长，虹口区骨干教师，虹口区0—3岁中心教研组成员。获上海市中青年教师评优二等奖。

● 特色课程

幼儿园以"让儿童生活在美的世界里"为课程理念，开发了一套横向联动、纵向贯通、斜向交织的"醇美教育"课程实施路径。通过醇美游戏、醇美运动、醇美生活、醇美学习、醇美体验、醇美节日、醇美环境、醇美联盟八大途径，以幼儿发展为主，关注幼儿情感态度、认知能力的发展过程；以幼儿的发展需求为主，注重幼儿发现美和感受美的审美情趣，培育健康自信、亲近同伴、好学探究、情趣优雅、初步有责任感的幼儿。

● 品牌活动

2018年至今开展托幼一体研究，明确教养理念：以亲为先、以情为主、教养融合。开设运动、涂鸦美术、唱游音乐、生活等活动课程；每学期对虹口北外滩区域的家长开设健康心理讲座、家长沙龙、亲子游戏活动、育儿座谈会。

2019 年，西幼参加了上海市课程领导力行动研究（第三轮），主要从课程建设和课程实施的角度，对西幼的"醇美教育"特色课程进行总体设计和规划，促进"醇美教育"课程的高质量发展，在全市示范园沙龙会议上宣传交流西幼的办园特色。

● 家园共育

作为上海市家庭教育示范校，西幼根据家庭育儿的现状调查，分类梳理出 15 个家教微课程，帮助家长掌握科学育儿的方法，传授现代家庭教育理念，提高家庭教育质量和水平。原创微课"给孩子最温暖的生命教育"入选虹口区第四期家庭教育指导"生涯四叶草"专题。

● 荣誉奖项

2018 年上海家庭教育示范校

2019 年上海市教师规范化培训专业发展优秀校

2019—2020 年度上海市文明单位

2022 年"幼儿园全景式的醇美教育课程实践研究"获上海市基础教育优秀教学成果一等奖

人文之萃

● 杰出人物

孙秀君，西街幼儿园私立转公立的第一任园长。她秉承着严谨的办园风格，为西街幼儿园形成良好的园风和校园文化奠定基础。她和女儿（学前教育游戏专家林茅老师）一起，任劳任怨，为幼儿园的发展奉献一生。

张光琪，曾担任西街幼儿园的党支部书记。作为一名地下工作者，她经历过解放战争的洗礼，一生致力于将党的精神和优良传统传递给下一代，是虹口区学前教育领域唯一的离休干部。

邹琴，曾担任西街幼儿园副园长兼小幼教联合支部副书记。她兢兢业业，默默奉献，展现了人民公仆的高风亮节。

石兰，曾担任西街幼儿园园长 15 年，上海市先进工作者。她将全部身心都投入到其所挚爱的教育事业，推动幼儿园在快乐教育与建构游戏、角色游戏上形成特色。她勤恳、严谨、认真的治学态度影响了一代西幼人。

● 学校景物

醇美校园，让幼儿沐浴阳光，爱运动，有自信。

醇美环境，让幼儿生活在美的世界里，爱艺术，有情趣。

创作天地，释放幼儿的天性，爱探究，有梦想。

五爱童心，笑容绽放

——上海市虹口区江西北路幼儿园

🐚 学校之魂

上海市虹口区江西北路幼儿园创办于1981年，以"五爱童心，笑容绽放"为办园理念，以"尊重幼儿、服务幼儿、发展幼儿"为目标，力求培养拥有良好品质的五爱儿童。在提升办学品质的过程中，构建多元、开放、融合的课程体系；在园所、教师、家长三方协商式互动中，形成教育合力。以管理"张弛有度"、队伍"正向乐思"、课程"多元融合"、幼儿"童心绽放"为准则，建设与时俱进的新时代幼儿园。

校徽是圆环形的，外环是幼儿园的中英文名称，内环中心是绿色的幼苗和双手的融合图案，代表了江西北路幼儿园的教育教学活动是由幼儿和教师双主体构成的；彩色的微笑太阳代表了幼儿像旭日一般温暖而又朝气蓬勃的形象；图案组合象征着江幼的教师是幼儿的支持者、合作者和引导者，师幼共同沐浴在朝阳下，快乐地成长，让笑容在江幼绽放。

🐚 办学之思

李桂玲，上海市虹口区江西北路幼儿园园长。获虹口区园丁奖、虹口区先进个人、虹口区教育科学研究成果三等奖等荣誉称号。她以"五爱童心，笑容绽放"为办园理念，以"江幼和你共同成长，让笑容在江幼绽放"为校园文化，建设会学习、乐尝试、喜分享、愿合作、能付出、肯担当、充满正能量的教师队伍。创设选择性社会课程，囊括西贝欢乐园、西贝手拉手、西贝看世界、西贝家园乐四个板块，努力培养一批适爱社会、探爱自然、敬爱师长、友爱同伴、纳爱自己的"五爱"儿童，着力打造一所幼儿喜爱、家长认可、教师归属的"美好家园"。

教学之本

● 名师风采

徐玮，保教主任兼工会主席，区骨干教师。

陈依佳，科研组长兼教研组长，高级教师，区骨干教师。

● 特色课程

幼儿园以"五爱"为课程理念，坚持创设选择性社会课程，创建"社会适应性"的课程特色，以园内园外相结合的模式，开展西贝欢乐园、西贝手拉手、西贝看世界、西贝家园乐四个板块的具体课程，鼓励幼儿适爱社会、探爱自然、敬爱师长、友爱同伴、纳爱自己，激发幼儿独立自主、积极主动的人格品质。

● 品牌活动

从 2011 年至今，幼儿园每两年参与市级"幼儿健康水平监测与分析"项目，进行幼儿健康发展水平的测试与评估。2019 年"幼儿同伴交往行为的个案观察与记录研究报告"、2021 年"信息化技术在预防和控制超重、肥胖儿童食谱制定和家园共育中的运用策略研究"分别成功申报其项目的子课题。

2016 年至 2019 年，幼儿园与虹口区乍浦路图书馆联合开展大班幼儿"读经典——千字文"公益活动，让幼儿感受中华五千年文明的魅力。

● 家园共育

《指向地域文化认同的家园联动方案》是指社区、园所、家园三方联动共同参与到幼儿园课程建设中，结合幼儿园周边社区资源，创设指向本土文化的社会实践活动；融合来自五湖四海的家庭文化，开设指向地域文化认同的家长参与课程。

● 荣誉奖项

2019、2020 学年度上海市安全文明校园

2019—2020 年度虹口区文明单位

虹口区第七届、第八届沪语童谣集体比赛（幼儿园组）二等奖

虹口区第十届、第十一届沪语童谣集体比赛（幼儿园组）一等奖

人文之萃

● 学校景物

小班室内欢乐堡，在这里幼儿时而自由地蹦蹦跳跳，快乐地翻滚；时而动动脑筋，搭建梦想乐园。

小班温馨绘本小书阁，挑选一本最爱的故事书，幼儿或坐在萌萌的"小动物"沙发上，或躲进"私密"的竹屋里，享受静谧的阅读时光。

中大班智慧绘本馆，幼儿浸润在琳琅满目的"书海"中，总能找到一本最喜欢的、最需要的、最值得反复翻阅的好书。

中大班多彩室内运动馆，多元的运动材料组合出趣味运动项目，幼儿深入其中，仿佛置身迷彩森林，在挑战中成为一名动力十足的运动健将。

安全在行，健康成长
——上海市虹口区九龙路幼儿园

🖋 学校之魂

上海市虹口区九龙路幼儿园地处北外滩，创办于1958年，在"安全在行，健康成长"办园理念的指导下，始终坚持以幼儿为本，遵循每一位幼儿身心发展的规律，满足个体发展需求，在安全、和谐、快乐的环境中，促进师生共同健康成长，成就真、善、美的健康人生。

校徽主图是一条数字"9"形状的巨龙，源于学校的名字"九龙"。我们是中国人，是龙的传人，腾飞的巨龙象征着发展和强大，寓意着九龙的全体师生乐观健康的精神面貌、积极向上的追求热情以及对美好未来的期盼和展望。

🖋 办学之思

张霞，上海市虹口区九龙路幼儿园园长。获上海市青年教师评优二等奖、虹口区园丁奖、区优秀班主任等荣誉称号。她与团队在"团结合作、勇于奉献、快乐同行"的九龙精神的感召下，在"安全在行，健康成长"办园理念的引领下，积极打造健康、快乐、文明、发展的校园文化，形成以目标体系为"宗旨"、以规章制度为

"网"、以民主参与为"面"、以家长互动为"线"、以安全主题为"点"的办学模式，稳步提升整体办园水平，使幼儿、教师、家长、园所"四位一体"共同成长，倾力打造家门口的好幼儿园。

教学之本

● 名师风采

边恒亮，保教主任兼大教研组长，区骨干教师。获虹口区十佳教师提名奖、虹口区园丁奖。

李小乐，工会主席兼后勤主任。获虹口区园丁奖、区优秀班主任、虹教系统优秀工会工作者等荣誉称号。

● 特色课程

幼儿园以"聚焦幼儿整体发展，在每一位幼儿心中播撒安全的种子"为课程理念，希望幼儿在安全健康的环境中成长，通过亲历实践，在个体经验的自我建构中，获得安全知识，养成安全习惯，具备较强的安全意识和安全行为能力；通过幼儿园课程实施，促进幼儿健康水平以及情感、态度、认知、能力等全面发展，使九龙的孩子成为健康快乐有活力、表达表现有自信、学习探究有兴趣、安全防范有能力的身心和谐发展的幼儿。

● 品牌活动

幼儿园结合市级项目，与园本课程相融合，创设了符合学前幼儿年龄特点的浸润式安全体验室。从游戏的趣味性、操作体验性入手，让幼儿通过直接感知、实际操作、亲身体验来获取经验；让幼儿在玩中学，做中学，想中学，在多通道、多感官、多场景、多领域的复合刺激中获得安全教育的"营养元素"，使学习安全知识更生动形象，寓教于乐，达到知识与实际情景相结合。

● 家园共育

家庭是幼儿园重要的合作伙伴，和谐、信任的家园关系能让家园共育更为有效。园所不断调整家园沟通方式，在实践中形成"菜单式家园共育模式"，了解家长的真实需求，满足不同家长的意愿，为家长参与幼儿园的各项活动提供平台和机会。家长从原来的观众变成了幼儿园活动的参与者和策划者，尝试从专业的角度促进幼儿的成长。在"菜单式家园共育模式"下，幼儿园收获了家长的理解、信任、支持和主动参与，提高了教师和家长之间沟通交流的有效性，共同推动幼儿成长。

● 荣誉奖项

2019—2020 学年度上海市安全文明校园

虹教系统 2020 学年基层党政领导干部考评集体嘉奖

2019 年上海市依法治校标准校

人文之萃

● 学校景物

快乐山坡是幼儿的乐园，他们可以在草地上打滚，和同伴聊天。

幼儿喜欢将自己在开心农场亲手种的蔬菜带回家，和爸爸妈妈一起烹饪出美味的菜肴。

浸润式的安全体验室给幼儿带来身临其境的活动体验。

沿着阳光长廊，幼儿开启一天美好的幼儿园生活。

阅读、阅历，让每一个幼儿拥有成长力

——上海市虹口区东余杭路幼儿园

🎵 学校之魂

上海市虹口区东余杭路幼儿园创办于 1956 年，是上海市示范性幼儿园。在办园过程中始终坚守教育育人的价值指向，形成了"阅历，走向成长力"的办学思想。坚持儿童立场，构建了以落实每一位幼儿"主动活动、亲历体验、个性表达"的阅读课程；倡导"承责文化"，拥有一批有教育情怀，能相信并支持幼儿发展的教师群体。在追求真实、自主、创新中打造一个幼儿发展优先、家园协同共进、内涵持续发展的具有和谐文化底蕴的高质量示范性幼儿园。

校徽寓意：以文植树，向阳而生；以爱滋养，蓬勃苗壮；以书育人，美好童心。阅读，让每个幼儿昂首仰望，茁壮成长！

🎵 办学之思

瞿菁，现任幼儿园党支部书记兼园长，正高级教师，特级园长。获上海市教育评优一等奖、市园丁奖、虹口区拔尖人才、五一劳动奖章等荣誉称号。她始终将"幼儿发展、教师发展"放在首位，崇尚师

生在真实教育情境中经历成长。她坚持依法办园，坚持质量标准，倡导文化育人，在传承与创新中持续探索幼儿早期阅读。她以真实真诚的人格魅力、专业智慧的领导力，支持并引领教师获得专业发展。

教学之本

● 名师风采

周敏怡，幼儿园保教主任，高级教师，虹口区骨干教师。获上海市园丁奖、上海市中青年教师评优二等奖、上海基础教育青年教师爱岗敬业教学竞赛优秀奖、虹口区教学评优一等奖等荣誉。

吴文佳，幼儿园党支部委员兼年级组长，虹口区骨干教师。获虹口区园丁奖、虹口区教学评优一等奖。

周迪文，幼儿园保健教师兼后勤组长，虹口区保健骨干，区保健中心组组长，上海市托幼协会保育工作专题研究组成员。获上海市托幼机构保育工作先进个人等荣誉。

● 特色课程

依据 2—6 岁幼儿的阅读兴趣、能力以及在阅读过程中多元化学习和发展的需求，创设趣味开放、互动多变的阅读环境，引导幼儿在游戏中、体验中、互动中自主阅读，在感知丰富情感、体验多样经验、体现个性化表达中，获得真实经验、向善情感、审美表现等未来全面发展"真、善、美"的核心素养。

● 品牌活动

以儿童立场，凸显阅读价值；以喜闻乐见的主题，整合阅读资源；以适宜的方式，拓宽阅读视野。2012 年起创建"五月阅博汇——东幼文学节""中国心，世界眼""东幼西游""当绘本遇上音乐"等活动，旨在引发幼儿、教师、家长关注幼儿阅读，共同走进阅读。在自然、自主的阅读中，形成阅读文化，使阅读成为东幼人生活学习的好习惯。

● 家园共育

倡导"同沐美好教育，共筑家园共同体"，践行"向美、共育、发展"的家教理念，以每一个儿童美好、和谐、可持续发展作为出发点和目标，追求幼儿、教师、家长的共同成长。幼儿园开发了家教特色课程，倡导阅读，以"伴读营"的方式，陪伴家长、陪伴幼儿。伴读中增强家长与幼儿、教师与家长的互动意识和能力，提升家园、亲子之间高质量的互动品质。

● 荣誉奖项

1986 年全国教育系统先进集体

1987、1988、1990 年上海市三八红旗集体、上海市家庭教育先进集体

2007 年全国首批国家级语言文字规范化示范学校、上海市语言文字规范化示范学校

2009 年上海市教育系统先进集体、上海市模范职工小家

2010 年全国模范职工小家

2019 年上海市依法治校示范校

2019 年上海市平安示范单位

2020 年上海市教育系统巾帼文明岗

2020 年上海市家庭教育示范校

2021 年上海市文明单位

2021 年上海市家庭教育指导"十四五"实验基地

人文之萃

● 杰出人物

陈定儿,上海市特级教师。获"全国教育系统劳动模范""全国五一奖章""新中国 60 年上海百名杰出女教师"等荣誉称号。2004 年至 2011 年担任东余杭路幼儿园园长。她以敏锐的视角、专业的智慧,立足幼儿的发展,确立并探索"以'文'激情,幼儿文学整合教育活动"的特色课程,主编《用艺术塑造美好童心》《点亮童心》《语言活动这样做》等书籍。

● 学校景物

慧读园　　　　　　　　　　　悦读林

体验馆　　　　　　　　　　　木工阁

屋顶花园　　　　　　　　　　操场

童心游戏，奇梦建构，快乐成长
——上海市虹口区临潼路幼儿园

🌿 学校之魂

上海市虹口区临潼路幼儿园创办于1986年，以"童心游戏，奇梦建构，快乐成长"为办学理念，以游戏学习为核心，关注幼儿完整、和谐、科学发展的基本需求；快乐建构重自主，关注幼儿动手、动脑、感知探索的个性需求；灵动发展促提高，关注幼儿思考、实践、乐于求知的寻常时刻；坚持以幼儿为本，融合开放、群体联动的教学实践，凝练文化精髓，促进幼儿与教师共同发展。

校徽由五位手拉手的幼儿和有"临潼"首字母的大树组成。色彩各异的孩童形象既代表欢乐游戏、灵动发展、健康成长的幼儿，又代表教师要从不同的视角看待幼儿，促进幼儿整体、差异发展；茂盛的大树则代表基于幼儿立场，提供适宜的园本课程，培养勤于思考、乐于表达、善于合作，有个性、讲规则、能倾听、会分享的当代幼儿。

🌿 办学之思

钟琴，上海市虹口区临潼路幼儿园党支部书记兼园长。获虹口区中小幼课堂教学评比幼儿园组二等奖、虹口区十佳教师提名奖、虹口区园丁奖。她以"童心游戏，奇梦建构，快乐成长"为办学理念，秉承

"执着探究，分享合作；守正创新，卓越发展"的园本文化，立足幼儿为本、共同发展，努力让幼儿在原有水平上获得充分发展，让教师在教学实践中获得专业成长，让幼儿园成为幼儿健康快乐、教师践行理想、家长社会认同的幸福乐园。

教学之本

● 名师风采

吴钧，保教主任，区骨干教师。获虹口区中小幼课堂教学评比一等奖、虹口区优秀班主任、虹口区优秀教研组长。

李艺雯，大教研组长，区骨干教师。获虹口区中小幼课堂教学评比二等奖、虹口区优秀教研组长。

● 特色课程

幼儿园以"游戏学习、快乐建构、灵动发展"为课程理念，立足于前期游戏基础的构建，实践于主题式和畅想式建构活动，拓展于幼儿与环境和材料的互动，开展促进幼儿动手、动脑、感知、探究的建构课程特色活动。幼儿在建构活动中重自主，感知和探索材料的丰富变化，习得和储存多种建构的经验；教师在建构活动中重突破，挖掘幼儿创造潜能，提升幼儿学习品质，促进幼儿全面、健康、和谐发展。

● 品牌活动

"临潼建构节"充分展示幼儿自主巧思的建构能力，推动创意建构与课程各领域活动有机结合。为幼儿提供展现自我的舞台，鼓励幼儿运用日常积累的建构经验，尝试多种形式的表达表现，体验建构给幼儿带来的无穷乐趣。搭建的"未来的城市""海洋世界""我心目中的小学"等一个个生动的主题，让幼儿畅游在创作的海洋中；"董存瑞炸碉堡""王二小放牛郎""长津湖"等一个个红色小故事的展现，让幼儿传承红色基因，萌发爱国热情。

● 家园共育

心临手巧，建构"潼"真——亲子建构小课堂，以微课的方式，呈现幼儿园的建构特色活动，通过孩子通、微信平台与家长分享，为家长打开一扇窗，体验建构的乐趣，与幼儿共享创造的快乐。

● 荣誉奖项

虹教系统 2021 学年基层党政干部考核集体嘉奖

虹口区 2020 学年第二学期校本素养课程优秀学校

2020 年"阳光梦·健康行"中国青少年素质教育展优秀组织奖

2018 年虹口区优秀教研组

2018 年虹口区慈善之星

2018 年虹口区教育系统先进教工之家

人文之萃

● 学校景物

室外运动场地宽阔，运动形式多样，运动器具齐全，运动器械丰富。

班级活动室空间宽敞、环境温馨，每班都有采光、通风良好的独立活动和生活的空间。

同舟而济，梦想启航
——上海市虹口区舟山路幼儿园

学校之魂

上海市虹口区舟山路幼儿园创办于1958年，前身是虹口区机关幼儿园，有着深厚的办园历史和文化底蕴。在传承与创新中，幼儿园以"同舟而济，梦想启航"为办园理念。在"同舟"文化的打造和浸润中，园所、家庭、社区之间达成一致理念，同心协力，奋发前行，共同创造良好条件，创新教育方式，让每位幼儿和教职工都有适合的、健康的、幸福的、自主的成长平台，开启幼儿的美好梦想，成就教职工的光荣梦想，实现幼儿园的发展梦想。

校徽由"双手""小舟""彩虹""星空"四部分组成。"双手"分别代表教师和家长，在他们的共同呵护下，象征幼儿的"小舟"航行在被"星空"点亮的"彩虹"桥上，向着自己的梦想前行，寓意"同舟而济，梦想启航"。

办学之思

陈晓艳，上海市虹口区舟山路幼儿园党支部书记兼园长。获虹口区园丁奖、虹口区中小幼课堂教学评比一等奖等。她以"同舟而济，梦想启航"为办园理念，以"同舟"为核心，努力构建"同心同德"的管理文化、"和而不同"的课程文化、"欣赏同行"的团队文化、"民主认同"的制度文化、"温暖同创"的环境文化。在"让每一叶'小舟'

从这里启航"的课程理念的引领下，不断优化"小舟"园本课程，用心培养乐生活、善交往、愿合作、喜探究的身心和谐发展的快乐幼儿，着力打造幼儿幸福、家长满意、教工热爱、同行尊敬、社会赞赏的家门口的好幼儿园。

教学之本

● 名师风采

丁莉，保教主任，高级教师，区中心教研组成员。获虹口区园丁奖、区教育科研成果三等奖。

陈怡，工会主席。获虹口区园丁奖、虹口区中小幼课堂教学评比三等奖、区教育科研成果三等奖。

朱轶玮，年级组长，区骨干教师。获长三角教育信息化征文活动三等奖、虹口区中小幼课堂教学评比三等奖。

周洁，年级组长，市双名工程区"种子计划"成员，区教学能手。获虹口区中小幼课堂教学评比三等奖、区教育科研成果三等奖。

● 特色课程

舟幼以"让每一叶'小舟'从这里启航"为课程理念，在乐自己、悦他人、亲社会的"'小舟'启航"课程中，坚持以幼儿发展为中心，将社会情感能力培养有机融合，渗透于一日生活中。通过每日的环境互动、多元游戏、午间活动、交往渗透、分享交流，每周的家庭延伸活动，每月的课程周项目体验，每学期的大活动、社会实践等，构建社会学习课程特色，实现幼儿、教师、家长、幼儿园的共同发展。

● 品牌活动

舟幼关注幼儿的社会性发展，基于园本实际，从幼儿人际交往入手展开实践研究，开发园本课程活动，加强个别观察指导，积累支持策略。曾形成市级课题"共同生活中幼儿人际行为培养的实践研究"。

2018 年，幼儿园团队设计制作作品"'棋'趣"，以各种纸杯为材料，环保、轻巧，注重在游戏中引发同伴互动、亲子互动，生发智慧。该作品在上海市亲子嘉年华活动中进行展示交流，并荣获第四届上海市幼儿园优秀自制玩教具评选活动二等奖、上海市第十二届幼儿游戏大赛优秀游戏奖。

● 家园共育

共同生活，共享美好。"舟幼生活节"始于 2019 年，已历经四届，其中生活故事活动是生活节的重点及亮点，是渗透在整个幼儿期的家园活动。通过浸润在幼儿生活中的生活故事的记录、讲述、分享，让幼儿和家长共享美好的生活时光，感受生活的千滋百味，增进亲子情感，提升陪伴品质，获得能力发展，用有故事的童年，成就有故事的人生。

● 荣誉奖项

上海市安全文明学校

上海市办园成绩显著单位

上海市卫生先进单位

上海市保育先进集体

虹口区文明单位

虹口区语言文字示范校

上海师范大学天华学院教育实践基地

人文之萃

● 杰出人物

虞宝凤，在园担任舟幼园长二十余年，获上海市园丁奖、上海市尊老敬老好领导、虹口区教育系统年终考评党政领导个人记功奖等荣誉称号。她热爱幼儿教育事业，坚持以幼儿发展为本，注重幼儿身心健康，以幼儿人际交往为突破点，带领团队潜心研究共同生活中幼儿人际行为的培养，创设了园本特色课程，带领幼儿园晋升为上海市一级幼儿园，为幼儿园的后续发展奠定坚实的基础。

● 学校景物

总园教学楼是上海市优秀历史建筑，一年四季在爬山虎的掩映下见证幼儿的成长。

1933年设计建造的建筑，顶层建有歇山顶的中式祠堂，现为幼儿的小舟书房。

执艺育人，植美于心

——上海市虹口区艺术幼儿园

📎 学校之魂

上海市虹口区艺术幼儿园坐落于上海市虹口区北外滩地区，邻近国际货运中心、北外滩绿地等新地标，幼儿园的发展与北外滩地区的崛起交相辉映。虹口区艺术幼儿园创办于1993年5月，在上海市世界儿童基金会及区教育局大力支持下，办园之初就明确了艺术教育创办特色；多年来，以"执艺育人，植美于心"为办园理念，强调用艺术的手段，在幼儿心灵中播下美好的种子，培养求真、求善、求美的幼儿和教师；以全面发展为基础，以艺术教育为载体，努力建设特色鲜明、

师资优良、质量上乘、开放创新、个性发展的特色幼儿园。

校徽是以"虹艺"拼音首字母"H和Y"组合而成。"H"形似小鹿，在上海话中"乐"和"鹿"的读音相近，象征着每一个幼儿像快乐的小鹿一样在虹艺"快鹿"成长。"Y"形似小苗，喻示着幼儿像小苗一样在虹艺的怀抱中茁壮成长。

📎 办学之思

黎静宇，上海市虹口区艺术幼儿园党支部书记兼园长。获上海市青年教师评优一等奖、上海市园丁奖。她以"执艺育人，植美于心"为办园理念，以"凝练艺术特色，提升办学品质"为己任，坚持价值导向，注重文化引领，努力打造求真、求善、求美的"臻美"教师团队；通过"用

艺术点亮童心"的课程，让"臻美"教育渗入教育的方方面面，渗透幼儿的成长历程，打造特色鲜明的优质幼儿园。

教学之本

● 名师风采

凌芸，虹口区后备干部，区骨干教师，市级课题主持人，科研组长。获虹口区园丁奖。

李超杰，区骨干教师，教研组长，家教负责人，青年美术组带教人，现为"美术爱上课俱乐部"成员，开展过多次讲座及教学展示活动。

王云，虹口区后备干部，教研组长，青年音乐组带教人，现为"音乐爱上课俱乐部"成员，多次开展讲座及音乐教学展示活动。

● 特色课程

自办园起，虹艺以"幼儿园艺术教育课程的研究和实践"为引领，历经数年民族文化、情境性个别化活动等实践研究，逐步创立了以艺术教育为手段，包含美术、音乐、舞蹈、戏剧等特色活动的艺术课程。

现阶段幼儿园确立了"用艺术点亮童心——把美奉献给属于它的心灵"课程发展方向，"艺术"是手段，"点亮"是过程与目标，"童心"是对象。通过课程的实施，借助"艺术"的手段，将"美好的事物"渗透在各个领域，引领幼儿感受这个世界众多美好的事物，促生幼儿求真、求善、求美的特质，培养好奇探究、勇于挑战、健康活泼、文明乐群、乐享美好、创艺表达的虹艺幼儿。

● 品牌活动

虹艺臻艺小社团是指创设丰富且有选择性的各种艺术形式。以"社团"为抓手，与社区家长联动，引进艺术教育各类"外援"，坚持让幼儿自主选择，感知在前，表达在后，混龄开展。通过创意美术团、童心合唱团、馨艺小剧团、蓓蕾形体社以及器乐启蒙，引导幼儿在生活和艺术中发现美、感受美，鼓励通过多种方式表现美、创造美，在幼儿心中埋下美的种子。

亲子启蒙艺术特色活动是指幼儿、家长和教师"三位一体"开展的艺术活动，旨在通过多元互动，增进亲子、家园之间的积极感情，让幼儿得到艺术启蒙，在身体、认知、情感、社会性等方面获得全面和谐的发展。

● 家园共育

　　"艺心尚美沙龙"是艺术幼儿园特色的家长学校活动。"艺"代表了艺术幼儿园，也谐音家园一心，即用艺术的方式，实现家园共育。"艺心尚美沙龙"邀请艺术教育专家与家长一起聊艺术、谈美育，如邀请大学艺术老师谈谈"如何带领幼儿欣赏艺术作品"，通过各种实例，深入浅出地传授简单有效的引导途径，为家长在家中引导幼儿欣赏艺术提供了科学的方法。又如邀请园内艺术教育的骨干教师借助不同年龄段的幼儿作品，向家长科普幼儿艺术领域发展的阶段性变化，帮助家长科学认识幼儿身心及艺术技能发展的基本规律。通过各类讲座沙龙，让家长们获得了较多科学的育儿认知和正确的艺术引导能力。

● 荣誉奖项

　　上海市文明单位

　　上海市家庭教育示范校

　　上海市家庭教育指导"十四五"实验基地

　　上海市托幼机构保育工作先进集体

人文之萃

● 杰出人物

　　李惠澄，上海市虹口区艺术幼儿园第一任园长。获全国教育系统劳动模范、上海市首批特级教师、上海市园丁奖、上海市优秀教师等荣誉称号。她凭着对幼教事业的爱心与诚心，锐意进取、争创一流，亲手创办虹口区艺术幼儿园，并致力于让虹艺达到一流水平、一流质量。

　　陈定儿，曾任虹口区艺术幼儿园园长。获全国教育系统劳动模范、全国五一劳动奖章、"建国60年上海百名杰出女教师"、上海市三八红旗手、上海市特级教师等荣誉称号。她潜心钻研，勇于实践，尝试研究"幼儿园家庭教育的研究""幼儿园艺术教育课程的研究和实践"等全国、市级课题，并主编出版《家教新路》《用艺术塑造美好童心》等书籍，为虹艺的艺术教育课程发展打下坚实的基础。

　　张晓燕，虹口区第四总支原书记兼虹口区艺术幼儿园园长，曾任区教师进修学院教研员。获全国三八红旗手、上海市首届市级骨干教师称号。她以科研的态度坚持在艺术教育方面积极耕耘，编著的《体验有道、自主无限》与《幼儿园民族文化艺术教育的实践研究》书籍广受好评。

● 学校景物

虹艺教学大楼建筑呈现艺术性的阶梯状，形似攀登的阶梯，象征着幼儿在虹艺的怀抱中逐级攀登、迈步向前。

多彩飞虹，缤纷童年

——上海市虹口区飞虹路幼儿园

🎵 学校之魂

上海市虹口区飞虹路幼儿园创办于 20 世纪 50 年代，1980 年正式命名。经过多年的积淀与凝练，学校逐步形成了"孩子健康快乐每一天，教工爱生敬业每一天，家长安心满意每一天"的办园理念，在提升办园品质的过程中，深入挖掘"虹"文化，以"多彩飞虹，缤纷童年"为文化主题，旨在培育多彩幼儿、成就多彩教师、携手多彩家长、创设多彩环境。幼儿园、教师、家长达成一致理念，携手聚力，以"管理科学优效、队伍务实奋进、课程多彩生发、幼儿健康快乐"为目标，建设家门口的优质幼儿园。

校徽由"虹"和"人"两部分组成。弯弯的彩虹绚烂、美好、欢悦，吸引着每位幼儿、教师与家长踏上这条多彩的路，共同体验和享受着幼儿园欢乐多彩的每一天。一大一小的红蓝小人俏皮、灵动，携手互牵，寓意着师幼牵手，以"爱"为魂，以"人"为本，用爱构筑自由、信任、和谐、快乐的育人氛围，共同创造着多彩、幸福而美好的幼儿园生活。

🎵 办学之思

黄奕玲，上海市虹口区飞虹路幼儿园园长。获虹口区园丁奖，虹口区第七届、第十一届、第十二届教育科研工作先进个人等荣誉称号。她以"孩子健康快乐每一天，教工爱生敬业每一天，家长安心满意每一天"为办园理念，立足"推行优效管理，锻造精良师资，创设优美环境，培育健全儿童，家长信任满意"的办园目标，着力培养一支"有爱心、有热情，理念新、业务精，会合作、勇创新"的教职工团队，积极开展"上海市学前教育共同性课程"与幼儿园"节庆文化"特色课程有效融合的实践探索，着力打造一所有口皆碑的家门口的优质幼儿园。

教学之本

● 名师风采

朱瑾，工会主席兼保教主任。获虹口区园丁奖、虹口区教育系统优秀工会工作者。

吴烨玮，教研组长，虹口区教师专业人才梯队教学能手。获虹口区入职 3 年青年教师"三个一"教学基本功评比展示活动综合奖二等奖。

谢丽娟，教研组长，虹口区教师专业人才梯队教学能手。获 2022 年度虹口区幼教二总支教师课堂教学评比活动二等奖。

● 特色课程

幼儿园自 2009 年起将"节日文化教育"引入幼儿园课程园本化实施范畴。以"传承优秀文化，体验快乐"为核心理念，以主题活动、节日庆典、社会实践、亲子活动、参观访谈等为基本活动形式，以各领域整合为基本经验，以家园、社区联动为拓展空间进行教学实践，旨在利用传统节日、重大节日、纪念日等节日活动中的人、事、物，有目的、有组织、有计划地向幼儿传递多元的文化信息，让幼儿亲近自然、接触社会，感受节日文化的悠久历史与魅力，体验各种节日活动带来的不同情感，促进幼儿爱家、爱国、爱人、爱自然、爱生命等良好的社会性情感发展。

● 品牌活动

幼儿园开放课堂将园本课程"节日文化教育"活动向社区开放，每逢"六一""国庆""元旦"等节庆大活动都会邀请社区中散居的幼儿参与；"4.22 世界地球日""世界粮食日"等节日邀请社区居民参观"绿色创意亲子制作展览会""幼儿环保宣传美术作品展览会""粮食制品展览会"等；"九九重阳节"邀请幼儿的祖辈和社区老人共同参与"老少同乐庆重阳"活动；每逢新年，幼儿为宝元居委会的退休老党员们送去精彩的表演和新年祝福。"校社联手"最大限度地实现了资源共享、优势互补，形成了共驻共建的良好态势，也赢得了家长与社区的认可。

● 家园共育

一年一度的"4.22 地球日——绿色创意亲子制作展览会"是教师、家长和幼儿共同策划、合力设计的富有创意的亲子活动。教师、家长和幼儿利用生活中的自然材料、废旧物品，大胆想象、灵活创新，将废旧材料变成了独特的"艺术品"，这不仅增进了亲子感情，更让幼儿发现和体验低碳环保的生活方式，用智慧和双手创造出生活中"美好的惊喜"。

● 荣誉奖项

2021 年虹口区文明单位

2022 年上海市安全文明校园

人文之萃

● 杰出人物

殷曼华，上海市虹口区飞虹路幼儿园老园长。荣获虹口区三八红旗手、虹口区优秀园丁、虹口区优秀共产党员、光荣在党 50 年纪念章等荣誉称号。开园之初，她带领团队克服重重困难，努力为幼儿创设美丽、温馨、舒适的幼儿园环境。她崇尚"生活即教育"的教育思想，其思想影响着一代又一代飞虹教师"放眼生活，敏锐捕捉教育契机"，为培养身心健康发展的健全幼儿而上下求索。

● 学校景物

户外运动场是幼儿最喜欢的游乐天地，每天都充满欢声笑语。

初心立德，自然育人，和谐共处
——上海市虹口区新港幼儿园

🎵 学校之魂

上海市虹口区新港幼儿园创办于 1995 年，地处虹镇老街，毗邻和平公园，经过多年的实践和凝练，整合了园内园外的多元资源，打造了"老街新港"的文化符号，践行以"初心立德，自然育人，和谐共处"的办园理念。幼儿园主张全体教职工之间，幼儿园、家庭、社区之间，以促进幼儿全面发展为共同目标，团结互助，同心协力，共建和谐发展的园所氛围。在"老街新港"的文化打造和浸润中，努力创造良好条件，创新教育方式，构建让每位幼儿和教职工都能适合的、健康的、幸福的、自主的成长平台。

校徽由新港首字母与一轮朝阳组成，寓意每个幼儿在新港这座温暖的港湾扬起风帆，勇敢出航，开拓美好人生。

🎵 办学之思

沈佳文，上海市虹口区新港幼儿园党支部书记兼园长。获上海市中青年教师教学评优二等奖、上海市园丁奖、区三八红旗手等荣誉称号。她以"初心立德，自然育人，和谐共处"为办园理念，注重培养"老街新港"自然和谐、共处共长、和谐向上的文化品质，着力打造精心好思、信任尊重、合作分享、笃学践行的教职工团队。在"亲自然、亲社

会，和谐共长"的课程理念下，围绕一座公园、一条弄堂、几棵老树，打造了一个自然、本真、贴近生活、走进自然的课程环境，培育一群乐观、乐群、乐究的幼儿，努力打造一所有口皆碑的家门口的好幼儿园。

教学之本

● 名师风采

陈祎珺，大教研组长，区骨干教师。获上海市中青年教师教学评优一等奖、虹口区园丁奖。

● 特色课程

幼儿园以"行走和平公园"为特色活动，主要通过四季轮换与节庆活动来开展。主张让幼儿在充满自然野趣的环境中浸润成长；让幼儿在园内与园外链接的自然环境（如：种植角、沙池、公园行等）中感知四季万物，体验节日的愉悦。注重以幼儿亲身实践、感官体验为主要方式，尊重幼儿权利，回归幼儿需求与天性，持续地激发、支持、引导幼儿主动探索，践行幼儿园育人目标，体现尊重幼儿的个性化发展的课程，使之形成个性化的风格和特色。

● 品牌活动

幼儿园基于"儿童视角"打造了一间"零环境"的专用活动室，让幼儿可以根据自己的兴趣、需求、经验去赋予活动室的功能定位，真正让幼儿成为专用活动室的主人。两年来，幼儿在"零环境"下自发、自主、大胆地探究、体验，创生了多样的学习形态，使专用活动室与幼儿园课程相整合，逐步成为幼儿园的品牌活动室。

● 家园共育

幼儿园多年来以培养幼儿社会性发展为目标，开展了"悦读生活行"活动，并将活动外延至家园共育。通过分享"社会情绪情感能力学习（social emotional learning，简称 SEL）亲子绘本伴读"，将一些聚焦 SEL 五大核心技能（即自我意识、自我管理、社会意识、人际关系以及负责任的决定）的绘本推荐给家长，鼓励指导家长开展亲子阅读活动，注重幼儿在生活中的亲身实践与感官体验，将感知、体验融于幼儿一日生活中，从而提高幼儿社会性教育的成效。

● 荣誉奖项

2017、2018 学年度上海市安全文明校园

2019、2020 学年度上海市安全文明校园

人文之萃

● 学校景物

以"老街新港"的文化符号打造出的一条"老弄堂"。

种植园，让幼儿在自然的环境下浸润成长。

时光记忆馆记录了新港的发展与传承。

品牌专用活动室，幼儿自己创意打造的教室。

联接自然，快乐相伴

——上海市虹口区新乡路幼儿园

🎐 学校之魂

上海市虹口区新乡路幼儿园始建于 1956 年，是一所具有 60 多年历史的幼儿园。多年来坚持办园宗旨，实施保教并重，不断改进、摸索教育发展之路。经过多年的积淀和凝练，形成"以习养性，在生活中成长"的办学理念。教师与幼儿快乐相伴，尊重与接纳，读懂再支持。亲、师、幼携手养成幼儿良好的行为与品质，传承民族精神，培育文化自信，点亮心中梦想。

校徽由一个环形和大小两个"人形"组成。环形内是幼儿园的全称及幼儿园的始创年。以"X"组成的一大一小两个"人形"包含着两个含义。含义一："Xx"是"新乡"两字的首字母。含义二："雨露"是师，"Xx"是亲、幼，预示着亲、师、幼三方携手共育。让生活成为家园共育的资源，用融于日常的点滴行动，在平等、沟通、碰撞与共识的家园共育过程中，体现出尊重与接纳、信任并赋权、读懂再支持。

🎐 办学之思

张琼，上海市虹口区新乡路幼儿园园长，高级教师，虹口区第十四届、十五届政协委员。曾荣获上海市普教系统尊老敬老好校长、好书记，上海市虹口区优秀政协委员，虹口区园丁奖，虹口区教育科研

成果一等奖，虹口区教育科研工作先进个人，上海市优秀少数民族志愿者等荣誉称号。她秉承"文化需传承，育人是根本；生活即场域，课程是载体"的理念，在原有课程的基础上传承与创新，帮助幼儿养成良好的行为与品质，传承民族精神，培育文化自信，打造一流的师资队伍，使幼儿园成为管理科学、师资优良、具有一定社会美誉的高品质幼儿园。

教学之本

● 名师风采

陈菁璇，保教主任。获虹口区教育系统三八红旗手、虹口区教育教学评优二等奖。

● 特色课程

坚持"以习养性，育人润心"的课程理念，园所满足幼儿多元化发展和成长的需求。在生活活动中，幼儿更多自主与参与；在游戏中，幼儿更多自主与创造；在学习中，幼儿更多探索与思考；在运动中，幼儿更多自主与自信……让每天的寻常时刻都成为幼儿成长的契机。

以科研为引领，不断开展实践，进行梳理，加强区级项目实践的科学性和缜密性，结合实际情况，传承、夯实与提升。在课程上，力求幼儿行为品质的启蒙养成，探索中华文化渗透于幼儿一日活动的有效途径，让文化浸润课程，点亮幼儿心、民族情，培育幼儿文化自信。

● 品牌活动

礼仪是人们共同遵守的基本道德规范，重视、开展礼仪教育是道德实践的一个重要内容。幼儿园一直致力于幼儿好习惯的培养，在实践、探索、积累中形成了园本化的"好习惯课程"，将好习惯的培养浸润在幼儿一日活动中，并能知、行、意合一。幼儿园的"基于文明生活的现代儿童课程实践研究"获2020年虹口区第十三届教育科研成果三等奖。

● 家园共育

"中华节·亲子浓"中华节日是文化教育的契机，家庭是幼儿园重要的合作伙伴。教师与家长共同策划、组织节日活动方案，在活动中，家长和教师都有机会深入探讨、反思自己对中华优秀传统文化的理解，审视传统文化和幼儿发展之间的关系，在亲、师、幼心中构筑起浓浓的中华情。

● 荣誉奖项

2019—2020 年度虹口区文明单位

2019—2020 年度上海市安全文明校园

人文之萃

● 杰出人物

林玲，曾担任新乡路幼儿园第一任园长，虹口区教师进修学院教研员，创办了民办白玉兰幼儿园。曾为虹口区尽心培养了一批优秀的骨干教师、教研员，为虹口教育做出了杰出的贡献。

● 学校景物

校门

户外沙水游戏区　　　　　　　　教学楼和户外运动场地

真爱·真心·真知

——上海市虹口区四川北路幼儿园

🎵 学校之魂

上海市虹口区四川北路幼儿园始创于 1926 年，是一所即将拥有百年历史的幼儿园。我们始终秉持着"以人为本，重在发展"的办园宗旨，坚持科学管理、优质服务、踏实进取，以"真爱（对孩子充满真爱）、真心（对家长奉献真心）、真知（对事业永求真知）"为校园文化，创建家长信任、幼儿喜欢的高质量、有特色的儿童乐园。

校徽是由川幼教师设计的，由太阳、幼儿头像、三道闪光组成。太阳象征幼儿如初升的太阳般阳光、活泼、充满朝气。幼儿头像代表着幼儿园的每一位小朋友都可爱而纯真。三道闪光是"四川北路幼儿园"中"川"字的变形，同时也喻示着川幼幼儿智慧火花的闪现。

🎵 办学之思

杨赛男，上海市虹口区四川北路幼儿园园长。获上海市金爱心奖、上海市园丁奖、上海市青年教师评优二等奖、虹口区先进生产（工作）者等荣誉称号。她和川幼团队开拓创新，潜心钻研，以"主动思维"课程建设为抓手，基于"以爱为本，以

学为乐，培养习惯，塑造品质"的课程实施核心理念，培养能学习、爱运动、会生活、乐思考的幼儿。在提升办园品质的过程中，着力打造具有敬业、爱生、善思、乐群的教职工团队，努力将川幼办成一所教学特色鲜明、师资队伍优良的优质一级园。

教学之本

● 名师风采

刘虹翌，党支部书记兼保教主任。获上海市园丁奖、上海市幼儿园优秀活动案例一等奖。

吴瑾，科研组长，高级教师，区骨干教师。获区园丁奖、区科研先进个人。

冯晓真，年级组长，区骨干教师。获"幼儿健康上海行动"征文一等奖、上海市"十三五"家庭教育研究成果评选活动优秀奖。

● 特色课程

幼儿园以"放飞思维，健康发展"为课程理念，探索幼儿身心发展的规律，不断吸收和借鉴国内外幼儿教育的先进理论和实践经验，逐步形成以"主题背景下幼儿主动思维活动"为特色的园本课程，通过"数形思维""语言思维""艺术思维""运动思维"等内容，开发幼儿的聪明智慧，提高学习的主动性以及积极思维的能力和解决问题的能力，促进幼儿逻辑思维和抽象思维的发展，为他们的终生发展打下良好而又扎实的基础。

● 品牌活动

为顺应现代社会对人才的需求，幼儿园一直致力于"思维课程"的研究，培养主动学习、具有良好思维品质的幼儿。基于幼儿思维能力的发展，近十年来，我们对各年龄层幼儿的教学内容、材料提供、教师指导策略进行了一系列的研究，构建了促进幼儿思维发展的园本课程体系，形成了系列化的教师学习手册。在此过程中，幼儿的思维更具发散性和灵活性，促进了幼儿思维的多向性发展，提升了课程价值。

● 家园共育

"元宵喜乐会"是亲、师、幼三方通过协商式家园互动，共同设计和打造的既有传统文化传承又富有创新立意的亲子迎新活动。教师和家长发挥想象力和创造力，把幼儿园变成了一个富有上海特色的"庙会"。幼儿在家长的带领下逛庙会、猜灯谜、品小吃、玩游戏，其乐融融的氛围增进了亲子感情，也拉近了家园关系。

● 荣誉奖项

"幼儿思维活动课程发散性课例库的建设与实践"获上海市教育科研成果三等奖

"幼儿园思维活动课程的建设与实践"获上海市基础教育教学成果奖二等奖

虹口区教育系统三八红旗集体

虹口区教育科研工作先进集体

人文之萃

● 学校景物

"会生活"——一米菜园的收获　　　　　"乐思考"——巧手建构的智趣

健康生活，乐趣生活
——上海市虹口区多伦路幼儿园

🖋 学校之魂

上海市虹口区多伦路幼儿园创建于 2008 年 9 月，坐落于历史文化底蕴浓厚的多伦路名人文化街内，由虹口区教育局直接管辖。幼儿园由原来的上海市虹口区长春路幼儿园、上海市教工第二托儿所（总分园）合并而成，原为寄宿制和全日制相结合的混合型幼儿园，于 2012 年 9 月起，全部转换为全日制办园模式。幼儿园以幼儿发展为本，注重幼儿的个性化教育和潜能开发，促使每个幼儿健康快乐成长，为幼儿一生的发展打好基础，多年来被评为虹口区文明单位，曾是上海市"十二五""十三五"家庭教育指导基地。

校徽的主图是一艘扬帆起航的小船，船帆是大写英文字母"D"，船身是大写英文字母"L"，船边上的海鸥是大写英语字母"Y"，组合起来就是多伦路幼儿园的拼音开头字母的缩写。扬帆起航的小船象征着幼儿的人生、教师们的事业从多伦路幼儿园"起航"，小船航行方向坚定、不畏困难，预示着幼儿的人生扬帆起航、一帆风顺。

🖋 办学之思

潘莉丽，上海市虹口区多伦路幼儿园园长。曾荣获上海市青年教师评优二等奖、虹口区园丁奖。她以《上海市学前

教育课程指南》和《上海市幼儿园办园质量评价指南》为准绳，以"以幼儿发展为本，注重幼儿的个性化教育和潜能开发，促使每个孩子健康快乐成长，为幼儿一生的发展打好基础"为办园理念，以关注师资队伍建设、关注幼儿全面和谐发展为核心，以积极开展保教工作研究为途径，立足幼儿园实际，加强"五心、五认真、三服务"的园本文化，全心全意为每个幼儿构建一个温馨、童真、情趣的"小世界"。

教学之本

● 名师风采

汪依玮，工会主席兼保教主任。获虹口区教育系统优秀工会工作者、虹口区幼儿园青年教师比武一等奖。

● 课程特色

幼儿园课程注重培养每个幼儿"健康生活、乐趣生活"的品质，以每一个幼儿发展为本，让每个幼儿欢乐地享受与其年龄段相适应的健康生活和乐趣生活，满足其个体的生理、心理发展需求，在安全、和谐、健康的环境中获得全面发展。尊重每个幼儿身心发展的规律，立足于每个幼儿的未来发展，为成就幼儿"真、善、美"的健康人生打好基础。

● 品牌活动

幼儿园通过对"基于社区资源利用的幼儿园与社区双向联动"，充分利用园所地处位置的优越性，融合优化"多伦文化"资源，将"幼儿园空间优势"转化为"教育优势"，实现社区和幼儿园的双向联动，使幼儿在体验性、探索性学习中感受地域环境的丰富和优越，开阔幼儿视野，积累丰富的社会生活经验，有效促进幼儿积极情感的发展。幼儿园利用多伦路周边的各项资源，如多伦路名人文化街、鲁迅公园、四川北路街道等，丰富幼儿园的课程内容，形成融合"多伦文化"的幼儿园品牌特色。

● 家园共育

幼儿园家园共育的主题是"家园协同促幼儿良好行为习惯的养成"。近几年，幼儿园通过上海市家庭教育的科研项目，对幼儿在家良好生活行为习惯的情况进行了调研，并确定了幼儿园各年龄段家园互动生活课程的相关内容，教师撰写了《家园协同促幼儿良好行为习惯养成的教育案例集》与《家园协同促幼儿良好行为习惯养成的家庭指导建议集》，家园共同开展"家园协同促幼儿良好行为习惯养成的实践研究"。通过几年的家园共育，家园协同对幼儿良好行为习惯的养成的成效也日益显著，并得到了家长的支持与认可，幼儿园帮助家长树立科学的、正确的育儿观。

● 荣誉奖项

2020 年虹口区企事业单位治安保卫先进集体

2019—2020 年度虹口区文明单位

2019—2020 学年度上海市安全文明校园

人文之萃

● 杰出人物

金素琴，原上海市教工第二托儿所所长。获市三八红旗手、市区优秀园丁。带领教职员工开创了虹口区第一家"托幼一体化"的幼儿园。

● 学校景物

简洁大方的蓝色象征幼儿扬帆起航的海洋。

幼儿可以在有趣的花园沙池中尽情玩耍。

幼儿都很喜爱美丽的走廊书吧。

城市主题的角色游戏活动室是幼儿最爱玩的地方。

同力共长，心安体全
——上海市虹口区同心路幼儿园

🕊 学校之魂

  同心路幼儿园创建于1947年，于2014年、2019年经历两次搬迁，2023年在创建"上海市一级园"后迁入华昌路符合上海市优质幼儿园标准的新校舍，幼儿园不仅越搬越好，也越办越好。

  同心幼以"同力共长，心安体全"为办园理念，帮助幼儿掌握基本的安全技能，建立自我保护意识，坚持符合幼儿生长发育的体育锻炼，激发幼儿适应环境的能力，使幼儿拥有健康的体魄、健全的心理，提升生活品质，为每个幼儿的终身发展奠定基础。通过与同伴、与教师、与家长、与社区周围环境的共同生存、生活与经历，所有参与的个体都能获得快乐的体验，获得成长。

  校徽整体以框架形式搭建出"同"字，这是对历史的铭记，早在1933年隶属虹口区的同心路原为"同济路"，旨在传递幼儿园师生同舟共济的使命。小鸟代表每一位幼儿如雏鹰般茁壮成长，希望有朝一日成为最优秀的自己，展翅翱翔。园徽颜色以渐变为主，表现幼儿在此年龄阶段的多样性、创造性和趣味性。蓝色和绿色意指对大自然的美好憧憬与向往，同时也是对幼儿内心美好纯真的最好诠释。

🕊 办学之思

  陈可，上海市虹口区同心路幼儿园园长。获虹口区学校艺术教育工作先进个人、虹口区青年教师比武三等奖。她以"同力共长，心安体全"为办园理念，通过幼儿园、家庭、社区携手，努力为幼儿健康成长提供源泉。利用安全启蒙教育、"心"满意"足"足球活动，铸就幼儿健康的体魄和健康的心理。以"同心协力"为团队文化，尊重每位教师自然的发展规律，倡导教师发现同伴的闪光点，倡导互相理解、互相信任、互相学习。"同心圆"管理文化以园长为圆心，所有教师平等一致，畅通交流，充分体现话语权，成为"命运共同体"。努力带领团队创建"上海市一级园"，打造幼儿健康发展、家长满意、社会赞誉度高的优质幼儿园。

教学之本

● **名师风采**

徐文婕，保教主任，虹口区后备干部梯队成员，家教负责人。获区青年教师项目负责人"发展计划"一等奖、项目负责人优秀学员二等奖、区教学论文征文评比三等奖、上海市中小幼家教征文优秀奖。

● **特色课程**

幼儿园努力构建"安全启蒙教育，促进幼儿健康"特色活动。从幼儿年龄特点考虑，安全教育在确保基础课程有序开展的前提下，按照幼儿的接受能力，采用科学的方法，将特色活动内容分为四个模块：以年龄段为主的安全启蒙集体活动（安全星期五）、"心"满意"足"足球活动、安全专项主题活动、安全专项家教指导活动。

● **品牌活动**

利用操场地形，幼儿园创设户外足球活动专用区域，在每日的户外运动时间，全体幼儿均可以参与足球活动。面向中大班幼儿，幼儿园充分尊重幼儿意愿，组织形成"足球兴趣小队"和"雏鹰小队"，开展足球团体合作与对抗。2019年，幼儿园获得"全国足球特色幼儿园"称号。

● **家园共育**

幼儿园努力做好家园共育，争取家长的密切配合，办好家长学校，充分发挥家庭环境教育的功能，真正使幼儿园教育和家庭教育密切结合，创设幼儿健康成长的最佳环境。幼儿园开展"家长进课堂"系列活动，成立家委会、家长志愿者护园队，开展家长会体验式参与课程活动，鼓励家长参与幼儿园课程规划，本着尊重、平等、合作的原则，争取家长的理解、支持和主动参与。

● 荣誉奖项

　　全国足球特色幼儿园

　　上海市依法治校示范校

　　上海市安全文明校园

　　虹口区优秀教研组

　　优秀教工之家

人文之萃

● 学校景物

位于天通庵路 690 号的同心路幼儿园。

校舍因地制宜创设了阅览室、建构室、思维训练室、多功能活动室，丰富了幼儿运动、学习和活动的空间。

欣赏呵护，静待花开，幸福花园

——上海市虹口区花园幼儿园

学校之魂

上海市虹口区花园幼儿园创办于 1989 年 9 月，是一所公办全日制一级幼儿园。园所现有总园及分园两部。幼儿园奉行"同心共育，百花齐放"的办园理念，以幼儿为本，以"尊重生命、关爱他人、肯定自我"为培养目标，借家庭、社会之力共同呵护幼儿，激发其潜力，不断提升幼儿园保教质量和办园品质。

校徽由"花环"和"幼儿"两部分组成。"花环"象征自然，寓意尊重幼儿自然成长的规律。"花环"内的幼儿则寓意尊重不同幼儿的个性，让每位幼儿都能绽放自己的美丽。背景的圆圈表示课程核心生命教育，体现了持续循环为特征的生命教育逻辑，即"守护—发展—回应—感恩"。

办学之思

陈洁毅，上海市虹口区花园幼儿园党支部书记兼园长。获上海市园丁奖、虹口区教育系统三八红旗手等荣誉称号。她以"繁花似锦，阳光满园"的课程理念，形成以"生命教育"为主线的系列小花园课程。在陈园长的带领下，全体教师在研究中扎实内涵、在创新中求得发展，成为了"幼儿快乐、家长满意、社会认可"的园所。

教学之本

● 名师风采

张桐，副园长。在"走进童心世界——全国幼儿园优秀教育活动评选"中荣获音乐教育类一等奖。

李旻，高级教师。获虹口区园丁奖。2022 年成立了上海市保育带头人（李旻）工作室。

● 特色课程

小花园课程是幼儿园生命教育的核心课程，由"我与自己""我与他人""我与自然"三部分组成，通过有趣丰富的课程资源，让幼儿在项目探究、户外游戏等多种活动中形成悦纳自我、拥抱自然、关爱他人的健康人格和行为品质。

小花园课程以自然野趣的小花园户外环境为场景，在教师的支持引导下，通过自然探究学习，运用多种感官探索事物，玩中做一做、学一学、乐一乐、思一思，层层启发、步步引导的积极快乐而有意义的循环模式，成为课程在幼儿发展各项领域中的基本教育支持，渗透于幼儿一日活动中的点点滴滴，形成不一样而又有特色的学习故事。这些故事蕴含着每一个幼儿不一样的成长记录与变化。小花园和小花园课程成为每一个幼儿成长过程中个性化的支持者、陪伴者和引导者。

● 品牌活动

历经十余年间不懈的努力，以幼儿发展为先，遵循生命发展规律，尊重幼儿年龄的成长特点，重视家庭教育的重要作用，花园幼儿园先后探索、实践、研究并形成多项教育科研成果：《环保教育的实践研究》《幼儿生命启蒙教育研究》《基于儿童健康体验的幼儿园生命教育实践》等著作，2020 年 12 月课题成果获虹口区第十三届科研成果评比二等奖，2022 年市级家教课题"职初教师应对个别幼儿家教指导工作的现状与问题研究"获上海市"十三五"家庭教育研究成果优秀奖。伴随课题研究的深入与不断突破，教师们对于幼儿的教育理念和专业经验也在逐年积累，亲子教育指导也带给新生代家庭父母许多个性化的支持与帮助，园所成为家长心目中放心、安心、乐心的教育园地，并于 2020 年荣获"家门口好幼儿园"称号。

● 家园共育

幼儿园教育离不开家庭教育的支持与配合，本着尊重、平等、合作的原则，与家长共同协商，形成了协商式家园共育，实现了协同教育，促进了幼儿健康成长。如在抗疫的特殊日子里，在教师的带领下，家长和孩子共同参与，通过家庭采访、信息调查，更多了解自己生活的当下，对身边的抗疫人员由敬而爱；幼儿更多理解生活中的辛苦不易，对身边的家人体贴关怀。制作小礼物、绘制问候信、共唱加油歌……一系列感恩活动在大班幼儿的合作坚持中串联成微电影《小小孩的礼物》，祈愿通过自己力所能及的本领，为值得崇敬的人送上温暖的祝福！在幼儿园、家庭、社区三方联合互动的过程中，这份特殊的礼物终于送到敬爱的医护人员手中。给予也意味着收获，在坚持合作中，伴随教师的引导和家人的鼓励，幼儿体验并感受着用实际行动助人、爱人的快乐与充实！

● 荣誉奖项

上海市家门口好幼儿园创建工作先进集体

上海市一级幼儿园

虹口区科研先进集体

虹口区优秀家长学校

人文之萃

● 学校景物

生机盎然的花园小路

幼儿游戏的乐园

强体育心，蓬勃发展

——上海市虹口区体育幼儿园

🎷 学校之魂

上海市虹口区体育幼儿园创办于 1993 年，2001 年扩建分园，2022 年被评为市示范园。幼儿园在"让每一个生命蓬勃发展"办园理念及"强体育心"课程理念

的引领下，以"促进幼儿全面和谐发展，塑造健全人格"为办园目标，致力于培养强体魄有自信、愿探索有智慧、善表现有创造的充满阳光与活力的幼儿。

校徽以绿色为主，代表健康、蓬勃的生命力；红心好似一颗坚强拼搏、充满活力的心脏，在健硕的臂弯中跳动。

🎷 办园之思

潘丽华，园长兼幼教三总支书记，中共党员，高级教师、特级园长、市"名师名校长"第二期学员。她忠于党的教育事业，是身正为师、德高为范的教育人。她坚守"站在最有利于儿童生命生长的立场，让每个生命蓬勃生长"的教育信念，率领着一支充满激情与智慧的优秀团队不断践行育人目标，在实践中凝练办园思想，全人培育，全力以赴，将体幼办成一所高质量的学校。她尊重并相信每位教职工都是独特的个体，积极发挥其主体性，倡导大家要"相互尊重，自律励己；育幼先育心，强体兼育心"，关注每个幼儿，以此形成

"仁和、自然、大气、精进"的校园文化。

教学之本

● 名师风采

沈燕春，副园长，区第一批干部实训基地学员。获区园丁奖、区十佳青年教师。

白英，高级教师，保教主任，区学科带头人。获区青年教师评优一等奖、市园丁奖。

杨晓蕾，工会主席，区骨干教师，区第四期"双名工程"种子计划成员。获区课堂教学单项技能比武一等奖、市园丁奖。

沈逸珺，区骨干教师。获市青年教师教学评选一等奖、市普教青年教师教学能手综合组二等奖、区园丁奖。

池轶君，区骨干教师。获市青年教师教学评选二等奖、市园丁奖。

耿君蕾，区骨干教师。获市青年教师教学评选二等奖。

● 特色课程

幼儿园始终以"国际视野下幼儿体育特色传承与革新"为己任，回归教育本源，关注每个幼儿的发展。创设"以体为基、科艺融合"的"强体育心"园本课程。提倡"生活化学习、游戏化学习"，联结幼儿对当下生活的感知，关注源于独特体验的生长力、源于成长和觉醒的发展力、源于意义和憧憬的内驱力。在建构后继学习及终身发展的基础上，把幼儿园办成支持师生共成长的健康乐园、游戏天地。

● 品牌活动

2013年至今，幼儿园将研究成果《创设虚实结合的环境，提高幼儿科探兴趣》《幼儿园常见运动器械的功能再开发》开发成市、区共享课程，深受好评。

2017年、2019年，幼儿园作为"上海学前教育年会"展示园，向全市参会教师展示2个主题报告和6个集体教学活动。

2019年1月，幼儿园承担的实验项目"从小养成、终身受益——培养幼儿良好的学习心理品质的学前运动游戏化教育的实践研究"的研究成果通过学习基础素养项目组、上海市教育科学研究院普通教育研究所的鉴定，鉴定等第为优秀。

2019年12月，幼儿园作为"创造性艺术课程本土化实践研究"项目结题汇报活动的展示园，用行动诠释了幼儿园对"呵护天性，让艺术真正成为孩子表达自我的重要方式"理念的理解。

● 家园共育

幼儿园努力探索新时期家长工作的特点，倡导教师建立新型的家园关系，帮助家长建立全新的育儿观。通过协商性家园互动课程，让家长参与到学校文化与课程的建设中来，建立相互信任、促进、融合的伙伴关系。积极发挥家委会作用，兼顾年龄特点和各班家长需求，开展不同类型的亲子活动，吸引家长成为活动的策划者、组织者，增加与幼儿互动交流的机会，使其认识到家长对幼儿成长承担的责任。

● 荣誉奖项

2013年第二届长三角地区教育科研优秀团队

2013年《适合城区幼儿园运动器械的功能深度开发与使用研究》获上海市级教学成果二等奖

2016年上海市教育系统巾帼文明岗

2019年上海市依法治校示范校

2019年上海市教育系统三八红旗集体

2020年上海市家门口好幼儿园创建工作先进集体

2022年上海市中小学党组织"攀登"计划党建工作"特色学校"培育创建单位

2022年上海市健康促进学校

人文之萃

● 杰出人物

姚洁吉，体幼第一任园长。获市教育战线先进教师、市园丁奖。她加强幼儿园与少体校合作，开发幼儿早期运动潜能，发掘体育幼苗，为少体校输送人才，率先开启"体育幼儿园现代体育课程模式的探索"课题研究，被列为"九五"重点课题。

杭燕，体幼第二任园长，2001年扩建体幼分园。获市园丁奖、市体育先进个人、虹口教育系统年终考评党政领导个人记功奖。她对课题"体育幼儿园现代体育课程模式的探索"开展实践研究，以体育为突破口全面实施素质教育。

● 学校景物

风景如画的自然场域是幼儿嬉戏、玩耍的乐园。

别有韵味的小洋房是幼儿温馨的家。

友谊花开，礼仪启蒙

——上海市虹口区友谊幼儿园

学校之魂

上海市虹口区友谊幼儿园创建于 1977 年，1991 年被市教育局批准为一级幼儿园。幼儿园的办园理念是：友谊花开，礼仪启蒙。幼儿园的办园目标是：营造家庭氛围，让幼儿和教师快乐成长；架起家园桥梁，让家长感受诚心和关怀。以质量为中心，以科研为先导，以管理做保障，把友谊幼儿园办成一所师德好、质量优，在虹口区有一定影响的幼儿园。

友谊，立足于广袤的中华传统文化根基，同时具有放眼世界的广阔情怀；友谊人，具有奔越奋进、纵横千里的志向，又有着谦逊求真的朴素智慧；友谊的幼儿，成为"三礼三会"友仪宝宝——礼待自我、礼待他人、礼待自然，会思考、会表达、会合作。

一艘乘风破浪的小船是校徽中的一个重要元素，友谊赋予它特别的意义，作为友谊文化的象征。我们接纳一批又一批的幼儿，陪伴他们度过人生道路中的一段行程，送他们达到彼岸。

办学之思

俞维淳，上海市虹口区友谊幼儿园党支部书记兼园长。获虹口区园丁奖、区三八红旗手等荣誉称号。她以"友谊花开，礼仪启蒙"为办园理念，坚持高起点、高标准的办园原则，以"让每一位幼儿健康、快乐、文明、成长"

为目标,努力创设温馨家园的氛围,努力建设一支团结向上、业务优良的师资队伍,让幼儿与教师和谐互动、共同成长。

教学之本

● 名师风采

吴迪韵,保教主任兼大教研组长,区骨干教师。获虹口区园丁奖。

杨云,科研组长兼家教组组长,区教学能手。获虹口区中小幼教师单项技能评比活动二等奖、区第十三届科研成果评比三等奖。

● 特色课程

幼儿园以"礼润童心,文明童行——让文明生活的种子扎根在每位幼儿心里"为课程理念,将礼仪活动渗透于幼儿的一日生活之中,通过情景再现、故事表演、游戏竞赛、实地操作、家长和社区资源给幼儿提供展现自我的舞台,促进幼儿文明行为习惯的养成,展示幼儿"学礼、知礼、懂礼、用礼"的教育成果,每月评选"礼仪小天使"激励幼儿做到人人讲文明,处处有礼仪,培养幼儿充满"文明"的气息,饱含"情感"的激励,让文明礼仪伴随幼儿快乐成长。

● 品牌活动

幼儿园在教育实践过程中,积极创造适合每一个幼儿健康、快乐成长的环境和机会,鼓励幼儿利用自然元素进行探索与学习,在户外探索活动中深入渗透合作学习,充分体现"儿童发展优先"的核心教育理念。在园本课程与户外探索的活动中,幼儿园以"友谊农场"为依托,借助"小组合作学习"这一方式,促进幼儿合作学习、自然教育、劳动教育、科学探究等多方面能力的发展,让幼儿在四季更迭中寻找世间万物的蜕变和美丽,使得幼儿对自然界感兴趣,理解自然界中的相互关联性,对独立与合作探索感兴趣,以此承载园所文化之要义,同时也突出了幼儿园"礼待自然"的文化精神内核。

● 家园共育

幼儿园一直立足本园实际,以"幼儿发展优先"为价值导向,以"办好家门口的幼儿园"为目标,进一步构建"家·校·社"三位一体的,幼儿园、家长、学校统筹推进的,线上线下融合的高质量家庭教育发展体系。内容包含制定并开展各类形式多样的亲子活动、节日活动;针对不同家庭的需求,做好分层、分类家庭教育指导服务,开展形式多样的家庭教育指导服务,提高家长满意率;为社区提供早教指导和资源，有效整合社区资源，提高 0—3 岁科学育儿指导服务的质量；启动推进友谊幼儿园数字家长学校工作等，促进园所家庭教育特色打造，提升幼儿园办园水平。

● 荣誉奖项

2016 年上海市"十三五"家庭教育指导实验基地

2020 年上海市安全文明校园

2021 年虹口区优秀教研组

人文之萃

● 杰出人物

管萍萍，上海市虹口区友谊幼儿园前任园长，曾任虹口区第十六届人大代表。获虹口区教育系统年终考评党政领导个人记功奖等荣誉称号。她热爱教育事业，以礼仪教育为抓手，主编出版了《幼儿礼仪教育的实践研究》一书，为幼儿园的后续发展夯实了基础。

● 学校景物

| 树屋故事 | 友谊之舟 |

广爱善学，乐在其中

——上海市虹口区广中路幼儿园

🎵 学校之魂

上海市虹口区广中路幼儿园创建于 1992 年，为公办二级园。在三十年的办园过程中，通过几代教工的辛勤耕耘，始终以办好一所家门口、让人民群众满意的公办幼儿园为方向，并持续努力。

幼儿园以"广爱善学，乐在其中"为办园理念，引导幼儿在爱的经历中善于学习，快乐成长；支持教师在爱的教育中深度学习，智慧发展；带动家长在爱的环境中有意学习，陪伴前行。关注每一位幼儿和教工的发展，使幼儿园成为幼儿愉快成长的乐园、教工愉快工作的家园、家庭社区愉快互动的欢乐园。

🎵 办学之思

马叶佳，上海市虹口区广中路幼儿园副园长（主持工作），高级教师。获上海市中小学中青年教师教学评选二等奖、虹口区园丁奖、虹口区骨干教师等荣誉称号。她以"广爱善学，乐在其中"为办园理念，引领教职员工以"培养幼儿成为健康活泼、好奇探究、文明乐群、亲近自然、爱护环境、勇敢自信、有初步责任感的儿童"为发展目标，以"重基础、建特色、促共育、提质量"为发展思路，努力实现幼儿园的可持续发展。

🖋 教学之本

● 名师风采

赵婕，科研组长，区教科研先进个人，上海市"双名工程"虹口区种子团队成员，区骨干教师。

● 特色课程

幼儿园在"广爱善学，乐在其中"的办学理念指导下，重视课程的整合性，既为幼儿提供终身发展所需的基本经验，也满足个体幼儿的需要，形成共同性课程和特色活动有机融合的课程板块。

延续"节日文化教育"特色活动已有的架构，并拓展其内涵、外延与形式，通过线上与线下课程的落实推进，把节日文化教育的核心价值与幼儿经验整合，科学地建立评价，形成相互融合、渗透的幼儿园特色活动。

● 品牌活动

幼儿情绪类问题随着社会的发展得到了越来越多的关注，幼儿的情绪会间接影响幼儿的心理健康。如何体会自己的情感，表达自己的感受，掌握适当的排解方法成为幼儿园社会领域中的关键。2022 年，在前期课题研究的基础上，幼儿园申报的"促进幼儿积极情绪体验的户外趣玩活动的实践研究"作为市级课题子课题，引领教师团队重点探索如何基于幼儿年龄特点、身心发展需要，以及根据幼儿园的现有场地条件，师幼共同设计并开展富有"趣玩"特征的户外活动，以此促进幼儿从中获得更多积极的情绪体验，同时也期望教师团队通过实践研究去努力践行"以儿童发展为先"，共同构建以"广爱善学，乐在其中"为办学理念的幼儿园课程体系。

● 家园共育

随着信息技术的不断发展，幼儿园着力思考信息技术在家长指导过程中的优势，基于区级课题"3—6 岁儿童情绪行为问题的实践研究"，聚焦当下家长的问题和幼儿发展的需求，以绘本为媒介推出每周绘本推荐栏目，发布针对全园幼儿与家长的活动指导内容。通过音视频、育儿锦囊、线上互动等多种形式，对家长有效疏导幼儿情绪问题进行指导，解答育儿困惑，分享育儿技巧，传递教育理念，辐射特色课程。汇编《广中路幼儿园亲子绘本阅读互动指导手册》，从而助力家长成长，实现幼儿园、家长、幼儿共同学习、共同成长的"线上"家园共育新模式。

● 荣誉奖项

　　虹口区未成年人保护工作先进集体

　　虹口区第十届教育科研工作先进集体

　　虹口区优秀妇女之家

　　虹教系统优秀退休教工之家

人文之萃

● 学校景物

虹口区广中路幼儿园创建于 1992 年，2021 年 11 月复验后被评为二级一类园。校园环境布局精巧，洁净温馨。

空中俯瞰广中路幼儿园宛如扬帆起航的巨轮。

空中乐园的沙水游戏、大型器械是幼儿探索、挑战、野趣的乐园。

关爱支持，向美发展

——上海市虹口区水电路幼儿园

🎵 学校之魂

　　上海市虹口区水电路幼儿园创办于1995年，是一所被绿色环抱的市级花园单位。在学前教育改革的鼓舞下，幼儿园以"关爱支持，向美发展"作为办学理念，建构管理网络，实施规范办园，深化课程建设，提升教育质量。"向美"是园所的特色，美在意象、绘话童心。以幼儿发展优先，从落实立德树人的教育任务出发，让每一个幼儿向美而行。幼儿园正在打造一支具有"向美"特质的教工团队，在因材施教的"向美"课程实施和家园合一的监督保障下，努力建设成为一所家长满意、社会认可的家门口的优质园。

　　校徽外形像一个水滴，下方的蓝、绿两个色块犹如一双手，将幼苗托入其中，里面的白色光芒和水滴的外形不仅象征着"水电"，也象征着幼儿在学校、家庭和社会的关心和爱护下，沐浴阳光、春风、雨露，苗壮成长。

🎵 办学之思

　　庄洁，上海市虹口区水电路幼儿园园长兼联合党支部书记。她努力贯彻"关爱支持，向美发展"的办园理念，不断将幼儿园建设提升到新的高度。

　　何为"关爱"，是"鹤发银丝映日月，丹心热血沃新花"，关爱不只是来自学校、教师，也来自社会和家庭，不同的关爱汇聚在一起，构成了办园的最好基石；何为"支持"，是"千磨万击还坚劲，任尔东西南北风"，是对幼儿自我发展的信任和肯定，也是对幼儿的鼓励和扶持，是让幼儿拥有对问题迎刃而解的自信心；何为"向"，是"君子量不极，胸吞百川流"，向着明确的目标，朝着美好的方向，在向美教育的道路上不断发展。

幼儿园的办园理念所体现的不仅是学前教育发展的未来，更是学校发展的未来。幼儿的成长不可能整齐划一，但都离不开关爱和支持，包括来自课程教育的物化支持和来自周边各种关注的心理支持，这些将成为幼儿不断向美而行的动力和助力。幼儿个性愉快自由地成长，只要关爱不断，支持依旧，水电幼的师生们会一直向着美好，不断前行……

教学之本

● 名师风采

顾立霞，大教研组长，区教学能手。获区教师评优奖、区优秀学员称号。

● 特色课程

幼儿园以幼儿发展优先，秉承着"支持，让每一个儿童向美而行"的课程理念，在幼儿的一日作息中慢慢地融入各种"向美"特色活动。除了共同性课程外，儿童连环画、社会实践体验和节庆主题展等多种方式，都是非常适合实施"向美"教育的载体。幼儿园的"向美"内涵逐渐清晰，在"向美"教育下，幼儿表现出爱自己、爱他人、爱社会，健康美、个性美、创造美的良好品质，"向美"课程特色活动初步建构成型。

● 品牌活动

连环画活动是幼儿园持续多年的教育研究课题，有深厚的教研基础。自2015年以来，幼儿园的连环画活动有了新的拓展，选材从传统的故事儿歌拓展到了幼儿的日常生活，"童言童画"成为了幼儿最喜欢的自由表达的方法。

● 家园共育

随着教育发展的需求，家庭在教育中的重要性越来越凸显出来。幼儿园《家庭育美指导手册》由家委会成员和教师共同编撰完成。其中除了"向美"教育的内容、意义，对幼儿家庭"向美"养成的任务要求外，还有对家长开展"育美"指导，提升家庭"育美"的知识和能力。期间还会组织开展各种传统节庆活动和学校特色活动，并将"向美"要求融入其中。

● 荣誉奖项

2019—2020 年度上海市安全文明校园

花园单位

上海市依法治校标准校

🎍 人文之萃

● 学校景物

空中俯瞰水电路幼儿园绿树成林，郁郁葱葱，充满生机，满足幼儿与自然快乐互动的需求。

支持每一位幼儿向美而行，在环境中感受美、发现美、创造美。

"向小美"带您走进幼儿的乐园。

梧家麒麟，桐生茂育

——上海市虹口区第三中心幼儿园

🎵 学校之魂

上海市虹口区第三中心幼儿园创办于 1946 年，是上海市最早的示范性幼儿园之一，目前一园三址。

"栽下梧桐树，引得凤凰来。"梧桐文化的核心就是为幼儿创造美好的学习生活环境，将幼儿培养成未来优秀的人才。幼儿园的梧桐文化可以用"梧家麒麟，桐生茂育"来阐释。在"梧桐文化"的熏陶和指引下，幼儿园确立了"相融共生，游戏育人"的办园理念，在课程建设、师资培养和教学方式三个维度确立了课程自由、教师自律、幼儿自主的办园目标。

校徽中的圆圈图形象征幼儿园的培养目标：培养完整而有个性的现代儿童。梧桐生长迅速、枝繁叶茂，可观赏、可入药、可成材，象征学校有强大的生命力、生长力。

校徽整体含义：学校像梧桐一样挺拔生长，始终坚守教育初衷。

🎵 办学之思

奚絜兹，上海市虹口区第三中心幼儿园党支部书记兼园长，中学高级教师，曾先后带领多园升等、复验，具有丰富的管理经验，多次被虹口区教育局记功嘉奖。

她结合幼儿园的特色及自身优势，将自主性游戏融会贯通，使第三中心幼儿园"相融共生，游戏育人"的办园理念得到完善，形成了"梧家麒麟，桐生茂育"的梧桐文化，使其在文化沉淀中散发出新的光彩。

教学之本

● 名师风采

奚岚，副园长兼工会主席，高级教师，虹口区骨干教师。获上海市中青年教师评优二等奖、上海市园丁奖。

戎蕊琦，大教研组长，区骨干教师，区新长征突击手，虹口区先进教研组长。获全国幼儿园优秀教育活动评选二等奖。

余丽莎，年级组长。获虹口区中小幼教师课堂单项技能评比一等奖、虹口区入职 3 年教师"三个一"比武综合一等奖。

● 特色课程

幼儿园以游戏为基本活动，把游戏作为对幼儿进行全面发展教育的重要形式。通过对游戏课程进行多途径、多内容、多元化、开放式的设计，确保教育目标和尊重幼儿的发展特点有机结合，进一步凸显三中心幼儿园在幼儿园游戏教育领域的示范引领作用。我们将深化游戏情节的主动权还给幼儿，打破空间限制，满足幼儿的兴趣需要，帮助幼儿建构完整而有个性的人格。

● 品牌活动

"自主游戏，快乐生活"是幼儿园多年来课程改革与实践的阶段性成果。黄丽萍园长获一等奖的《回归本原：基于愉悦性的幼儿园游戏的实践与研究》论文、《孩子的游戏百态》一书，都呈现了三中心幼儿园在组织开展自主游戏快乐生活的丰富经验，既反映了教师在支持幼儿自主游戏过程中的智慧，又表现了幼儿游戏行为所反映的学习与发展。

● 家园共育

微视频课程是三中心幼儿园和家长完善、夯实家教指导培训课程的特色活动之一。该活动围绕热点，由教师、家长共同策划方案内容，合力设计故事情节，并和幼儿一起参与拍摄，拍摄完成后通过多种形式将成片传播给广大的家长观看学习。这一活动及时地满足了家长的育儿需求，增进了亲子之间的情感，深受家长的喜欢。

● 荣誉奖项

　　2017 年上海市依法治校示范园

　　2018 年上海市家教基地示范学校

　　2019、2020 年度上海市文明单位

　　2021 年上海市家庭教育指导"十四五"实验基地

人文之萃

● 杰出人物

　　陈淳，曾担任幼儿园园长，党支部书记，被授"1983 年度上海市劳动模范"称号。

　　朱鸣，曾担任幼儿园副园长。20 世纪 80 年代设计了寓有深意的蓝色玻璃校牌，作为老物件，至今仍被挂在山阴园的门口。先后调到三中心小学担任副校长，虹口区教育局担任副局长，现上海市妇联副主席。

　　肖鸣伟，曾担任幼儿园副园长。先后调到舟山路幼儿园任园长，虹口区教育工会担任主席，虹口区人社局担任副局长。

　　秦若于，曾担任幼儿园园长，参与了《幼儿园纲要》的编写。开设了秦若于名师工作室，为虹口区先后培养了十余位后备园长。她先后被授予全国模范教师称号、全国五一劳动奖章。

● 学校景物

孕育诞生的山阴园　　　　　　　　　　发展创新的金桐园

传承积淀的欧阳园

以美启慧，以美育人

——上海市虹口区密云路幼儿园

学校之魂

上海市虹口区密云路幼儿园创办于 1987 年，1993 年被评为上海市一级一类园，同年成为上海市《幼儿园工作规程》试点单位，2007 年被评为虹口区区示范性幼儿园。幼儿园坚持社会主义办园方向，践行为党育人、为国育才使命。随着"以美启慧，以美育人"的办园理念不断深入，幼儿园的管理逐步向精细化迈进。

课程践行"儿童发展优先"的理念与原则，倡导"五育融合"，将"美"渗透于幼儿的一日生活，以"大美育"支持幼儿全面发展。

校徽中小蜜蜂的设计如蜜、如云、如童、如梦，象征密云幼儿快乐游戏，茁壮成长。

办学之思

徐斐，上海市虹口区密云路幼儿园党支部副书记、副园长（主持党政工作）。获上海市青年教师评优一等奖、上海市园丁奖、第三期上海市名教师培养对象、虹口区学科带头人等荣誉称号。她以"以美启慧，以美育人"为办园理念，让每一位密云幼儿在"美"的浸润中，成就"健美，慧

生活""喜美，慧感知""乐美，慧互动""玩美，慧探究""创美，慧表现"的"五美五慧"儿童，点亮幼儿的多元智慧，绘就幼儿的五彩童年，让每一位密云幼儿快乐地成长在安全、童趣又处处是美的乐园之中。

教学之本

● 名师风采

徐晓青，保教主任，区骨干教师。获上海市园丁奖、虹口区教育教学评优三等奖、区教育科学研究成果评比三等奖。

吴欣迎，区骨干教师，大教研主任兼项目组组长。获虹口区教育教学评优三等奖、虹口区优秀教研组长、区教育科学研究成果评比三等奖。

● 特色课程

幼儿园将课程理念"以美启慧，成就每一个"链接到具体的教育实践中，倡导"三个坚持回归"：坚持回归儿童生活、坚持回归儿童主体、坚持回归儿童活动，凸显儿童自主的权利。幼儿园将共同性课程与选择性"创美艺术"特色有机融合，横向"板块"柔活，纵向"经验"贯通。课程内容涵盖"五美"，即享美生活、健美运动、玩美游戏、慧美学习、共美家园；实施安排串联"五每"，即每日畅聊艺术、每周创美时光、每月乐美画展、每学期畅美实践、每学年玩美探究。用时间连线、用创美织网，支持幼儿自主发展。

● 品牌活动

以科研带动园所的发展，塑造密云课程品牌。幼儿园依托市级课题"以美启慧：幼儿园视觉艺术创意坊活动设计与行为指导的实践研究"，基于幼儿园艺术教育的现状，开展视觉艺术专用活动室中融合性活动的设计与实践，建构幼儿创美艺术课程。幼儿园参与的国家级课题"教养医结合提升托班教师师幼互动质量的教研实践研究"，在行动研究的过程中，提升了托班教师师幼互动质量。

● 家园共育

在"共美家园"的理念下，幼儿园加强与家庭、社会密切配合，构建协同育人机制，形成教育合力，共创家园共育环境，激活每个密云人的活力。密云家长学校建立了三大类课程体系，细化为 13 个家庭教育指导微课程。家园协同共创了五本《"共美家园，美美与共"——家园共育系列云端手册》，一则则生动的案例不仅记载了密云幼儿成长的精彩瞬间，而且也承载了教师与家长家园共育的课程理想。

● 荣誉奖项

2019 年 2 月荣获庆祖国 70 华诞"唱童谣·诵经典"公益展演活动优秀组织奖

"2021 云上亲子嘉年华"活动"上海市第十四届幼儿游戏大赛"优秀游戏奖

2016—2020 年度虹教系统优秀退休教工之家

2019—2020 年度虹教系统退休教工示范网络小组

2021 年虹口区中小幼优秀教研组、先进教研组评选优秀教研组

2021 年虹口区托幼机构保育保健专业技能评选优秀组织奖

2021 年虹口区托幼机构保育保健专业技能评选优秀方案奖

2021 年虹口区托幼机构保育保健专业技能评选优秀操作奖

人文之萃

● 杰出人物

姚洁吉,中学高级教师。获全国优秀教师、上海市园丁奖等荣誉称号。1972 年姚老师参加了国家和上海市教师用书、幼儿用书的撰写工作。1987 年,她创办了上海市虹口区密云路幼儿园。幼儿园创办仅 5 年,就被评为"上海市一级幼儿园"。她带领全园教师投身《幼儿园工作规程》的试点工作,成为虹口区当时唯一一所试点园,影响激励着一代又一代的密云园长与教师。

崔岚,上海市特级教师,正高级教师。现任上海市虹口区教育学院学前教研员,学科培训基地主持人。获上海市中青年教师教学评优一等奖、上海市优秀教研员等殊荣。她秉承"以儿童发展为本"的教育理念,重视幼儿教育,促进幼儿自主发展的价值引导,探索"顺应天性、尊重差异"的环境课程化实践。同时,她坚守教研理念"一个也不能少、关注教研寻常时刻",深受园长与教师的信任。她参加了上海市"二期课改"幼儿园教师用书的撰写工作,是国家、市级多个课题的主要研究者,编著了《怎样当好教研组长》《图解幼儿园班级主题墙的虚与实》等专著,在专业杂志上发表多篇文章。

● 学校景物

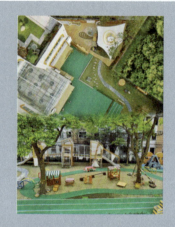

密云路幼儿园环境优美，
拥有开放式的户外游戏空间，
是幼儿眼中最美的幼儿园。

沙水池、树屋、秋千……都来
源于幼儿的创想设计，
幼儿对于幼儿园的期待与梦想
在密云一一实现。

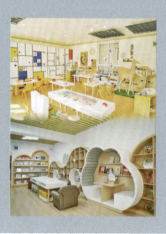

让幼儿浸润在美好的艺术氛围中，
点亮幼儿的多元智慧，
成就每一个幼儿。

普惠·智慧·互惠

——上海市虹口区大连新村幼儿园

🎀 学校之魂

上海市虹口区大连新村幼儿园成立于1960年，是一所由虹口区教育局主办的招收3—6岁幼儿的全日制公办二级幼儿园，上海市"书香校园"基地学校，全国足球特色幼儿园。其坐落于地铁8号线曲阳路站旁的欧阳街道大连新村小区里，与上海市居民新村的崛起、发展、变化、涨落紧密相连，与国家对幼儿园教育的定位、上海教育的发展紧密相关。幼儿园以"尊重儿童现在，面向儿童未来"为办学理念，在不断提升办园质量的过程中，遵循幼儿身心发展规律，营造良好的校园文化氛围，为努力培养"大方大气，连动共赢，新乐启蒙，寸长渐长"的现代幼儿奠定基础，打造一所非常"惠"教育的上海市优质幼儿园。

校徽由主体造型"呵护的双手"演变而成，仿佛是幼儿紧紧相连的双手，托起一轮冉冉升起的朝阳。五组造型向中心环绕，又宛如一株株刚刚发芽的新苗，寓意着在幼儿园、教师的包容与爱护下，幼儿心连心、手牵手，茁壮成长。

🎀 办学之思

黄樱，上海市虹口区大连新村幼儿园党支部书记兼园长。获虹口区园丁奖、"上海市科教网学前教育子网"建设先进个人、上海市治安保卫先进治安责任人等

荣誉称号。她以"尊重儿童现在，面向儿童未来"为办学理念，逐步优化幼儿园"心声连动"社会性活动课程，使幼儿园原有研究经验得以传承与发展，推动课程实践的深入和推广。关注教师的专业发展，合力形成"敬业、专业、乐业"的师资团队，努力办幼儿喜欢，家长、社会认可的家门口的高质量幼儿园。

教学之本

● 名师风采

汤晶菁，保教主任兼工会主席。获虹口区园丁奖、虹口区教育系统优秀工会工作者、虹口区教育系统"书香校园建设"系列主题活动先进个人等荣誉称号。

钱鸣，青年组组长。获虹口区园丁奖、虹口区优秀教研组长等荣誉称号。

● 特色课程

幼儿园以"普惠·智慧·互惠"为课程理念，力求遵循幼儿社会性发展的规律，不断优化幼儿园"心声连动"社会性活动课程，注重幼儿"心"与"声"的感受与体验，充分挖掘教育资源，拓展教育空间，将各领域的内容渗透到幼儿园活动中，让幼儿在生活中学习、在活动中发展、在社会中成长，增进幼儿的社会交往认知，培养幼儿的社会性情感，从而使得幼儿的社会综合能力不断提升。

● 品牌活动

幼儿园依托市级课题"时下儿童良好同伴关系建立的实践研究"，梳理了幼儿良好同伴关系的内涵与影响因素，从幼儿园的一日活动渗透、特色活动打造、个体辅导关注和家园互动指导等四个方面，开展对有效建立幼儿良好同伴关系的实践探索研究，帮助幼儿获得有益的社会化经验积累，提升社会交往能力，完善健全的人格，为现代幼儿今后的发展奠定基础。科研成果获得上海市课程情报综述征文评选二等奖、虹口区区域性幼儿园特色课程"三公"式组团发展实践研究子课题评选一等奖。

● 家园共育

幼儿园每周五开展"沪语日"活动，和家长共同建立沪语资源库，包含沪语童谣、沪语小对话、沪语常用语等多种素材，并协同开展了沪语童谣展演、上海美食品尝会、欢乐上海游园会、小小城市集市等活动，把原先单一的语言活动变成社会化综合活动，鼓励幼儿在家、在园、在日常生活的各个环节使用沪语，为幼儿创造了丰富的学习沪语的环境。同时帮助幼儿在综合活动体验中感受、了解、认同上海本土文化，更热爱家乡。

● 荣誉奖项

　　上海市虹口区未成年人保护工作先进集体

　　上海市安全文明校园

　　虹口区教育系统育人型班组

　　虹教系统行风建设达标单位

　　虹口区依法办园标准校

　　虹口区先进教研组

　　虹口区优秀教工之家

人文之萃

● 学校景物

被绿树环抱着的户外操场是幼儿嬉戏玩耍、运动游戏的乐园。

幼儿每天都在幼儿园"宝藏湾"里进行"探秘"行动。

阳光育人，和谐共长

——上海市虹口区江湾路幼儿园

🎗 学校之魂

上海市虹口区江湾路幼儿园创建于 1949 年，毗邻甜爱路、鲁迅公园，具有较为丰富的人文资源。幼儿园以"阳光育人，和谐共长"为办园理念，希望幼儿像阳光一样，用光明和磊落，奠基人生底色；教师像阳光一样，用温暖和能量，呵护幼儿成长；幼儿园像阳光一样，用环境和文化，造就温馨家园。在提升办园品质的过程中，幼儿自我身心、教师专业内涵、家园协作生态得到和谐发展。

校徽的颜色为橙、绿、黄，象征着温暖、自然和阳光。校徽由"J"和"星星"两部分组成。"J"是江湾路幼儿园拼音首字母，拟人化的"J"形似奔跑的人，象征着幼儿园向阳奋力发展；"星星"似幼儿，象征着他们在江湾路幼儿园温暖的怀抱下，阳光、自然地成长。

🎗 办学之思

陆瑾，上海市虹口区江湾路幼儿园园长。获上海市虹口区园丁奖、虹口区教育科研优秀指导奖。她引领下的"幼儿园以行养品的补充实践研究"获虹口区第十三届教育科研成果评比二等奖，"'6+W'以行养品课程的实践研究"获得区级重点课题立项。她以"阳光育人，和谐共长"为办园理念，以"自、

德、齐、乐"为园训，着力培养"有师德为先之理念，有关爱幼儿之情感，有科学保教之能力，有自我成长之自觉"的教职工队伍。不断优化"童蒙养正，以行养品"的课程，着力培养具有良好品质的阳光幼儿，努力打造一所有口皆碑的家门口的好幼儿园。

教学之本

● 名师风采

叶珍，小班教研组长。获虹口区中小幼教师课堂教学幼教学科评比三等奖。

陈旻，中班教研组长，2022—2024学年虹口区教育系统教师专业人才梯队教学能手。在"2021'童心向美'上海市幼儿园创意艺术环境设计与实践展评活动"中荣获二等奖，"基于儿童视角——'6+W以行养品'大班课程设计与实施的实践研究"获区级课题。

储文菁，大班教研组长，2022—2024学年虹口区教育系统教师专业人才梯队教学能手。获虹口区2017学年入职3年青年教师"三个一"教学基本功评比活动演讲比赛一等奖、综合奖项三等奖，虹口区第十三届教育科研成果（普通幼儿园中对自闭症幼儿情绪管理的教师干预策略与成效）评比二等奖。

● 特色课程

幼儿园以趣味性、生活性、整合性、渗透性为原则，通过玩转"百草园"、嬉"戏"哈哈哈、乐享星期五、阳光伴成长等多种形式，开展"以行养品"特色课程。幼儿园注重以行养品，始于体验，以行养品，重于养成，遵循"认识、感知、体验、行为"的养成过程，丰富幼儿的成长经历，呵护幼儿的情感与心灵，关注幼儿良好品质的养成。

● 品牌活动

幼儿园结合《3—6岁儿童学习与发展指南》以及"以行养品"的课程理念，开展"6+W以行养品"特色品牌活动。"6"代表礼、信、仁、勤、智、孝六个主题："礼"——讲礼仪，"信"——有自信，"仁"——会关爱，"勤"——爱劳动，"智"——善学习，"孝"——懂感恩；"W"表示"way"，即多种方式与方法。以"6+W"为新的研究生长点，深化园本课程的内容，丰富园本课程实施的途径。

● 家园共育

幼儿的生活和发展往往置身于文化背景和社会情景之中，父母、教师、同伴都是幼儿发展的重要因素。"阳光伴成长"是师幼共同成长的过程，是同伴携手进步的过程，也是家园协作通力的过程。通过各种节庆日开展"欢乐一家亲""爱心无限，快乐奉献'爱心义卖'""极限挑战亲子运动会""班班有歌声"等家园大活动构建亲子互动渠道，建立"以行养品"课程的家园互通模式，拉近家园关系，温暖幼儿心灵，共同伴随幼儿成长。

● 荣誉奖项

　　2013—2018年虹口区教育系统优秀教工之家

　　2017—2018学年度上海市安全文明校园

　　2019—2020年度虹口区文明单位

人文之萃

● 学校景物

沙与水的世界，让幼儿在阳光下嬉戏。

百草园，幼儿探索自然的秘密基地，在百草园里体验鲁迅爷爷小时候的童年野趣。

宽敞明亮的校园是幼儿的温馨家园。

合合美美，成长每一个

——上海市虹口区曲阳第二幼儿园

学校之魂

上海市虹口区曲阳第二幼儿园成立于 1985 年，以"最少限制、最大可能"的办园理念为引领，在爱的驱动下，创设无障碍的教育环境、公平的教育权利、均等的教育机会；构建爱乐满园、快乐合美、普特共融的校园文化、管理机制及课程特色；打造有爱心、有恒心、有慧心、有耐心的"四有"教工队伍；培养爱运动、爱思考、爱交往、爱创意、爱劳动的"五爱"幼儿。让园所成为一所幼儿喜欢、家长满意、社会认可、普特融合的上海市优质幼儿园。

校徽由"曲"字的拼音首字母"Q""阳"字的象形与数字"2"变形结合而成。开放式的红色圆形包围，提供暖阳般的呵护与引导；淡绿色起点处一片嫩叶，随着线条旋转、伸展、延续形成圆形，传达自由、快乐、进取、包容；深绿色数字由"2"变形，犹如音符般唱响轻松、愉悦的"曲二"欢乐之歌。

办学之思

孙喜凤，上海市虹口区曲阳第二幼儿园党支部书记兼园长。获上海市虹口区青年五四奖章。她充满激情，善于学习，倾情付出，爱满事业，并坚信爱能让一切化为可能。面对新时代、新挑战，她义无反

顾，勇往直前，承担起了争创上海市一级园的任务。从情况排摸到统筹资源，从硬件改善到软件提升，从课程调整到全面优化，从寻找弱势到补缺补差，她对幼儿园的发展"使命在身"，和教职工团队"携手并进"，带领曲阳二幼的团队奋勇前进。

教学之本

● 名师风采

王熙珍，特级教师，正高级教师。获全国模范教师、上海市教书育人楷模（提名）、虹口区拔尖人才等荣誉称号。任虹口区特殊教育名师培训基地主持人、上海市学前特教中心教研组组长、上海市教育学会特教专委会副主任委员。

练宏，中学高级教师，大教研组长。2009 年获得全国特教园丁称号，2018 年获得上海市四有好老师称号（提名）。

吴术燕，中学高级教师，曲二保教主任兼工会主席。

● 特色课程

秉承"融合"宗旨，创建"合合美美，成长每一个"融合教育课程，实现"从有到优"的转变。融合教育课程让教师理解和尊重幼儿的个体差异，以积极视角帮助每个幼儿，让普特幼儿在水乳交融的环境下学习、生活，获得积极的情感体验。我们坚守"特殊孩子首先是孩子，然后才是有特殊教育需要的孩子"的理念，提供普特幼儿共同学习、游戏的机会，满足每一个幼儿不同能力的发展需要，推进融合课程的实施。

● 品牌活动

4 月 2 日为"世界自闭症关注日"，创设"抱一抱，共欢乐""你好，我的朋友"等活动，让自闭症幼儿在普特融合的环境中获得支持；让普通幼儿学习理解、友善、共享，促进社会性情感发展。

10 月 10 日为"世界心理健康日"，通过"感谢你陪着我"，让幼儿在社会适应、人际交往、情绪行为等方面获得更多的关注与支持，获得身心全面健康发展。

● 家园共育

为更好地开展家园同步化教育，幼儿园邀请专家教师深入家庭，宣讲幼儿教育的理念与好做法；邀请家长来园交流经验。理论与实践结合，对提高家园协同教育质量发挥重要意义。

● 荣誉奖项

上海市教育科研先进单位

上海市文明班组

虹口区先锋号

虹口区优秀教研组

2018—2020 年度上海市特殊教育先进集体

人文之萃

● 杰出人物

陆莹，中学高级教师，以"滴水穿石"的信念致力于工作，积极参与分合教育、医教结合等市级课题研究实践。获 1999 年上海市金爱心奖、全国五一劳动奖章。

张高云，根植于学前教育事业。擅长舞蹈表演的她积极探索学前音乐活动，并将自己的心得体会辐射区内教师。1991 年被评为中学高级教师职称，成为区域内幼儿教师高级职称的第一人，为学前教育事业发光发热。

● 学校景物

愿每一个幼儿都能像一棵棵树苗合合美美地健康成长。

"之"字形的空中茵茵绿地给予幼儿自由奔跑、尽情运动的无限空间。

以人为本，大手牵小手，在普特融合、医教结合、家园联合的环境中健康成长。

创智激趣，欣欣向阳

——上海市虹口区曲阳第三幼儿园

学校之魂

上海市虹口区曲阳第三幼儿园创办于 1983 年，1996 年挂牌为虹口区科技乐园，以"启科创之心，萌强国之志，育完整儿童"为办园理念。在提升办园质量的过程中，以园所导力、家庭助力、幼儿自主探究之力，汇聚成启迪师幼科技创新的智慧之力，沁润入心，启智激趣，为幼儿的可持续发展蓄力，为未来的强国之路奠基。"心如花木，向阳而生"，让每一个幼儿以欣欣然之姿茁壮成长，全面发展。幼儿园以保教质量的全面提高为目的，精心打造幼儿科技教育品牌，形成整体性、均衡性发展的特色优质园，使自身真正成为强国育人的乐园。

校徽图案有着双重寓意。整体看，如阳光照拂下的繁茂花园，一方花园培育着一群健康快乐、有智慧的幼儿。分开看，如孩童隐身花丛中，探出脑袋笑盈盈。第一个幼儿拥有健康之体，第二个幼儿怀揣快乐之心，第三个幼儿闪耀智慧之光，三个幼儿的身影融合在一起，体现了"育完整儿童"的办园理念。换一个角度，他们又是凝聚在一起的三股不可或缺的力量，园所导力、家庭助力、社区合力。三股力量团结合作、携手共济，守护着这一方花园，呵护着幼儿的健康成长。

办学之思

　　姜敏，上海市虹口区曲阳第三幼儿园党支部书记兼园长。获上海市园丁奖、虹口区先进工作者、虹口区三八红旗手等荣誉称号。她以"启科创之心，萌强国之志，育完整儿童"为办园理念，以"科学启蒙创新教育，促进幼儿的全面发展，精心打造幼儿科技教育品牌"为幼儿园发展目标，培养健康快乐、好奇探究、文明乐群、勇敢自信、敢于创新、有初步责任感的幼儿，着力打造一所有品质、有特色的幼儿园。

教学之本

● 名师风采

　　麦璐祎，保教主任兼工会主席。获上海市园丁奖、虹口区十佳青年教师提名奖、虹口区优秀班主任。

● 特色课程

　　幼儿园围绕区级重点课题"基于探究式的幼儿乐高建构集体教学活动的实践研究"，进行了一系列的研究。立足探究式学习方式，基于幼儿视角，形成了"探究式的幼儿乐高建构集体教学活动"方案，并在实践研究中不断优化课程方案，遵循幼儿发展水平，立足幼儿的学习需求与兴趣，支持幼儿个性化的探索，通过探究式的建构活动，促进幼儿全面发展。

　　目前开展的课题"在 DIY 编程机器人园本课程中幼儿创新素养培养的实践研究"在探究式建构的基础上，融入了编程的内容，让幼儿在"做中建构、做中编程、做中探索"中培养想象和创新思维能力。

● 品牌活动

　　围绕幼儿园的办学理念，"科技节"作为幼儿园的品牌活动，在每年金秋十一月开展，有幼儿创意制作活动、亲子创意露一手实验探究活动、爱思考俱乐部比赛活动等，通过科技品牌活动培养幼儿好奇探究、敢于创新的能力。以 STS（科学 Science、技术 Technology、社会 Society）教育理念为主线，相继开展区级重点课题"基于 STS 教育理念的幼儿科学启蒙教育的实践研究""幼儿科学教育与视觉艺术创意融合的实践研究""基于探究式的幼儿乐高建构集体教学活动的实践研究""在 DIY 编程机器人园本课程中幼儿创新素养能力培养的实践研究",获虹口区第十届教育科研成果一等奖、虹口区区域性幼儿园特色课程三共式组团发展的实践研究评选一等奖、虹口区第十二届教育科研成果二等奖。

● 家园共育

"爸爸助教团"是家园共育的特色项目。"爸爸助教团"吸引了不同职业的爸爸自愿报名来园助教,和教师一起共同策划每一次的活动内容。通过游戏、实验、故事等形式,与幼儿进行互动。在展现爸爸不同才能的同时,带给幼儿更多的认知经验和情感体验,鼓励更多的爸爸积极参与到家园共育中。

● 荣誉奖项

2019 年上海市依法治校标准校

2020 年度上海市安全文明校园

2020 年度上海市虹口区文明单位

人文之萃

● 杰出人物

马莉,曾任上海市虹口区曲阳第三幼儿园园长,2000 年带领团队让幼儿园成功升等上海市一级园。获上海市中小学十佳青年校长提名奖、上海市科普促进奖提名奖、上海市园丁奖等荣誉称号。马园长是一位开拓创新型园长,在她的带领下幼儿园先后被授予联合国教科文组织"环境人口与教育(EPD)"成员学校、中国青少年科普教育实验基地、上海市青少年科普促进会会员单位等。马园长主编出版的《幼儿生活化科技启蒙教育》一书得到科技、教育界的广泛认同。她重视校园文化建设,鼓励教工读书,树立终身教育理念,使幼儿园读书品牌获得上海市创新成果奖。

● 学校景物

郁郁葱葱的校园让幼儿如同花朵般沐浴阳光、蓬勃向上，以欣欣然之姿茁壮成长。

科技馆是幼儿探索游戏的乐园。

乐高建构让幼儿"做中建构、做中探索、做中游戏"。

畅玩世界，唱响自我

——上海市虹口区曲阳第五幼儿园

学校之魂

上海市虹口区曲阳第五幼儿园建于 1987 年，2019 年扩建分园，形成目前一园二址办园规模。幼儿园以"以人为本，共同成长，和谐发展"为办园理念，让幼儿在多元的情境中发现、体验，教师在观察、反思中与幼儿共同成长，家长在观摩、参与评价中了解幼儿的年龄特点、发展水平，提高家长科学育儿的能力，使幼儿、教师、家长三位一体共同成长。以"畅玩世界，唱响自我"为课程理念，以"培养健康而有个性的现代幼儿慧欣赏、爱表达、能合作"为目标，努力营造积极向上、互助合作的校园文化。

校徽设计契合幼儿园课程的音乐特色，利用音乐元素，将曲五的拼音首字母"q""w"以音符的形式呈现，配以两个翩翩起舞的幼儿形象，传递"在活动中体验"的课程实施方式，即幼儿在游戏中学习、在游戏中生活、在游戏中感知世界、在游戏中展示自我凸显个性。渐变色叶片代表了幼儿园的向心力、凝聚力。整体校徽充分展示了幼儿园的生机、求知以及多元化。

办学之思

杨立群，上海市虹口区曲阳第五幼儿园党支部书记兼园长，高级教师。获上海市园丁奖、虹口区园丁奖、第十一届科研先进个人、2006年上海市第七届金爱心教师二等奖等荣誉称号。

在2019年8月继任曲五幼儿园园长后，她传承幼儿园的办园理念和课程理念，并在此基础上将音乐活动拓展到游戏中，秉承在"活动中体验"的课程实施方式，思考课程发展的突破和发展，提出了"畅玩世界，唱响自我"的课程理念。优化表演游戏活动，将学校周边社区资源纳入幼儿园的课程中，形成大教育的观念。

她以幼儿发展为本，在多元的情境中，让幼儿主动感知、发现、体验、探究；以教师发展为本，关心教师自我发展需求，重视教师队伍的成长，促进教师站在幼儿立场开展观察、反思；以家长科学育儿指导为本，让家长在观摩中、参与评价中了解幼儿的年龄特点和发展水平，提供科学育儿的支持性策略，从而提高家长科学育儿的能力。多支队伍的共同成长、相互滋润、彼此成就、和谐发展，最终让幼儿在原有基础上充分发展，教师在良性竞争中专业得到提升，使幼儿园成为一所家长、幼儿、社区认可的优质学校。

教学之本

● 名师风采

朱琳，中班教研组长，区骨干教师，虹口区第五层级后备干部。多次向区、市开放音乐活动、沙水游戏、建构游戏，获得同行的好评。

● 特色活动

幼儿园以"畅玩世界，唱响自我"为课程理念，活动涵盖了所有幼儿能玩的内容，不仅是做游戏，更是在游戏中学习、在游戏中生活。

对幼儿而言，"畅玩世界，唱响自我"体现的是积极的表达和个性的展现。幼儿在玩中运用多种方式感知生活，创造性地表达表现，最终获得对世界和自我的认知，悦纳自己，悦纳他人。

对教师而言，"畅玩世界，唱响自我"体现的是开放的思想与赏识的眼光。教师能鼓励幼儿充分地表达表现，并用积极的态度唤醒幼儿的创意，激励幼儿展现不同的自我。

对园所而言，"畅玩世界，唱响自我"体现的是整合的理念和全面的发展。幼儿园发挥课程的整体效应，与社区、家庭联动，为幼儿全面发展提供多途径、多方位的支持，实现全体幼儿的全面而有个性的发展。

● 品牌活动

根据市教委保证幼儿每天户外两小时的要求，我们对幼儿园有限的户外场地进行了梳理，调整作息时间，尽可能地将表演游戏、建构游戏、角色游戏拓展到户外，并引进户外游戏的材料，成立项目组进行研究。幼儿园"表演游戏促进幼儿社会情绪能力养成的实践研究"获得上海市教育科学研究院2021年上海市中小学幼儿园课题情报综述二等奖。幼儿园有多位教师向全国、市级和区级开放沙水游戏、建构游戏、表演游戏，获得同行的好评。户外游戏在2022年11月升等时获得市级专家的好评。

● 家园共育

曲阳社区是改革开放以后上海市建成的第一个大型居民居住区，人文资源、教育资源非常丰富，聚集了数家具有"科技"含量的单位，为幼儿园课程的社区资源开发提供了丰富的素材。"畅玩护照"项目集合家长、社区、幼儿共同设计的活动，包括文化娱乐、安全体验、四史教育等，这些活动串联起园内园外、集体活动、亲子活动等多种方式。社区资源的利用不仅补充了幼儿园的课程，同时又丰富了亲子活动的内容。幼儿在家长的带领下参与打卡活动，不仅增进了亲子之间的关系，而且也在活动中受到了爱国主义教育。

● 荣誉奖项

2018—2021 年度虹口区文明单位

2019 年度依法治校标准校

2019—2020 年度上海市安全文明校园

人文之萃

● 学校景物

在空中俯瞰曲五幼儿园，两个园所像一首乐曲在流淌。

动来动"趣"，健康成长

——上海市虹口区运光第一幼儿园

🖋 学校之魂

上海市虹口区运光第一幼儿园创办于1988年，在不断提升办学品质的过程中，始终坚持贯彻"为了每一个幼儿的终身发展"的核心理念，积极构建"团结合作，携手共进"的校园文化内涵，共同建设一所管理优、队伍精、质量佳、环境美的健康特色园。

校徽图案是一棵苗壮成长的小苗苗，它象征着每一位幼儿都是一棵稚嫩的小芽，自然而充满生机。小苗苗们每天和吉祥物"小芸豆"一起运动、游戏、生活，在运光第一幼儿园这个运动乐园里苗壮成长！

🖋 办学之思

黄琳，上海市虹口区运光第一幼儿园党支部副书记兼副园长。获上海市青年教师评优三等奖、上海市园丁奖、虹口区青年教师评优一等奖、虹口区十佳班主任等荣誉称号。她坚持"以育人为本，让幼儿在过程中体验快乐自信，在结果中收获健康乐趣，促进每个幼儿在原有水平上

充分发展"为办园理念,着力打造一支以幼儿发展为本,尊重教育规律,具有自主发展、积极进取、和谐互助特点的教师队伍。积极优化"动来动'趣',健康成长"运动课程,努力培养一批批健康、快乐、勇敢、自信的幼儿,即身心和谐健康发展的幼儿,着力打造一所有口皆碑的家门口的好幼儿园。

教学之本

● 名师风采

任缅达,工会主席兼保教主任。获虹口区教育科研成果评比三等奖、区优秀班主任、区教育系统优秀工会主席光荣称号等。

杨红,教研组长兼退管组长。获虹口区教育系统优秀退管工作者、虹口区"树、创、献"优秀班组长奖、虹口区园丁奖。

潘炜磊,教研组长。获虹口区曲阳街道教书育人奖。

徐军,家教组长。获上海市家庭教育指导骨干教师、虹口区园丁奖、虹口区音乐教学基本功大奖赛设计奖、虹口区曲阳街道教书育人奖。

徐婵,科研组长兼青年组长。获虹口区青年教师评优二等奖、中国学前教育研究会 2016 年年会论文三等奖、虹口区科研成果奖三等奖、虹口区教学能手称号、虹口区优秀青年干部人才梯队成员。

● 特色课程

运光第一幼儿园以"动来动'趣',健康成长"为课程理念,以幼儿健康发展为目标,创设区域体育活动、亲子游戏及集体运动游戏等多样化运动形式,形成课程特色,让幼儿通过自主运动获得体能及社会性情感、良好个性等各方面的发展。幼儿园对室内外活动场地进行全面规划与合理布局,投放多样化的运动材料,给予幼儿自主创建机会,鼓励幼儿自主探索玩法,让幼儿在发现、体验、探索中获得经验,促进幼儿身心健康成长。

● 品牌活动

幼儿园始终坚持教科研融合,着重从健康领域入手进行研究。自 2008 年起,相继开展了"优化幼儿园运动形式 提高幼儿运动能力的均衡发展""创设开放性室内运动区域,让幼儿的室内运动更合理有效""在合作性运动活动中促进健康家庭生活方式养成"等研究,逐渐形成"运动健康"园本化课程的总框架,先后形成了多篇科研成果,获得上海市虹口区第十二届教育科研成果三等奖。

● 家园共育

"我和爸爸一起玩"是由教师、家长和幼儿共同设计且有效实施的亲子运动游戏活动。基于目前幼儿园家长亲子陪伴中爸爸角色缺失严重的现实状况，教师和家长合作协商，利用各种随手可得的材料创设适合的亲子游戏，带着幼儿共同参与运动游戏。这不仅锻炼了身体，增进了亲子的情感交流，也形成了协商合作式家园共育的良好局面。

● 荣誉奖项

上海市花园单位

2019—2020 学年上海市安全文明校园

2019—2020 年虹口区文明单位

人文之萃

● 杰出人物

杭燕，曾任上海市虹口区运光第一幼儿园园长。获上海市园丁奖、上海市体育先进个人、虹口教育系统年终考评党政领导个人记功奖等荣誉称号。她全心全意地热爱孩子，把所有的精力都投入到幼教事业中，退休后作为区责任督学，依旧积极参与教育实践活动。

周建华，曾任上海市虹口区运光第一幼儿园园长。获上海市虹口区园丁奖、第七届教育科研先进个人、上海市家庭亲子运动会优秀指导奖、虹口教育系统年终考评党政领导个人记功奖等荣誉称号。她以健康为抓手，注重教科研融合，形成了以运动为特色的幼儿园课程，促进师资队伍快速成长，为幼儿园的后续发展夯实了基础。

● 学校景物

我们的校园绿树成荫，有树屋、滑滑梯……
我们在这里运动、游戏。

我们美丽的校园。

联心共育，银光闪闪

——上海市虹口区银联幼儿园

🎜 学校之魂

上海市虹口区银联幼儿园创办于 1995 年，以"联心共育，让每个孩子银光闪闪"为办园理念，尊重每个幼儿的发展特点，努力发现每个幼儿的闪光点，在幼儿的成长过程中"推波助澜""顺势而为"。在提升办学品质的过程中，不断创设、改善、升级幼儿在园环境，师生共同营造安全、温馨、自然、有趣的活动氛围，在自知中自信，在自信中自主，促进师生共成长、共发展。

🎜 办学之思

范蓉，上海市虹口区银联幼儿园园长。获虹口区园丁奖、"李斌杯"上海市五一巾帼技能奖、虹口区优秀女工干部、虹口区优秀班主任、先进教研组长、校务公开优秀管理者、未成年人保护先进个人、治安保卫先进责任人等荣誉称号。她以"联心共育，让每个孩子银光闪闪"为
办园理念，以依法办园、以德立园为基础，坚持"以人为本"的宗旨，创建"一日工作有尺度、园本研究有深度、共享协作要大度"的和谐共赢校园文化；以培养"健康自信、个性独特、文明乐群、勇担责任、好奇探究、热爱自然的银光闪闪的儿童"为目标，联结家园社之心，努力构建一支师德高尚（责任担当）、专业发展良好（乐思好学）的师资队伍，为打造一所让家长满意、幼儿健康成长、社区认可、教师有所成就的家门口的新品质幼儿园而努力。

教学之本

● 名师风采

袁蓓蕾，保教主任兼大教研组组长。获区骨干教师、虹口区中青年教师评优二等奖、虹口区园丁奖。

肖立，年级组长兼特教联络员。获区教学能手称号。

● 特色课程

银联幼儿园小小的园所，发挥大大的功能，开设四"小"课程，以满足每个幼儿的发展需要。

"小"广播：午间散步，给每个幼儿拿起话筒的机会，听听故事，唱唱儿歌，说说见闻，聊聊成长。

"小"舞台：每学期给每个幼儿一次上台的机会，大胆表现自我，努力让他们表现不一样的自我，多才多艺的自我。

"小"读者：走出自己的班级，走进隔壁的教室，说说故事，介绍好看的图书，把阅读"带出"教室，把阅读带进"生活"。

"小"节日：每一个传统节日，让幼儿亲身体验并了解传统文化，了解中国文化。

● 品牌活动

通过课题"户外运动环境场景设计与幼儿自主性发展的实践研究"，我们的愿景是给幼儿六个"一"：一片绿草丛林给予幼儿些许神秘与挑战，一块木质地板让幼儿充分地自由选择与创造，一块塑胶场地让幼儿体验合作与竞赛，一段水泥跑道让幼儿感受速度与激情，一片湛蓝的天空让幼儿尽情挥臂与跳跃，一份鼓励与观察给予幼儿充分的理解和支持。通过对运动课程的研究，引入"场景"为重要研究载体，在重视物理环境创设的同时，更关注心理环境的创设和幼儿心理的发展，以此，结合幼儿园实际，从园本出发逐渐形成具有本园特色、符合幼儿年龄特点的运动课程。在运动课程的架构基础上，继续聚焦"场景"创设在"游戏、学习、生活"课程中的运用，从而不断完善与架构园本课程。

● 家园共育

银联"小舞台"是幼儿、家长、教师共同策划并组织的一项幼儿园的特色活动。由教师与家长根据幼儿园课程及主题活动等，一同商议制订"小舞台"主题，再由家委会、家长志愿者共同牵线，发动家长一同与幼儿策划节目、搜集节目、收集材料、彩排等。在一次次的组织和表演过程中，家长与教师达成一致的教育理念，在幼儿的成长道路上，共同保驾护航。

● 荣誉奖项

2020 年度虹口区文明单位

2020 学年校本研修素养课程优秀学校

2021 "童心向美"上海市幼儿园创意艺术环境设计与实践展评三等奖

2020 学年上海市安全文明校园

人文之萃

● 学校景物

丰富多样的运动场地让幼儿充分感受、体验运动的快乐。

不一样的户外游戏让幼儿在自主中快乐成长。

快乐建构，智慧生活

——上海市虹口区实验幼儿园

学校之魂

上海市虹口区实验幼儿园创办于 1993 年，是上海市首批示范性幼儿园。幼儿园经过多年的积淀与凝练，逐步形成了"成就'每一个'，在思想和行动中走向远方"的办园理念，看见全体的每一个、欣赏独特的每一个、成就主动的每一个。在知行合一、情知互动中，让每一个生命向着远方，阔步前行。

校徽内嵌着"实验"两个大写首字母"S""Y"，组合成生命之树图案。其意蕴是：树木与树人，塑造生命与未来。它既体现虹实验为民族未来培育参天大树的教育使命，更强调"顺木之天，以致其性"的教育主张。橙色给人活力之感，彰显好奇、探索，积极向上地生长；灰色给人安定之感，寓意应变、责任，向下扎根的力量。树木的双色组合和流线留白，寓意"我"和"我们"的交互。这是生命对生命的倾爱，也是生命对生命的成就。

办学之思

顾伟毅，现任虹口区实验幼儿园书记、园长。获全国新时代最美幼师、上海市十佳青年校长、上海市四有好教师（教书育人楷模）提名、上海市教育系统三八红旗手、虹口区拔尖人才等荣誉称号。她主张"教育应鼓励每一个儿童在独特的经历中感受成长"。这样的教育是等待每个幼

儿经历而又充满人性的温暖和专业的力量；这样的教育是崇尚独一无二、追求因材施教这一教育最高境界；这样的教育是既给幼儿带来当下的愉悦，又带去未来的持续发展！

教学之本

● 名师风采

王丽琴，工会主席，区学科带头人。获上海市中青年教师教学评优活动一等奖。

吕晓琳，教研组长，区骨干教师。获上海市中青年教师教学评优活动一等奖。

黄蓓蓓，教研组长，区骨干教师。获上海市中青年教师教学评优活动二等奖。

杨苏霏，家教组长，区骨干教师。获虹口区十佳青年教师称号。

● 特色课程

作为国家纲要试点园，虹实验自 2002 年起开启"快乐建构，智慧生活"的个别化课程特色研究。其"尊重儿童个体差异，支持个体经验建构，探索有效的学习支持，追寻每一个儿童学习意义"的研究成果，对上海甚至全国普及个别化学习活动产生了积极的影响。研究成果连续获得两届上海市基础教育成果一等奖、上海市第七届学校教育科研成果一等奖。学校教师出版专著 11 本，并转化为全国、市、区级教师培训课程，培训教师 8000 多人次，辐射活动百余场。

● 品牌活动

2013 年 6 月，园所承办世界学前教育组织（OMEP）第 65 届国际学术研讨会园所课程展示活动。

2019 年 12 月，园所承办全市"让幼儿园个别化活动更有意义"的专场展示活动。

2022 年 11 月，园所参与上海市第三期课程领导力项目团队展示答辩，获得优秀等第。

● 家园共育

"虹实 Family Day"活动是幼儿家庭自发组织，由几个家庭组合，利用节假日、双休日等时间开展的亲子户外探究活动。此活动为幼儿提供亲近自然、发现世界、社会交往、健身运动、冒险挑战等丰富的成长经历，也提升了家庭亲子陪伴质量，对幼儿自然教育、集体教育具有良好的促进意义。同时也助力学校放大教育能量，拓展教育资源，形成为幼儿发展服务的多元联盟。

● **荣誉奖项**

　　全国模范职工小家

　　上海市文明单位

　　上海市依法治校示范校

　　上海市家庭教育示范校

　　上海市教师专业发展学校

　　上海市创造教育基地

　　上海市安全文明校园

　　上海市垃圾分类百佳学校

　　上海市第三期课程领导力项目单位

　　上海市节水示范标杆单位

人文之萃

● **杰出人物**

　　李建君，幼儿园首任园长，上海市首批特级园长。获全国优秀教师、上海市三八红旗手等荣誉称号。她将当时边缘地区的"实验"以加速度发展，使幼儿园一跃成为上海市示范性幼儿园；她以开拓创新创建了在全市甚至全国闻名的"幼儿园个别化活动"课程品牌；她带教了一批具有师德品行和专业能力的实验教师团队和优秀骨干园长，为市区学前教育做出了卓越的努力与贡献。

● 学校景物

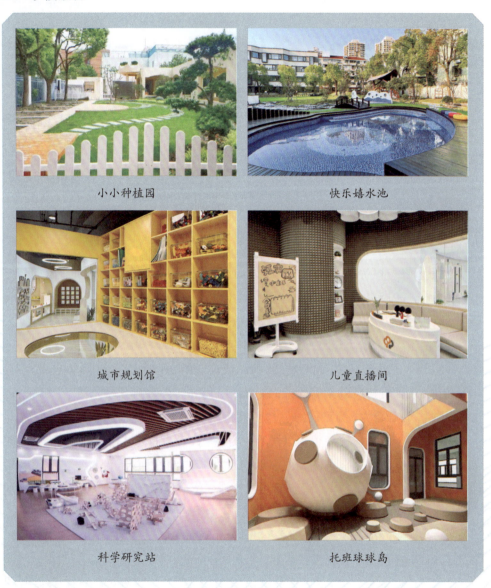

小小种植园　　　　　　快乐嬉水池

城市规划馆　　　　　　儿童直播间

科学研究站　　　　　　托班球球岛

合心、合力、合作促发展

——上海市虹口区凉城第一幼儿园

🌀 学校之魂

上海市虹口区凉城第一幼儿园创办于 1988 年，是上海市第一批"家门口的好幼儿园"。2015 年 11 月，幼儿园接受了上海市教委"基于规准的课程与教学调研"，课程建设以及师资队伍的发展现状获得了专家的肯定；2017 年 5 月，幼儿园被评定为上海市一级幼儿园。

幼儿园以"以人为本，和谐发展，快乐成长"为办园理念，关注师幼全部、彰显内涵价值，从而促进师幼素养提升；以"幼儿自然健康，教师乐学乐活"为目标，以"幼儿愉悦，教师自主"为路径，通过师幼携手共同成长，促进幼儿园可持续发展。

校徽整体以浅绿色为主，代表了自然、和谐、生机以及无限活力。主图案由字母"L"和"Y"演变而来，是凉一的缩写。手托幼苗，寓意着幼儿园教师就像这只手一样，细心呵护着祖国的幼苗，守护着幼儿健康成长。

🌀 办学之思

王卉，上海市虹口区凉城第一幼儿园党支部书记兼园长，中学高级教师。获虹口区园丁奖、虹口教育系统年终考评党政领导个人记功奖等荣誉称号。她以"以人为本，和谐发展，快乐成长"为办园理念，坚持依法治校，以"爱岗敬业、理念先进、术有专攻、勤于思考、敢于创

新、善于合作"为教师发展目标,推进和彰显"自主体验"的园本化课程,努力把幼儿园办成管理优化、队伍优良、保教优质、社会信誉高、家园同步、人文和谐的优质一级园。

教学之本

● 名师风采

辛茜,保教主任,区中心教研组成员。

曹月,年级组长,区骨干教师。获虹口区中青年教师评优二等奖、上海市园丁奖。

季佳妮,年级组长,区骨干教师。获虹口区中青年教师评优三等奖、虹口区见习教师规范化培训优秀指导教师称号。

孙佳妮,年级组长,区骨干教师,区中心教研组成员。

● 特色课程

幼儿园以"在生活中自主体验,在活动中快乐成长"为课程理念,确定了以"教育回归儿童本源"为核心价值观来架构园本课程实施方案的思路;以"自主体验"课程实施为载体,形成了回归自然、回归传统、回归生活、回归儿童的"全人境界"视域下幼儿生活体验特色活动,为幼儿自主体验、自主尝试、自主学习提供发展的机会与支持,促进幼儿全身心健康和谐发展。

● 品牌活动

2015年11月,幼儿园接受了上海市教委"基于规准的课程与教学调研",课程建设以及师资队伍的发展现状获得了专家的肯定。

● 家园共育

"我运动、我健康、我快乐——幼儿园春季运动会"以幼儿为主体进行策划、设计,幼儿通过参加运动会,既能体验运动的快乐和竞争的乐趣,又能感受到同伴之间的合作精神,收获快乐与成功。家长志愿者们与教师一起见证了一场场充满阳光、汗水、呐喊、欢笑的运动会。他们亲临现场抓拍精彩瞬间,目睹幼儿克服胆怯和困难,挑战勇敢者道路,攀、爬、钻、跳无所不能。在接力赛中,他们为选手们加油助威、庆祝胜利;在拍球赛中,他们为登台领奖的孩子们叫好。家长见证了幼儿在参加完每一个项目后套上手环自豪、自信的样子,看到他们在发自内心地为自己的班级呐喊,甚至为别的班级的参赛同学加油鼓劲。我们充分感受到了运动会带给幼儿成长的意义。

● 荣誉奖项

2016年"生活活动中幼儿自主能力养成的实践与研究"获"区域性幼儿园特色课程'三共'式组团发展的实践研究"子课题评选二等奖

2018年虹口区第八届中小幼先进教研组

2017、2018学年度上海市安全文明校园

人文之萃

● 学校景物

弯弯曲曲的石子路、错落有致的木桩、大型器械的组合是幼儿运动和探索的游乐场。

造型优美、色彩明丽的滑滑梯承载了幼儿每天的欢声笑语。

宽阔的操场犹如一条环形的项链，这里是幼儿尽情奔跑和游戏的地方。

花开凉四，花样成长

——上海市虹口区凉城第四幼儿园

学校之魂

上海市虹口区凉城第四幼儿园创办于 1994 年，是一所上海市公办一级园、上海市花园单位、上海市"十四五"家庭教育指导基地校。园所有效整合优势资源，充分践行"自然是儿童成长的基点"，拓展幼儿实践活动，丰富幼儿经历与经验，明确让幼儿自然、自由、自主、自信地在"花园凉四"实现"花开凉四，花样成长"的办园理念。

校徽整体造型由两部分组合而成。白色的简洁版笑脸是"凉"拼音首字母"L"演变而来，寓意着校园中随处可见的快乐"凉四人"；绿色的拟人植物象征着凉四绿色和谐的校园环境。将"人"与自然有机组合，彰显"花开凉四，花样成长"的办园理念。

办学之思

蔡晔，上海市虹口区凉城第四幼儿园副书记兼副园长（主持工作），中学高级教师，上海市普教系统第一届名师培养基地学员，上海市第四期"双名工程"虹口区"种子计划"学前蔡晔团队领衔人，历任上海市虹口区学科带头人。获上海市中青年教师教学评优一等奖、上海市园丁奖等荣誉称

号。主持开发的课程《幼儿自主阅读活动的实践指导》入选上海市市区级共享课程。她以"花开凉四，花样成长"为办园理念，以"和谐自然，聚力向阳"为校园文化，着力培养"师德师风高尚、课程实施／操作流程规范、班务工作扎实、教学研究投入，具有良好服务意识和心理品质，协同配合默契"的教职工团队，建构"自然相伴，育情悦读，向阳生长"的凉四新课程，努力培养具备旺盛的好奇心、敏锐的感受力、独特的表现力等特质的幼儿，着力稳中求进地传承"家门口的好幼儿园"这一办园定位。

教学之本

● **名师风采**

傅敏，工会主席。获虹口区园丁奖、优秀工会工作者。

韩婷，保教主任，曾参与区后备干部培训。获虹口区园丁奖。

陈洁，科研主管。获上海市幼儿园自制教玩具比赛一等奖。

钱敏华，教研组长。获虹口区中小幼教师课堂教学单项技能评比二等奖、虹口区园丁奖。

● **特色课程**

幼儿园立足园所丰富的户外自然场域，将户外"自在玩"作为保教质量的"生长点"，不断拓展、整合户外资源，"挖坑造坡、去林为坪"，把户外还给幼儿，使"户外 2 小时"的活动充满更多可能。尊重幼儿立场，倾听幼儿声音，回归幼儿需求与天性，盘活资源，挖掘户外游戏内容，拓展户外活动样式，持续地激发、支持、引导幼儿主动探索，让幼儿在凉四释放、想象、探索，拥有独一无二的宝贵成长经历。

● **品牌活动**

践行"儿童发展优先"，打造属于凉四幼儿特有的节日："凉四花草节""凉四悦读节"。第一届凉四花草节的闭幕活动《这个六一，我们"花样成长"》在 2021 年 6 月 1 日当天被采编入上海市学前教育网 age0—6 六一特辑，在市级平台推广。携手上海历史博物馆，开展"自然相伴，四时吉祥"悦读节闭幕活动，让家长和幼儿在场馆与校园联动巡展中玩玩、找找、说说，了解中国人借由自然物谐音或形象，寄托吉祥美好寓意的传统习俗。

● **家园共育**

顺应变化，幼儿园将亲、师、幼三方"协商性"这个理念内化到教育行为中去，从生活入手，发现点滴事物，开展有教育价值的活动。以教科研为先导，将"生活化课程"和市级德育课题"儿童视角下沉浸式中国传统文化体验活动的实践研究"做衔接，进行三方联动实践，碰撞出更多火花。由最初教师预设的"24节气"拓展到家长与教师共同关注的中国的"孝"文化、传统艺术、水渠灌溉、地方特色游戏，以及上海弄堂游戏、七巧板、糖画、游戏棒……家园共同创设游戏场景，园内园外联动，线上线下对接，引发幼儿深入体验情境的同时，增进了亲子关系，也拉近了家园距离。

作为虹口区0—3早教分中心，凉四教师"送教进场馆"，在凉城图书馆以"家庭亲子阅读"为主题，开展科学育儿指导活动，给幼儿讲述《你好你好》《小金鱼逃走了》《排排队》等系列绘本，让家长在聆听的过程中习得亲子间讲故事的方法，体验亲子互动的快乐。

● 荣誉奖项

2021年上海市家庭教育指导"十四五"实验基地

2022年上海市儿童青少年近视防控示范校

2022年度上海市安全文明校园

人文之萃

● 学校景物

园内绿树成荫、景色宜人，校园四季皆有景致，园内休闲长廊和户外运动场地的舒适性带给幼儿如公园般的入园体验。

将鱼塘由纯观赏功能打造成可充分互动体验的"星星鱼塘"，开遥控船、抄网捞鱼、击掌传递声波、用不同方式让小鱼"跟我游起来"，幼儿在观察、探索中乐此不疲。

修行育情，慧润童心

——上海市虹口区乐乐幼儿园

学校之魂

上海市虹口区乐乐幼儿园创办于 1996 年 9 月，以"乐幼儿之乐而乐，乐教师之乐而乐，乐家长之乐而乐"为办园理念。在办园过程中，遵循幼儿身心发展规律，坚持研究与实践幼儿心理健康教育，营造平等、和谐、宽松、快乐的教育氛围，动之以情、导之以行，用情感滋润幼儿心灵。注重发挥个性潜能，促进师幼自主发展。构建多元互动的家园共育模式，提高家教品质，使幼儿园成为幼儿健康成长的乐园，教师实现梦想的学园，家长信任共育的家园。

校徽是圆形构图，由一小三大四个人形图案组成。一个小的人形代表了幼儿，三个大的人形分别代表了幼儿园、家庭和社区。四个人形手拉手围成一个圈意味着家庭、幼儿园、社区共同促进幼儿的成长。

办学之思

杨伟伟，上海市虹口区乐乐幼儿园党支部书记兼园长。获虹口区三八红旗手、虹口区园丁奖等荣誉称号。她以"乐幼儿之乐而乐，乐教师之乐而乐，乐家长之乐而乐"为办园理念，倡导"信任与尊重、分享与合作、学习与思辨、创新与发展"文化价值观。创设愉悦温馨、合作共荣的团队环境，优化心理健康教育课程，努力培养"乐群、

乐道、乐究、乐动"的快乐又健康的幼儿。

教学之本

● 名师风采

胡耀瑶，保教主任兼大教研组长，虹口区第四期"种子计划"成员，虹口区顾伟毅学科培训工作室成员。获虹口区中小学、幼儿园课堂教学评比三等奖。

陈琳，年级组长，区骨干教师。获虹口区基础教育人才梯队成长叙事案例报告评选特等奖、虹口区中小幼教师课堂教学单项技能评比一等奖。

徐君，家委会负责人。区教学能手，获虹口区园丁奖。

● 特色课程

幼儿园以"修行育情，给予孩子一生的幸福"为课程理念，围绕"恰当的自我意识、有效的情绪管理、良好的社会适应能力、积极的学习品质"等素养导向的目标体系，结合各年龄段幼儿的年龄特点，开展形式多样的心理健康活动，如融合性活动、心理绘本、心理游戏、心理驿站等。导之以行、习以成行，积极强化幼儿的心理健康教育，培养健全人格的幼儿。

● 品牌活动

为提高幼儿情绪智力的发展，幼儿园以幼儿一日生活的场景为学习情境，根据不同年龄段幼儿、不同班级幼儿的特点以及幼儿的个体差异，设计、实施融合性活动，如帮帮队、小记者、小班长、值日生等，以此来引导幼儿学会接受各种情绪、查阅自己和他人的情绪，学习和体验与他人的交往，发展自我意识，学习社会规则与尝试完成社会任务，使幼儿获得良好的情感体验，提高社会适应能力和社会交往能力，提升情绪智商，以更积极的心理趋向人际群体，趋向健康的社会化。

● 家园共育

我们用"爱"架起家园沟通的桥梁。"爸爸妈妈加油站"活动，家长分享"爱"的育儿经验，聊聊与幼儿在家的"乐"事，谈谈教育"秘籍"，为爸爸妈妈搭建相互学习的平台。"乐乐小喇叭"活动，家长与幼儿共同准备"有温度"的故事，通过小喇叭广播的形式把"爱"传递给幼儿园的每一位小伙伴。教师的用心教育、家长的从"心"出发，都努力把幼儿园心理健康教育做出"爱"的温度和"心"的色彩。

● 荣誉奖项

2019—2020 年度上海市安全文明校园

2019—2020 年度虹口区文明单位

2021 年上海市家庭教育指导"十四五"实验基地

人文之萃

● 杰出人物

余菊妹，上海市虹口区乐乐幼儿园第一任园长。获上海市园丁奖、上海市家庭教育先进个人、虹口区科研先进个人。她坚持以儿童发展为本，在办园初期提出了儿童心理健康教育，梳理了幼儿心理健康教育课程，设计了家长团队心理辅导的活动方案。在退休之前，她带领乐乐团队使幼儿园顺利晋升为上海市一级园，为幼儿园后续发展打下了扎实的基础。

● 学校景物

多种造型的运动器械是幼儿最喜欢的游乐设施。

爱心形状的校园是幼儿健康成长的乐园。　　丰富多样的游戏环境任由幼儿建构与创想。

让每一个"小不点"与多彩的世界相遇

——上海市虹口区小不点幼儿园

🖎 学校之魂

上海市虹口区小不点幼儿园创办于 2004 年，幼儿园以"让每一个'小不点'与多彩的世界相遇"为办园理念。多年来，幼儿园始终追求在多彩的生活与丰富的课程中，赋予每一个参与者生命成长的意义，助推每一个小不点获得多元的经验，形成自己的独特色彩。幼儿园期待无论是小不点的幼儿，还是教师，抑或是家长，在这个生命场中都能遇见美好的生活、多彩的课程、彼此的成长。

校徽图案来自"点"字的卡通变形——可爱的小不点儿。竖立而俏皮的发型，洋溢出小不点的活力；稚嫩又甜趣的大头，展现了小不点的外形特征；张开的双臂散发出小不点拥抱伙伴、拥抱自然、拥抱生活的积极情绪。

🖎 办学之思

梁月秋，上海市虹口区小不点幼儿园和早教中心联合党支部书记，上海市虹口区小不点幼儿园园长。获全国优秀教育教学论文评选大赛一等奖、区教育科研优秀指导奖、区科研成果评比二等奖、虹教系统基层党政领导干部考评个人记功等荣誉。她以"让每一个'小不点'与多彩

的世界相遇"为办园理念，以"遇见不同，创造精彩"为校园文化，着力培养一支有理想信念、有道德情操、有扎实知识、有仁爱之心的高素质专业教师队伍，努力将幼儿培养成"乐运动，慧玩耍；乐交流，慧分享；乐探究，慧创造；乐交往，慧生活；乐欣赏，慧表现"的现代中国小不点，着力打造一所家门口的优质幼儿园。

教学之本

● 名师风采

周柱君，副园长，高级教师，区学科带头人。获上海市中青年教师评优二等奖、区优秀教研组长、区十佳青年教师、区园丁奖。

徐臻臻，家教负责人。获上海市优秀家庭教育指导管理者、区园丁奖。

吴首元，保教主任。获区先进教研组长、区园丁奖。

肖海荣，大教研组长，区骨干教师。获上海市中青年教师教学评选二等奖、区园丁奖。

韩忆慧，年级组长，区骨干教师。

● 特色课程

小不点幼儿园的"小伙伴课程"是丰富的课程，幼儿园构建和呈现了丰富多彩的教育生态环境，让幼儿与多彩世界相遇，获得全面和谐的发展；"小伙伴课程"是共生的课程，教师关注幼儿的生活世界，倾听幼儿的想法，了解他们的需求，和幼儿一同构建有意义的生活，在师幼互动中获得自身专业的成长；"小伙伴课程"是共情的课程，在丰富的课程内容中，师幼彼此滋养，彼此尊重，和谐全面地共同发展。

● 品牌活动

幼儿园的"最佳 WAN 伴"项目，旨在开启家庭闲暇时光的高质量陪伴，帮助家长成为愿陪伴、会陪伴、爱陪伴的积极 WAN 伴。幼儿园立足家长学校，延伸园内活动，丰富家庭陪伴内容，并借助家长进课堂，积累陪伴策略，助推陪伴能力。

● 家园共育

小不点幼儿园积极探索云端协商式家园共育，形成了"试温—传导—对流—辐射"的家园共育模式。幼儿园在问卷调查中获得幼儿家庭的"陪伴诉求"，试温式了解家长需求，在共性问题或资源中商议共育方案。幼儿园对家园共性的话题或资源制订预案，向家长传导式共议育儿方案。家、园以对流的方式协商推进，形成亲、师、幼三方的对话机制。幼儿园支持家长共同参与活动分享与交流,以辐射的方式分享经验,形成"组队"育儿的小团体。

幼儿园认为家园共同体是一种多方齐心协力为了幼儿健康成长的情感联结。只有不断换位思考,想家长所想,才能保障家教工作的有效开展。幼儿园将继续探索并优化共育的有效模式,多方借智聚力形成合力,为幼儿成长加码助力。

● 荣誉奖项

2020 年上海市家庭教育示范校

2021 年上海市家庭教育指导"十四五"实验基地

2017—2018 年虹口区文明单位

2019—2020 学年度上海市安全文明校园

2021 年虹口区托幼机构保育保健专业技能评选优秀操作奖

人文之萃

● 杰出人物

汤耀妹,虹口区 0—3 岁婴幼儿早期教育的开拓者,小不点幼儿园第一任园长。她对教育事业满怀热忱,执着追求,本着"服务幼儿、服务教学、服务教师"的理念,为小不点幼儿园的发展壮大、保教质量的提升打下了扎实的基础,发挥了重要作用。

周梓清,曾任上海市虹口区小不点幼儿园园长。参与《第一道彩虹》的编写,主编并出版《来玩吧:0—3 婴幼儿家庭亲子游戏手册》,数次在教育系统年终考评获党政领导个人记功奖。周园长带领团队,设计并实施以"印象彩虹,丰富生活"为目标的 0—6 岁亲子活动课程。

● 学校景物

多感官体验室，丰富的环境资源让每一个
幼儿都尽情游戏、丰富体验。

户外小农庄，幼儿在小农庄里种植、劳作，
感受四季的变化以及丰收的喜悦。

户外游戏场地，多样化的自然环境让幼儿
获得多种感官的体验。

多功能美工区域，创设多种涂鸦材料，满足
幼儿的涂鸦兴趣和需要。

健康生活，幸福成长

——上海市虹口区车站西路幼儿园

🎐 学校之魂

　　上海市虹口区车站西路幼儿园地处江湾镇街道，隶属于上海市虹口区。位于虹口区北部，文化历史悠久。园创建于 1978 年 10 月，1998 年设立分园，目前已发展成为一所具有 8 个班级规模，兼有一园二址园舍的教育局领导下的公办二级一类园。

　　校徽由花朵和绿叶组成。花朵象征幼儿，绿叶象征教师。幼儿微笑的唇形呈"C"状，教师绿叶般的簇拥构成"X"状，暗隐"车西"之意。

🎐 办学之思

　　苗瑾，上海市虹口区车站西路幼儿园园长。获虹口区"五·四"青年教师评优二等奖，区园丁奖，区科研工作先进个人，基层领导干部考核学年进步奖。她确立"健康生活，幸福成长"的办园理念，以儿童发展为本，满足每个幼儿对安全与健康、关爱与尊重的基本需要。尊重幼儿发展的个体差异，为幼儿提供平等的学习与发展机会，在激发幼儿积极、主动地学习的过程中，积累生活的经验、树立活动的信心，感受成长的幸福。依法治校，民主管理，办一所幼儿开心、家长安心、教工舒心、社会放心的家门口的优质园。

🖋 教学之本

● 名师风采

林佳楣，保教主任兼任大教研组长。获虹口区园丁奖、虹口区第十三届科研成果评比三等奖。

徐佳玮，工会主席。获虹口区第十三届科研成果评比三等奖、虹口区幼五总支青年教师课堂评比二等奖、虹口区教师专业人才梯队新秀教师。

周燕，教研组长。虹口区 2021 年中小幼优秀、先进教研组评选活动中荣获先进教研组长。

● 特色课程

健康生活课程。树立"均衡发展，生活增色"的课程理念，通过丰富、平衡的"小达人"课程体验，注重幼儿健康生活能力的培养。构建幼儿、教师、家长、幼儿园、社区的和谐共育，培养健康活泼、好奇探究、文明乐群、亲近自然、爱护环境、勇敢自信、乐享劳动、有初步责任感的幼儿。

● 品牌活动

"基于有序生活的幼儿健康生活能力进阶培养的实践与研究"，即视生活教育为背景，立足安全生活、自理生活、共同生活、文明生活四大板块，依据幼儿年龄特点，在实施过程中设有一定的侧重与阶梯。借助多种形式、多样活动，由浅入深、螺旋递进地从开展有序的生活活动，到关注、关爱幼儿健康生活习惯的养成以及健康生活能力的培养，为幼儿从自然人成长为社会人、确立健康的人生观以及收获终身的幸福感奠定基础。

● 家园共育

协同管理：制定幼儿园发展规划、观摩教学活动、参观放心食堂、巡视安全校园、布置大活动会场等。

参与活动：亲子运动会、迎新民俗活动、客座教师、舌尖美食、糕点烘焙等。

● 荣誉奖项

2019—2020 学年度虹口区文明单位

2019—2020 学年度上海市安全文明校园

2021 年虹口区先进教研组（大班教研组）

🌀 人文之萃

● 杰出人物

　　王晓平，上海市虹口区车站西路幼儿园第四任园长兼车站西路幼儿园党支部书记，中学高级教师。获虹口区园丁奖、虹口区三八妇女奖、虹口区教育系统年终考评党政领导个人记功奖等荣誉称号。她全心全意地热爱孩子，把所有精力都投入幼教事业中去。她带领全体教师以健康为抓手，以幼儿的生活经验为依托，开展"儿童有序生活培养课程的行动研究"，为幼儿创设良好的体验环境，让幼儿充分体验并在体验中积累更丰富的生活经验，形成幼儿园特色课程，为幼儿园后续发展打下了坚实的基础。退休后作为区责任督学，她依旧积极参与教育实践活动。

● 学校景物

顶楼运动场地给幼儿更多的活动空间。

沙水池活动让幼儿更多的探索和体验。

幼儿在种植角中自己种植植物，发现植物的生长奥秘。

丰实童年，一路前行

——上海市虹口区丰镇第一幼儿园

🎀 学校之魂

上海市虹口区丰镇第一幼儿园以"我们快乐，我们成长"为办园理念，以"在快乐启蒙教育中顺应自然人、培育社会人、着眼未来人"为育人目标，本着"顺天性，扬个性"的课程理念，确立并完善"以幼儿发展为本"的整体教育观，形成"尊重儿童天性、扬长儿童个性、追求融合共生，回归教育本真"的育"绿色小主人"特色活动，创设能促进幼儿自主发展的环境，构建人性化管理模式。以队伍建设为核心，依托课程内涵发展、专注特色课程突破，构建"积极向上、健康和谐、富有活力、自主创新"的校园文化氛围，让每位教职工与幼儿在校园真实的体验和经历中见证自己的成长，实现自我成长的快乐，让丰幼成为质量好、园风正、环境美、显特色的上海优质幼儿园。

校徽由飞翔的白鸽、苗壮成长的绿色苗苗、红色太阳组成，色彩活泼明朗，和丰一"绿色、和谐、成长"的办园理念相吻合。同时，白鸽和苗苗是由"丰一"的首字母"f""y"变形而来，寓意今天的小苗苗在阳光雨露下终会成长起来，犹如白鸽一样自由飞翔在祖国的蓝天里。

🎀 办学之思

傅晓芸，上海市虹口区丰镇第一幼儿园园长。获上海市园丁奖、首届上海市华师大优秀带教教师、虹口区青年教师评优一等奖、虹口区学科带头人等荣誉称号。她秉承丰一"我们快乐，我们成长"的办园理念，以育"绿色小主人"为内涵发展，陪伴每一个幼儿与教职工在校园真实的体验和经历中看见自己的独特，实现自我归属的快乐，把丰幼打造成为幼儿开心、家长称心、社会放心的"家门口优质幼儿园"。

教学之本

● 名师风采

沈莹，保教主任，中学高级教师，区骨干教师。获区园丁奖。

姚思思，大教研组长，区骨干教师，区后备干部。

张真，科研组长，区骨干教师，区后备干部。

● 特色课程

在"一日活动皆课程，视野之内皆资源"的大资源观下，从对幼儿园课程内容、方法、资源的研究到关注绿色小主人的生命主体的研究，从关注幼儿的感受、体验和需求出发，逐步形成了"顺天性，扬个性"育"绿色小主人"的园本课程，构建了共同性课程和特色活动相互融合、绿色教育与其他领域融合、活动课程和隐形课程相结合、短期主题活动和长期日常生活渗透的主要实施路径。特别重视师生环境共构、环保节日、养护活动等特色活动的融合，为幼儿的绿色小主人教育创建更多"回归自然"的学习空间、"回归真实"的学习经历，并丰富了幼儿对珍爱生命、珍惜资源、关爱环境的实践体验。

● 品牌活动

"绿色小主人"之户外游戏。关注幼儿的积极品质，以户外游戏开展为载体，聚焦以积极品质发展为目标的课程优化研究。充分利用幼儿园户外自然环境，开拓户外游戏再研究、分析、调整、补充，形成更多元、丰富、科学的课程内容和结构，对提升幼儿积极品质的自主性游戏策略进行系统梳理和归纳，包括环境材料、时空保障、观察解读、分享交流等实施路径。

● 家园共育

倡导"从爱出发，在陪伴中共同成长"的家园共育理念，建立家委会三组（健康安全组、教育教学组、助教组），定期开展家长进学校活动，在参与中感受科学规范管理、现代育儿理念、主题节日活动等，为学校与每个家庭提供了解彼此的纽带与桥梁。

完善家长课程资源库，建立家长志愿者队伍，有效挖掘家长资源，拓展家教指导途径，开展家长沙龙、客座教师、主题参观，如参观部队军营、消防、超市、小学等形式多样的家园协同共育活动，形成亲、师、幼三方紧密的联结，彼此成就，共同成长。

● 荣誉奖项

2013—2018 年虹口区教育系统"先进教工小家"

2017—2018 学年度上海市文明单位

2018 学年度上海市安全文明校园

2022 年 11 月升等为上海市市级一级园

人文之萃

● 学校景物

在青青草园幼儿可以边挥洒汗水，边享受自然。

幼儿在绿竹廊、果树林、小小农场感受四季轮换，探索自然界的奥秘。

温馨童趣的托班是小年龄幼儿暖暖的"家"。

尊重天性，滋养品性，乐活童心
——上海市虹口区侨红幼儿园

学校之魂

虹口区侨红幼儿园创办于 1995 年，原名三门路幼儿园，因与杨浦区三门路幼儿园重名，于 1999 年正式更名为侨红幼儿园。2019 年 9 月侨红分园（小班部）开办，形成一园二址办园规模，2020 年 11 月成功争创为上海市一级幼儿园，2021年分园增设托班，开始托幼一体化建设。

侨红幼儿园以"尊重天性，滋养品性，乐活童心"为课程理念，突出"树人在品，品从幼立"，注重营造共情的环境，注重幼儿在真实的生活、亲历的体验中共情互动，感同身受，滋养心灵，形成关爱的品质、健全的人格。通过以爱育爱，促进幼儿积极主动、全面而又富有个性地发展。

校徽由"侨红"拼音首字母组合而成。"Q"象征着阳光，"H"象征着彩虹，彩虹上站着男孩女孩与教师一起学习游戏，寓意侨红幼儿园如同太阳一般炙热而温暖，莘莘学子沐浴阳光，蓬勃向上。

办学之思

林青，上海市侨红幼儿园园长。获虹口区园丁奖、虹口区第十二届教育科研工作先进个人、虹口区第十二届教育科学研究成果评比二等奖、2020 学年虹口区教育系统领导干部个人记功等荣誉称号。

2015年至今，在她的主持下，侨红幼儿园持续开展传承中华优秀传统文化、弘扬中华传统美德的园本特色建设。2016—2018年的"树人在品，品从幼立——侨红幼儿园中华传统美德园本课程的建设与实践研究"、2018—2020年的"树人在品，品从幼立——侨红幼儿园从中华传统美德走向爱国主义情怀的深化研究"、2020—2023年的"品贵成习，习须践行——侨红幼儿园传统美德爱国主义情怀家园协同教育的实践研究"均被立项为当年的区级幼儿园重点课题。

教学之本

● 名师风采

丁洁莹，保教主任兼大教研组长。获虹口区优秀教研组长、虹口区园丁奖、虹口区教师教学比武二等奖。

束晓雯，工会主席兼后勤组长，区骨干教师。获虹口区园丁奖。

魏雅瑾，教研组长兼科研组长，区骨干教师。

● 特色课程

在有效落实基础性课程的基础上，结合幼儿活动需求，在活动内容与实施途径上尝试形成"品"字系列特色活动。通过本课程的实施，促进幼儿健康水平以及情感、态度、认知能力等各方面的发展，使幼儿成为健康活泼、文明乐群、好学探究、亲近自然、爱护环境、勇敢自信、有初步责任感的健康宝宝。同时，通过"品"字特色活动对幼儿进行品性滋养，希望幼儿成长为会悦纳、懂尊重、能关心、有爱心的"侨红暖娃"。

● 品牌活动

侨红幼儿园"品"字特色活动是对基础性课程的一种补充。《3—6岁儿童学习与发展指南》对幼儿社会领域的学习与发展非常重视，为落实国家教育方针，面向全体幼儿，促进每个幼儿的全面发展，幼儿园在社会领域展开了深入研究，形成了教育特色上的初步思路，积累了初步的内容与一定的方法。幼儿园园本课题"品贵成习，习须践行——侨红幼儿园中华传统美德园本课程家园协同的实践研究"经评审已被批准列为2020年度虹口区重点项目。

● 家园共育

"优品"家园互动开放课堂是幼儿园家庭教育指导、品质信息沟通的平台。每月"优品"家园互动开放课堂，通过开展亲子实践活动把对幼儿的品性滋养延伸到家庭，更在潜移默化中扩大幼儿园中国传统文化、传统美德特色教育活动的影响力，在增进亲子情感的同时传递着"品"字特色活动的影响力，进一步提升家园共育实效。

● 荣誉奖项

2017—2018 年度虹口区文明单位

2018 年大教研组获虹口区中小幼优秀教研组

2020 年"树人在品，品从幼立——侨红幼儿园从中华传统美德走向爱国主义情怀的深化研究"获上海市虹口区第十三届科研成果评比三等奖

2020 年上海市一级幼儿园

2019—2020 年度上海市安全文明校园

人文之萃

● 学校景物

在侨红幼儿园里，幼儿沐浴阳光，自主发展，富有个性，身心全面和谐发展。

"优品"家园互动开放课堂将中华传统美德辐射至家庭和社区。

富有传统文化特色的校园环境，潜移默化地滋养幼儿品性。

奋楫笃行，谱写"乐善之星"

——上海市虹口区小海星幼儿园

🎵 学校之魂

上海市虹口区小海星幼儿园创办于 2001 年 9 月，以"海纳百川，筑'乐善'之星"为办园理念。为办好家门口的好幼儿园，全体教工坚持依法办园，优化顶层设计，以共筑"培育乐善儿童，塑造乐善教师，创建乐善园所"的优质幼儿园为发展愿景，用赏析和赞美的眼光去发现每一颗"小海星"的熠熠光彩。以"幼儿发展优先"为价值追求，推"其乐融融，积极向善"内涵建设，探"乐善海星"特质的教育优质发展。

校徽以花朵包围星星为主要图案，寓意为海星精神和祖国花朵。周围五片花瓣中蕴含脚印、水滴、花瓣、爱心等不同元素，寓意小海星的幼儿全面发展、乐善和谐成长。

🎵 办学之思

段旖旎，上海市虹口区小海星幼儿园园长。获上海市园丁奖，虹口区先进工作者，市级、区级各类教师评比优异奖项等。她以"海纳百川，筑'乐善'之星"为办园理念，倡导在"乐善"校园文化引领下，打造具有"乐善为人、乐善为师、乐善为学"特质的师资团队。集聚群体智慧，共同凝练"爱，让每一个儿童'乐善'成长"的课程

理念，让幼儿朝着乐活、乐群、乐学、乐享、善心、善行、善思、善言的方向健康成长。

教学之本

● 名师风采

陈茗，保教主任兼教研大组长。获区青年教师比武三等奖、优胜奖，总支一等奖、二等奖，见习教师家教指导区二等奖。

张琼，教研组长，区教师专业人才梯队能手教师。获区小幼教课堂教学评比三等奖、总支青年教师课堂教学评比一等奖、区入职三年青年教师"三个一"教学基本评比展示活动三等奖、市级导学班优秀学员。

● 特色课程

幼儿园以"爱，让每一个儿童'乐善'成长"为课程理念，用包容、尊重、支持的态度，把爱最大化地传递给每一个小海星幼儿园的幼儿，让每一个幼儿都享受适合自己的教育。整体构建幼儿园课程体系，加强课程的启蒙性、整合性、开放性，以适应不同年龄层次、不同发展水平幼儿的需要。又以"爱∞"特色活动为主线，借助多途径园节园日活动，推行课程园本化实施。从"爱自己、爱他人、爱周围、爱社会、爱祖国、爱∞"和相关民俗文化等条线导入，与基础性课程共融、互补、协调，让幼儿获得"爱由心生"的积极体验。

● 品牌活动

为了响应习近平总书记"中国特色社会主义文化先进性的自信"，在全社会形成对社会主义核心价值观的普遍共识和价值认同，为了更好地让幼儿拓展"爱"的外延，激发幼儿对中华优秀传统文化的历史自豪感，幼儿园开展各种融入多维民俗元素的节庆活动。"在'园节园日'中融入民俗文化的研究"获得区第十三届教育科研成果评比一等奖。

● 家园共育

"星星点灯"是借助家长资源，在教师指导和共同准备方案的基础上，邀请家长进课堂，进行与幼儿互动实践的欢乐时光。家校双方利用各自的优势资源，结合幼儿年龄特点和当下热点需求，进行各类拓展互动活动，为家长更好地了解幼儿园的一日生活课程和幼儿的发展推进奠定了基础，也增强了家园联动机制。

● 荣誉奖项

2018 年上海市依法治校规范校

2019 年虹口区教育单位全年进步奖

2019 年虹口区文明单位

2020 年上海市安全文明校园

人文之萃

● 杰出人物

李翌啸，上海市虹口区小海星幼儿园第一任园长。获上海市体育工作者个人先进、教育局三次记功、虹口区园丁奖等荣誉称号。她热爱孩子，全身心投入小海星幼儿园的创办，为幼儿园的发展扬帆起航，吹响了嘹亮的号角。退休之后，她继续身体力行在教育岗位上发挥余热，帮助引领上海市和外省部分教育集团争创优质园所。

● 学校景物

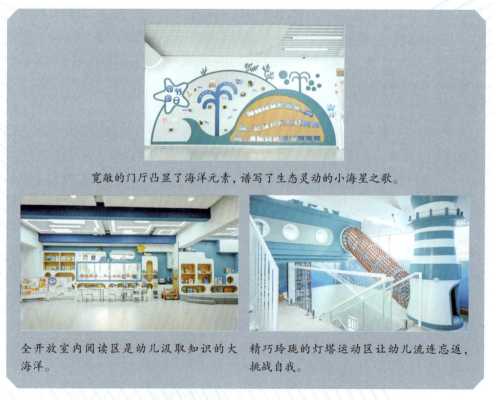

宽敞的门厅凸显了海洋元素，谱写了生态灵动的小海星之歌。

全开放室内阅读区是幼儿汲取知识的大海洋。

精巧玲珑的灯塔运动区让幼儿流连忘返，挑战自我。

向星聚力，珠贝盈盈
——上海市虹口区星贝幼儿园

🎵 学校之魂

上海市虹口区星贝幼儿园创办于 2008 年，以"漫漫向星，盈盈珠贝"为办园理念。在提升办学品质的过程中，始终心存志向，以星为向，园所、教师、家长达成一致理念，凝聚"向星"合力。敬畏每一颗"珠贝"的原生态，遵循幼儿身心发展特点和保教活动规律，营造宽松环境和从容氛围，促进师幼自主发展。以管理"向星有力"、队伍"奋进求索"、课程"蓬勃生发"、幼儿"多姿盈盈"为标准，建设高品质幼儿园。

校徽由"珠贝"和"星星"两部分组成，"珠贝"象征着每一个教师和幼儿都是自带光泽的珠贝，自然而宝贵。"星星"象征着在漫漫长路上，幼儿心存志向，明确目标，以星为向，不迷失方向。

🎵 办学之思

张之舒，上海市虹口区星贝幼儿园党支部书记兼园长。获上海市青年教师评优一等奖、上海市园丁奖、市星园长等荣誉称号。她以"漫漫向星，盈盈珠贝"为办园理念，以"星辰逐梦，学海拾贝"为校园文化，着力培养讲品格、乐学习、善合作、勇开放、求创新的教职工团队，优化"动起来"运动课程，努力培养一批批好奇萌动、敏行灵动

的幼儿，着力打造一所有口皆碑的家门口的好幼儿园。

◎ 教学之本

● 名师风采

叶依丽，保教主任兼大教研组长，区骨干教师。获虹口区中青年教师评优一等奖、上海市园丁奖。

闫颜，工会主席兼家园部部长，区后备干部。获虹口区园丁奖。

钱薇辰，年级组长兼早教组长。获上海市中小学（幼儿园）见习教师规范化培训优秀指导教师称号。

● 特色课程

幼儿园以"让每一个幼儿都动起来"为课程理念，坚持创设让幼儿"动起来"的运动环境，创建"动起来"的课程特色，初步实现"我的运动我做主"的自主运动模式。对室内外活动场地进行全面规划与合理布局，投放多样化的运动材料，给予幼儿自主创建运动场景的机会，鼓励幼儿自主探索玩法，协商建立规则，体验自主运动的快乐，提升自尊自信、激发自主能动、培养学习品质，引导幼儿发展为敏行灵动的儿童。

● 品牌活动

为科学地评价与支持每个幼儿的运动能力的发展，幼儿园引进"运动处方"的概念，采用医教结合的方式，开始了"幼儿运动处方"的研究。我们与儿科医院合作，科学了解每个幼儿的运动发展水平，在运动中有针对性地开展指导，为进一步发展幼儿运动能力实施"运动处方"。幼儿园的《基于 Peabody 运动量表下 3—6 岁幼儿粗大动作发展现状研究》获第六届（2020 年）上海中小学幼儿园运动调查研究方法二等奖，科研成果《关注幼儿个性化发展的"运动处方"支持模式》获上海市第七届学校教育科研成果三等奖。

● 家园共育

"超级变变变"是教师、家长和幼儿共同策划、合力设计的富有创意的亲子活动。教师和家长发挥想象力和创造力，利用各种辅助材料和手段制作道具、布置舞台，带着幼儿共同参与创意表演，增进了亲子的情感，也拉近了家园关系。

● 荣誉奖项

上海市花园单位

2019—2020 学年上海市安全文明校园
2020 年上海市家门口好幼儿园创建工作先进集体
2020 年度上海学校后勤保卫系统敬业团队
2021 年度上海市教育系统三八红旗集体

人文之萃

● 杰出人物

杭燕，上海市虹口区星贝幼儿园第一任园长。获上海市园丁奖、上海市体育先进个人、虹口教育系统年终考评党政领导个人记功奖等荣誉称号。她全心全意地热爱孩子，把所有的精力都投入到幼教事业中，以健康为抓手，创设了"动起来"运动课程特色。建园不到三年，园所就顺利晋级市一级幼儿园，步入上海市优质幼儿园行列，为幼儿园的后续发展夯实了基础。她离休后作为区责任督学，依旧积极参与教育实践活动。

● 学校景物

星星形状的运动场地是幼儿心中的游乐场。

空中运动场让每一个幼儿尽情奔跑、骑车和踢足球。

彩虹筑梦，和爱共长

——上海市虹口区星贝幼儿园彩虹湾分园

🎵 学校之魂

上海市虹口区星贝幼儿园彩虹湾分园创办于 2016 年，以"彩虹筑梦，和爱共长"为办园理念。幼儿园倡导和践行幼儿发展优先的行动使命，认可幼儿是独立自主且具有人格魅力的个体，着眼于创造和谐友爱的环境，让幼儿收获幸福、健康，在以幼儿为本的基础上促进师幼高质量的发展。

上海市虹口区星贝幼儿园彩虹湾分园

校徽由字母"B"和"星星"两部分组成。"B"代表"宝贝"拼音首字母且形似大拇指，象征着每一个幼儿都是棒棒的；"星星"代表星贝的"萌星"闪闪发光。

🎵 办学之思

徐雯，上海市虹口区星贝幼儿园彩虹湾分园党支部书记兼园长，高级教师，上海市先进治安责任人。多次获虹口区园丁奖等荣誉称号。她以"彩虹筑梦，和爱共长"为办园理念，营造"乐分享、善合作、求创新、共成长"的校园文化，倡导"态度决定一切，细节决定成败"的工作氛围，激发幼儿主动学习与尝试愿意表达的学习品质，赋予幼儿学习的多种可能。立志培养健康快乐、友好交往、好奇探究、勇敢自信的"萌星"，着力办好家门口的优质幼儿园。

教学之本

● 名师风采

高贝丽，保教主任兼教科研组长，区骨干教师。获虹口区园丁奖、"幼儿健康上海行动"征文三等奖、虹口区第十三届教育科研成果评比三等奖、第八届全国幼儿教师论文大赛一等奖。

倪羽白，种子计划成员，区教学新秀，特教专职教师。获中国幼儿教育系统年度论文评选二等奖、虹口区第四届"七彩征文"活动三等奖、虹口区第十三届教育科研成果评比三等奖。

何燕，年级组长兼信息项目组组长，区教学能手，市科研项目"基于信息化支持下的混合式教学促进家园共育的实践研究"负责人。

● 特色课程

以运动和社会性活动为切入口，健康快乐教育为抓手，游戏为基本形式，传承星贝"动起来"的课程特色，和幼儿共同创设"动起来"的运动环境。自由、愉悦、安全、开放的运动场景，让幼儿更专注、更大胆、更勇敢、更自主、更积极地体验运动的快乐，积累动作发展经验。通过混龄的组织模式，在增强身体素质、提高自我保护意识、形成良好的个性品质的同时，提高社会交往能力。

● 品牌活动

园所整合家庭和社区的多种教育资源和理论，探究并开辟多元路径，着力助推幼儿的社会性发展。以项目组式的活动形式，打破班级编制与年龄段的划分，开展"Happy Time"活动。在混龄模式中，幼儿的交往对象扩大，在新的人际中重新整合自我、调节自我。幼儿间积极互动、相互影响、感受合作，从而获得新经验、新技能，萌发责任意识，形成谦让、合作的良好品质。幼儿园的"混合活动促幼儿社会适应性发展的实践研究"获虹口区第十三届教育科研成果一等奖。

● 家园共育

探索协商性家园共育新模式，暖心沟通，家园协同，共促成长。"一米书屋——亲子故事会"是教师、家长和幼儿共同参与的活动，幼儿在亲子共阅中感受到了父母、祖辈之爱，也使幼儿在亲子共育中得到良好的教育功效。在"我行我秀"主题中有亲子时装秀、节目表演、废旧物创意制作、创意画坊等活动，教师和家长可以发挥想象力和创造力，利用多元的材料带着幼儿参与制作并表演，展现创意艺术的魅力，也契合幼儿园混龄活动的理念。

● **荣誉奖项**

上海市首批依法治校标准校

2017—2018 学年度、2019—2022 学年度上海市安全文明校园

2019—2020 年度虹口区文明单位

2021 年度上海市儿童青少年近视防控示范校

2020 学年"喜爱上海的理由沪语小达人"展示评选活动优秀组织奖

人文之萃

● **学校景物**

动态的环境是幼儿学习成长与分享快乐的舞台。

大型沙水区是幼儿探秘和拥抱自然的地方。　　富有野趣的户外场地是幼儿的乐园。

健康快乐，和谐发展

——上海市市级机关第二幼儿园

🖊 学校之魂

上海市市级机关第二幼儿园创办于 1992 年 1 月，是虹口区唯一一所为市级机关工作人员子女提供保育和教育服务的寄宿制公办幼儿园。以"每一位幼儿快乐运动，健康成长，和谐发展"为办园理念，运用符合幼儿身心健康发展规律的教育方式和方法，让幼儿在"玩中学，学中乐，乐中长"，尽享成长的快乐，积极营造管理和明、环境和美、教育和序、师幼和谐的快乐家园。

🖊 办学之思

秦进，上海市市级机关第二幼儿园党支部书记兼园长。获上海市三八红旗手、市级机关优秀党务工作者、上海市机关后勤"三优一满意"先进个人等荣誉称号。她和她的团队始终关注每一个幼儿的发展，用真心的态度呵护幼儿、发现的目光欣赏幼儿、宽厚的胸怀包容幼儿。她们用爱心、细心、耐心让幼儿开心、家长放心、社会满意。始终遵循"文明其精神，野蛮其体魄"的观念和价值追求，努力培养健康、活泼、自信、创新的幼儿，让每个幼儿全面和谐地发展。用真诚、务实、团结、快乐的校园文化，让幼儿园成为高质量发展的共同体，让快乐和自信充盈着幼儿园的每一个角落。

🎵 教学之本

● 名师风采

杜文婷，保教主任兼教师。获 2016 年上海市机关事务管理局先进个人记功、2018 年第二届"米罗之星"幼儿美术教学评选大奖赛优胜奖、"新征程·新奇迹——2022 年上海市红色故事大赛（校园组）暨首届上海市校园红色文化传播志愿者展评活动"优秀奖。

王琳琳，教师兼大班教研组组长。获 2017 年上海市机关事务管理局先进个人记功、虹口区 2017 年青年教师"三个一"教学基本功评比综合奖一等奖、教学基本功评比演讲二等奖、虹口区 2017 年中小幼教师课堂教学单项技能评比三等奖、2018 年"上海机关事务青年"微信平台优秀小编、2018—2019 年度上海市机关事务管理局优秀青年、"新征程·新奇迹——2022 年上海市红色故事大赛（教师组）暨首届上海市校园红色文化传播志愿者展评活动"优秀奖。

● 特色课程

幼儿园以"快乐运动，健康成长，和谐发展"为课程理念，遵循幼儿身心发展的特点与规律，创设充满童趣的运动环境。在自主活动基础上强调培养幼儿对运动的兴趣，从而增强幼儿的体质和综合能力。在发展幼儿基本动作的同时，更好地挖掘幼儿的运动潜能，养成热爱锻炼的习惯。另外，运动游戏、足球、武术等活动内容为构建完整的运动课程体系增添了助力，从而促进幼儿身心全面和谐地发展。

● 品牌活动

安全是一切发展的基础，安全教育是幼儿园一贯的坚守。每学期除了开学安排安全第一课外，幼儿园还通过"安全周周讲"活动，运用游戏、动画、互动讨论等方式开展安全教育，将家庭、校园、交通、户外安全的知识融入安全课程。通过安全教育活动，幼儿的安全意识和自我保护能力有了很大的提升，从小知安全、识安全、行安全，也为幼儿园开展运动课程提供了有益的保障。

● 家园共育

幼儿园的教育离不开家长的理解、支持和参与。作为一所寄宿制幼儿园，我们多年来始终坚持努力构建家园互动之桥梁。除运用有效的"协商性家园互动"方式，给予家长平等交流和积极支持外，还努力拓展家庭资源，搭建了一支"流动式"家长助教团，为幼儿带来生动有趣、寓教于乐的资源，在开阔幼儿视野、拓宽幼儿思维、丰富幼儿园课程内容的同时，也让家长成为家园共育的合作者、支持者，不断拓展家园互动的新思路。

● 荣誉奖项

上海市无烟单位

虹口区消防安全示范幼儿园

2014 年上海市市级机关巾帼文明岗

2019 年上海市机关事务管理局文明单位

2019—2020 学年度上海市安全文明校园

人文之萃

● 学校景物

美丽的幼儿园我的家。

宽阔的运动场地让每一个幼儿尽情玩耍。

顺和自然，向海而生

——海军上海示范幼儿园

🎗 学校之魂

　　海军上海示范幼儿园成立于 1951 年，幼儿园以"顺和自然，向海而生"为办园理念，倡导顺应幼儿的天性，尊重幼儿年龄特点和身心发展规律，让幼儿自然和谐、健康快乐地成长。作为植根于海纳百川的上海，具有悠久办园历史的海军幼儿园，更要有向海而生的探索勇气、开放的精神和远大的梦想，才能担当培养面向未来、勇敢自主的新一代军娃的责任与使命。

　　校徽以宁静、睿智的海蓝色为主色调，蓝色代表海洋、海军，由风帆、海锚、浪花、太阳等元素组成，寓意着小海娃们如同初升的太阳，满怀希望与梦想，扬帆起航，驶向美好的未来。

🎗 办学之思

　　施海平，海军上海示范幼儿园书记兼园长。获东海舰队优秀教师、个人三等功、海军上海舰艇岸勤部优秀党员等荣誉称号。她以"顺和自然，向海而生"为办园理念，秉承"一切为了孩子，一切为了部队建设"的办园宗旨，营造浓厚的校园军营文化，创设有军趣、童趣、野趣的特色环境，实施具有园本特色的军事主题活

动课程，着力培养大方自信、勇敢坚强、勇于担当、乐于探索的幼儿，努力打造立足部队、服务社会的驻地一流园所。

教学之本

● 名师风采

李丽，幼儿园高级教师，教研组长。获东海舰队优秀教师称号，连续五年获海军上海舰艇岸勤部嘉奖。

周亚，幼儿园一级教师，荣立个人三等功。获全国青年歌手大奖赛合唱三等奖、虹口区幼儿教师歌唱比赛一等奖。

钱雯雯，幼儿园高级教师，江苏省舞蹈家协会会员，指导幼儿多次在全国、全军、海军，以及市、区幼儿舞蹈比赛中获金、银、铜奖。

● 特色课程

幼儿园从"爱海洋、爱海军"的"双爱"理念出发，响应习近平总书记"向海图强"的号召，创建"深蓝"课程，充分挖掘海军教育资源，通过丰富多彩的学军活动，启蒙国防教育，萌发幼儿爱军情感。根据幼儿年龄特点和发展需要，开展军事运动游戏的实践与研究；通过环境创设、材料投放和军事运动游戏方案的实施，锻炼幼儿坚强、勇敢的意志品质，让幼儿在运动中成长。

● 品牌活动

幼儿园每年开展"筑梦深蓝，快乐成长"幼儿学军活动，邀请海军战士来园组织幼儿开展军训活动，通过站军姿、练队列、唱军歌、打军拳、讲战斗英雄故事、做军事运动游戏磨炼幼儿意志，激发幼儿爱军情感；组织幼儿参观军营、学习整理内务，提高规则意识，增强自理能力；开展亲子军事运动会，增进亲子感情，拉近家园关系，助力家园共育。

● 家园共育

幼儿园建立起一支"家长教师"队伍，他们有的是海军军医大学的教师，有的是"和平方舟号"的医生，有的是舰艇上的指战员，有的是消防员。他们定期走进海幼的课堂，为幼儿带来别开生面的活动，如"舰艇上的一天""我是小小急救员""消防安全我知道""海军爸爸讲故事"等，拓宽了幼儿的视野，增进了亲子情感，丰富了幼儿园的课程。

● 荣誉奖项

    2020年入选第一届海军幼儿园优质课程

    2021年入选第二届海军幼儿园优质课程

    2022年上海市虹口区托幼机构保育保健技能评选优秀操作奖

    2022年上海市安全文明校园

人文之萃

● 学校景物

绿树成荫、空间开阔的大草坪是幼儿尽情撒欢的运动场所。

丰富多彩的学军活动锻炼幼儿坚强、勇敢的意志品质，萌发爱军、爱国的情感。

聚瑞气携手共育，绘彩虹温润童心

——上海瑞虹幼儿园

🎓 学校之魂

上海瑞虹幼儿园创办于 1999 年，秉承"孩子至上，尽心尽职"的办园宗旨，以幼儿的发展为本，关注和引导幼儿发展需要，激发兴趣，开发潜能，培养习惯，

注重和谐，为每一位幼儿的健康成长奠定早期素质基础。

校徽由"彩虹下的幼苗"和"爱心圆"两部分组成。幼苗沐浴在彩虹下茁壮成长，象征幼儿的校园生活丰富多彩、生动有趣，而教师、家长和社区的大人们则用爱心守护着幼苗，陪伴他们的童年。

🎓 办学之思

赵倩，党支部书记。获虹口区教育系统教师专业人才梯队教学能手、虹口区优秀园丁奖等荣誉称号。她认真履行书记职责，组织安排好党支部的每一项工作，注重基层党建标准化、规范化建设；注重幼儿园行政工作中的党建引领，以师德师风建设为抓手，提升本园教师教书育人能力素质，落实立德树人根本任务。

贺秀丽，园长。1999 年起担任瑞虹幼儿园园长至今。贺园长带领团队坚持走内涵发展之路，让家长实实在在地体会到幼儿园的优质服务。通过带领团队进行课程开发实施，探索适合幼儿园发展的方向。贺园长在 2013 年至 2018 年带领全体员工开展"优质民办幼儿园"的创建工作，在 2018 年获上海市社会力量办园优秀园长的荣誉称号。

教学之本

● 名师风采

凌敏怡，瑞虹幼儿园保教主任。获宝山区优秀园丁奖、宝山区第三届幼教青年教育教学"希望杯"赛三等奖、宝山区幼儿园半日活动评比一等奖。

周小燕，瑞虹幼儿园骨干教师。2017 年获虹口区园丁奖。

● 特色课程

以《幼儿园教育指导纲要》《3—6 岁儿童学习与发展指南》与《上海市学前教育课程指南》为依据，以幼儿的发展为本，关注和引导幼儿发展需要，激发兴趣，开发潜能，培养习惯，注重和谐，为每一位幼儿的健康成长奠定早期素质基础，通过"主题背景下幼儿多元智能活动课程"的实施，促使幼儿健康水平以及情感、态度、认知、个人能力等方面得到发展。

● 品牌活动

瑞虹幼儿园将创编的沪语童谣汇编成册，弘扬社会主义核心价值观，加强德育教育，展现虹口区"海派文化发祥地"的独特魅力，为虹口的文化宣传工作尽一己之力。

● 家园共育

创设家园互动的有效载体。通过"学迹 365"平台的建立，向家长宣传科学的早教理念。探索缓解亲子分离焦虑的有效科学指导，帮助家长与幼儿共同缓解分离焦虑，使新生入园较快适应新的环境。举办形式多样的亲子活动，如美丽妈妈节、亲子运动会、尊老节、做客人、迎新年活动等。

● 荣誉奖项

2016 年沪语童谣《阿拉从小有家教》获得虹口区第五届沪语童谣集体比赛特

等奖

2017 年沪语童谣《大家的地球大家爱》获得虹口区第六届沪语童谣集体比赛一等奖

2018 年沪语童谣《阿拉宝宝真来三》获得虹口区第七届沪语童谣集体比赛一等奖

2022 年《我是上海好小囡》获得虹口区沪语童谣传唱活动一等奖

人文之萃

● 杰出人物

陆赵钧鸿，一位资深的幼儿教育工作者。她在香港首创"活动教学"，并于 1963 年创办北角卫理幼稚园，任该校校长达 32 年。1972 年创办香港灵粮堂幼稚园，1984 年创办启思幼稚园，并担任多所启思幼稚园总校监。陆赵钧鸿对学前教育的贡献是全面而深入的，几十年来，她还从事幼儿文学、歌曲的创作，2001 年获得香港首届教育家年奖。陆赵钧鸿是上海瑞虹幼儿园的创办者，她为上海瑞虹幼儿园师资队伍的建设打下了扎实的基础。系列的职前培训让教师理解"一个全方位的幼教课程能顾及儿童多元的发展，使每个人自幼懂得欣赏、认识自己的潜能，借着不同的学习活动，从实践中获得不断地发挥和成长，老师的引导能助其一臂之力，其成果将是'终身受用'"。

● 学校景物

屋顶运动场让幼儿流连忘返。

风雨无阻的室内活动场地。　　　　　　　幼儿最喜欢在这里做游戏。

涵养尚优文化，成就更好自己

——上海虹口区上外附小幼儿园

🐚 学校之魂

上海虹口区上外附小幼儿园以"为每个孩子一生的更好发展奠基"为使命，通过多年的积淀，凝练形成"尚优——崇尚优质教育，成就更好的自己"的办园理念，即崇尚优质教育（优化课程、优化环境），追求自我发展（提升素养、完善自我），面向全体幼儿（关注差异、因材施教），实现和谐发展（全面均衡、整合整体）。

校徽乍一看恰似一只蝴蝶，但仔细观察，粉色和紫色的翅膀又似一双慈祥温柔的手，正托起我们的未来之星。黄色小星星代表幼儿，粉色翅膀代表家庭教育，紫色翅膀代表学校教育，正是这样的双手呵护着他们，化成翅膀助他们飞向未来。标志文字的摆放，犹如蝴蝶的飞行路径，蒸蒸日上，委婉动人。

🐚 办学之思

陈定儿，中学高级教师，上海市特级教师，曾任虹口区艺术幼儿园、东余杭路幼儿园园长。获全国五一劳动奖章、全国教育系统劳动模范、上海市三八红旗手、建国60年上海百位杰出女教师、上海市语言文字先进工作者等荣誉称号。2011年，她创办了上海虹口区上外附小幼儿园并担

任园长，创建"尚优"文化，开展"绘本＋整合教育"等研究，带领员工凝心聚力，不断提升办园质量，为幼儿园的持续优质发展奠定了良好的基础。幼儿园于 2017 年 5 月成为上海市一级幼儿园，2018 年跻身上海市民办优质园创建行列，2022 年 11 月又顺利通过市一级园复验，为幼儿园的持续优质发展奠定了良好的基础。

她秉承"将赤诚之爱奉献事业，用挚爱之情培育孩子，凭真诚之心对待同志，以平和之态看待名利"的信念，孜孜不倦于幼儿教育事业，曾主编出版《家教新路》《用艺术塑造美好童心》《点亮童心——幼儿园文学整合教育活动成果集》《幼儿园语言活动这样做》等书籍。其主持的课题成果多次获市教科院学校教育科研三等奖及区教科研一等奖。

教学之本

● 名师风采

袁意南，保教主任兼大教研组长，园骨干教师。获虹口区园丁奖。

朱音超，园骨干教师。获上海市社会力量办园中青年及骨干教师"半日活动"评比一等奖。

胡晓霞，年级组长，园骨干教师。所在级组获上海市社会力量办园优秀教研组二等奖。

● 特色课程

幼儿园以"德体并举，智能并重，尚文尚美，优质均衡"为课程理念，基于优秀绘本对幼儿发展价值的再认识，整合教育对幼儿发展的新思考，持续推进虹口区重点课题"悦读悦享育成长——绘本＋整合教育活动的实践研究"，初步形成了"绘本＋整合教育"课程特色。创设悦读悦享小天地、绘本馆等凸显课程特色的环境，在此基础上积极探索实践，将绘本的欣赏、阅读、分享活动与健康、语言、社会、科学、艺术等领域共融，与学习、游戏、运动、生活等环节并举，努力将绘本的溢价触角延伸到幼儿的一日生活和长期发展中，使幼儿尽享阅读带来的美好，从中获得成长。

● 品牌活动

2017 年 10 月，学校教师在中国教师发展协会举办的"幼儿园教育活动策略研讨会"上进行现场教学展示。

2018 年 6 月，学校在中国教育服务中心培训中心举办的"全国幼儿园卓越管理与有效教研实践高级研修"活动中展示活动室活动的课题成果。

2020 年 12 月，学校与慈溪市安琪儿幼稚园签订合作协议，并开展现场交流研讨活动，建立教育合作，实现教育资源共享。

2022 年 11 月，学校承担的市"幼儿园综合管理服务"标准化试点项目以 96 分的良好成绩，通过上海市社会管理和公共服务标准化试点现场验收。

● 家园共育

"迎新嘉年华"是教师与家长、幼儿共同策划、合力设计的亲子游园活动。该活动充分整合幼儿园、家庭、社区资源，发挥教师、家长、幼儿的智慧，每年呈现不同的主题，如"红色传承""环球之旅""绘本变装"等，让幼儿感受多元文化，同时增进亲子情感，紧密家园关系。

● 荣誉奖项

上海市安全文明校园

上海市依法治校标准校

上海市生态文化学校（幼儿园）

上海市语言文字标准校

虹口区教育科研工作先进集体

上海市虹口区区长质量奖银奖

人文之萃

● 学校景物

温馨舒适的绘本空间让幼儿在书海遨游，尽享阅读的美好。

宽敞、富有挑战的操场是幼儿自由放飞的运动乐园。

健康快乐，和谐幸福

——上海市虹口区哈弗士幼儿园

学校之魂

上海市虹口区哈弗士幼儿园成立于2003年。在这近20年的创办过程中，全体教职工坚持"为孩子创设一个健康快乐的童年"的办学理念，以"踏实、勤奋、合作、有为"的工作作风，在管理制度建设、师资队伍建设、健康平安校园建设等

方面打下较扎实的基础。园所氛围和谐温馨，教师队伍团结向上，幼儿健康活泼，家园联动密切。

校徽以一个经典的盾牌展开，上面橙色（懵懂的托班）、绿色（萌芽的小班）、红色（热情的中班）、紫色（创意的大班）代表四个年龄段的幼儿。

办学之思

潘丽秋，上海市虹口区哈弗士幼儿园园长，从事学前教育33年。她以"为孩子创设一个健康快乐的童年"为办学理念，围绕着以幼儿发展为本，从生活习惯、规则意识、学习能力、情感与自我意识、审美情趣等方面对幼儿进行培养。在园所管理上形成了制度化、规范化、民主化的良好秩序，有效促进了幼儿园教职工和幼儿的全面和谐发展。

教学之本

● 名师风采

陈菁菁,园长助理,工会主席。从事学前教育 15 年,多次被评为集团、园级优秀教师。

何蓉,保教主任,大教研组组长。从事学前教育 18 年,多次被评为园级优秀教师、幼儿园骨干教师。

● 特色课程

幼儿园的特色课程为创意美术和运动。在积极推进实施上海市"二期课改"新课程的基础上,从幼儿的需求出发,发展幼儿的审美情趣,为幼儿提供自由表现的机会,支持和鼓励幼儿用不同的艺术形式大胆地表达自己的情感、理解和想象。让幼儿喜欢美工活动,获得进行美术表现活动的基本技能,感受活动带来的快乐,并激发幼儿的想象力和创造力。同时幼儿健康教育也是幼儿园课程中重要的组成部分,根据幼儿的生长发展规律和体育活动规律,创设良好的环境,以游戏化的形式积极开展各种健康体能游戏,增强幼儿的体质,促进其身心全面和谐发展。

● 品牌活动

幼儿园以纲要为指导,以"我运动,我健康,我快乐"为理念,每年都会组织幼儿参加运动会,培养幼儿初步的健康意识和对运动的兴趣,体验运动的快乐。激发幼儿热爱生命、热爱生活的情感,初步养成健康文明生活的良好习惯,促进幼儿身心和谐全面发展。每个学期末的多元化艺术展也是幼儿园的特色活动之一,以幼儿的技能发展和个性化发展为核心,结合多元化美术的表现方式,促使幼儿自由创作作品,从而提高幼儿的思维力、创造力和表现力。同时对幼儿情感的陶冶、个性的形成、审美观的培养等都有着重要的意义。

● 家园共育

每学期开展家长进课堂活动,发挥幼儿家长不同的职业资源优势,丰富幼儿园集体教学内容,开阔幼儿视野。坚持宣传加引导,逐渐让家长能主动参与到幼儿教育事业中,培养家长成为家园共育后备军,从思想上、心理上做好对家长的促动和引导,调动家长参与家园共育积极性和主观能动性。幼儿园立足于家园共育理念,坚持做好家园联系,形成教育合力,充分挖掘和发挥家长资源,共同助力幼儿全面健康成长。

● 荣誉奖项

　　上海市安全文明校园

　　上海市依法治校标准校

　　科普教育示范园

　　优质思维游戏课程与儿童综合能力提升的理论与实践研究实验园

人文之萃

● 学校景物

美工坊是幼儿们进行创意美术活动的空间，在这里幼儿发挥着自己的想象力与创造力，在这里也诞生了许多有创造性的作品。

在建工坊中，幼儿利用各种建构材料，通过自己的构思，动手操作，团队合作，完成一个个成功的作品。

音符跳动，乐在刘诗昆

——上海市虹口区刘诗昆音乐艺术幼儿园

学校之魂

上海市虹口区刘诗昆音乐艺术幼儿园创建于 2003 年，幼儿园以"音符跳动，乐在刘诗昆"为办园特色，本着让每一颗童心绽放光彩的办园理念，结合素质教育使每个幼儿体魄康健，文明乐群，头脑聪慧，全面发展。

校徽中的圆环寓意给幼儿传递的是一种积极向上、乐观有爱的情感，也可以看作一个舞台。"LSK+ 钢琴键盘"整体像一架三角钢琴，"LSK"是刘诗昆先生名字的首字母，外形像蝴蝶的翅膀，寓意破茧成蝶。墨绿色是非常高雅的颜色，雅得明朗，有生命力。校徽整体寓意着让每一个幼儿在积极向上、乐观有爱的氛围里快乐成长。高雅的艺术熏陶使每个幼儿心灵纯净、气质高雅、勇敢大胆、意志顽强！这里是幼儿音乐梦想启蒙的地方。

办学之思

钱志娟，上海市虹口区刘诗昆音乐艺术幼儿园园长。她致力于用音符引领成长，打造儿童成长乐园，促进幼儿全面发展。为达成培养目标，幼儿园致力于打造专业的师资队伍，形成校园文化，从夯实基础课程到探索特色课程，从多角度、多维度彰显办园理念和办园成效。

教学之本

● 名师风采

朱庆芳，执行园长。获上海市园丁奖。

夏琳，保教主任兼大教研组长，嘉定区优秀科学育儿指导老师，嘉定区民办教育先进工作者，嘉定区民办教育优秀教研组长。获上海市课题研究"6S 管理与儿童秩序感的建立"二等奖。

胡威，年级组长。获虹口区园丁奖。

姚莎莎，骨干教师。获虹口区园丁奖。

王佩，骨干教师。在上海市虹口区中小幼教师课堂教学单项技能评比活动中荣获幼教学科技能评比二等奖。

● 特色课程

幼儿园致力于开发并利用音乐资源中鲜明特色、健康向上的内容对幼儿进行艺术熏陶教育，将音乐渗透到一日活动各环节，让幼儿在具有音乐特色的活动氛围中学习互动，快乐成长，拥有幸福的童年。

● 品牌活动

为了促进每个幼儿表现表达能力的发展，幼儿园每年都会组织丰富的艺术展演活动，比如中班"秋之韵"、大班"冬之魅"。活动中每位幼儿都会把自己学会的钢琴演奏本领展示给家长、教师、同伴，激励着每一位幼儿自信阳光地成长。

● 家园共育

家长委员会是家园共育沟通的桥梁，促进家园教育合力与共同成长。"家长导师团进课堂"是幼儿园的经典传统，充分汇集家长资源，融入幼儿园课程，使课程更加多元和有特色。历届开展的"携手共育——家长导师团进课堂"活动，得到了家长的热情支持与参与。家长充分发挥自己的职业特长和专业精神，分享他们专业领域中的知识和技能，生动有趣、深入浅出地给幼儿传播不同领域的信息，活动内容涵盖了科技、物理、建筑、环保、医学、心理、体育、自然、历史、爱国、四史、金融、财税等众多领域，丰富了幼儿的信息量，为幼儿搭建认识世界和了解社会的桥梁。

● 荣誉奖项

2014 年上海市民办优质幼儿园

全国、市、区钢琴、绘画、歌唱、武术等各项竞赛中屡获殊荣

历年参加上海市"超级童声"幼儿合唱大赛均获优胜奖、组织奖

上海市钢琴艺术单项比赛每年获金奖、银奖、铜奖若干名

在虹口区教育局主办的虹口区欢乐艺术节中，钢琴大赛分别获一等奖、二等奖、三等奖

人文之萃

● 杰出人物

刘诗昆，上海市虹口区刘诗昆音乐艺术幼儿园创始人，1939年出生于天津，中国钢琴演奏者。1956年，参加李斯特国际钢琴比赛获第三名和匈牙利狂想曲演奏奖。1958年，参加第一届柴可夫斯基国际钢琴比赛获第二名。1959年，在人民大会堂参加国庆十周年文艺晚会演出。1973年，在北京为到访的费城交响乐团演出。1974年，与指挥家小泽征尔、波士顿交响乐团合作演出。1978年，赴美国巡演，受邀到白宫演出。1979年，与日本指挥家小泽征尔合作，在北京演出。1992年，在香港创办了以自己名字命名的钢琴艺术中心。1994年，担任第十届柴可夫斯基国际钢琴比赛评委。

王庆，上海市虹口区刘诗昆音乐艺术幼儿园第一任园长，带领幼儿园获上海市优质民办园称号。

● 学校景物

从空中俯瞰刘诗昆幼儿园，似花园，似跳动着音符的键盘，仿佛听到了幼儿灵巧的双手弹出的美妙乐曲。

幼儿园操场边的小桥流水留下幼儿欢快的童年记忆。

鱼龙蔓延，鱼跳龙门

——上海市虹口区小龙鱼文苑幼儿园

🐟 学校之魂

上海市虹口区小龙鱼文苑幼儿园创办于 2002 年，是小龙鱼教育集团旗下六所园之一。建园至今，幼儿园秉承"合作、交往、协商、分享"的办园理念，以"艺术"为特色，启蒙人文素养，润育潜质特长，陶冶情操，促进幼儿身心和谐发展。我们正致力于培养出这样的幼儿：不冲动、不武断，先思考后行动的幼儿；想做的事情能集中精力做完的幼儿；充满自信、踏实的幼儿；在日常生活中能大胆展示自己才艺的幼儿。

"龙鱼"是龙宇控股公司的谐音，寓意鱼龙变，鱼跃龙门。校徽中，"龙"象征着每一个教师和幼儿都被赋予"龙的精神"，不屈不挠，大胆创新，出类拔萃！"鱼"象征着每一个教师和幼儿在"小龙鱼"自由自在、快乐地成长，前程美好、幸运。

🐟 办学之思

许燕，上海市虹口区小龙鱼文苑幼儿园园长，是著名特级教师曹冰洁的徒弟。2007 年加入小龙鱼，2010 年获上海市小龙鱼教育公司优秀园长的荣誉称号。博爱笃行，她用师德信念打造有温度的教育；才高行洁，她集百家智慧建设有底蕴的乐园；向善而为，她守育人初心誓做有担当的园长。她秉承以德治园、质量强园、特色立园、科研兴园的校园文化，着力打造一所有特色、有温度的优质民办园。

教学之本

● 名师风采

高敏霞，大教研组长，语言教研组长。2016、2018 年获先进个人奖，2017 年获公司的教学活动三等奖，2021 年被公司评为三星教师。

施思，骨干教师，擅长美术及手工制作，负责幼儿园各类节庆及大型环境的布置与设计，在园担任大班教研组长及美术教研组长。2021 年参与公司活动"上好课俱乐部"获二等奖，2021 年被评为三星教师。

● 特色课程

小龙鱼文苑幼儿园以质量求生存、以特色求发展，幼儿园的特色课程为幼儿园的发展注入新的活力。园所在五大领域教学的基础上，遵循幼儿身心发展特点和教育规律，围绕促进幼儿全面发展的目标，不断探索、创新，形成了小龙鱼文苑幼儿园特色课程，努力创建优质民办幼儿园。

奥尔夫音乐。奥尔夫音乐教育体系是当今世界最著名、影响最广泛的三大音乐教育体系之一，在奥尔夫的音乐课堂中，幼儿有机会进入丰富的艺术世界，感受音乐带来的快乐。

米罗可儿绘画。近几年，在实施主题背景下幼儿创意美术教育的过程中，运用薛文彪大师的"米罗可儿"教材，提升教师美术教育的理念和技能，拓宽新思路，发展幼儿创作欲望及动手能力。

快乐周末。每周五都会举行不同主题的大活动，例如生日聚会、节庆活动、上海日、阅读节、运动会等，让幼儿在大活动中大胆展现自己，增强自信。

自助餐。每月有不同主题的自助餐，例如面包节、酱卤美味、生机勃勃、一口鲜、红红火火、欢喜点心节等，让幼儿体验不同的食文化。2020 年开展"膳食三方联动管理"实践研究课题并结题。

● 品牌活动

奥尔夫教学被称为"主动性音乐教育"。通过学习演奏简单的奥尔夫乐器，所有幼儿都可以亲身实践，主动地参与到音乐活动中来。在课堂上，教师不是作为导演而存在，而是作为一个提出问题的人鼓励幼儿自己去探索，通过提出问题并组织讨论，引导幼儿掌握学习内容。创造力是奥尔夫教学的归结点。

● 家园共育

艺术节是教师、家长和幼儿共同演绎、合力创意的绚丽多姿的艺术形式，充分展示了小龙鱼文苑幼儿园的艺术特色和成果。

● 荣誉奖项

2007年巾帼文明岗

2008年上海市三八红旗集体

2019年上海市安全文明校园

2022年上海市依法治校标准校

2022年安全校园

人文之萃

● 学校景物

这里是每个文苑幼儿温馨的成长家园。

我们阳光灿烂的小龙鱼文苑幼儿园是一个童话世界，是一个梦想乐园。

幼儿园简约而不简单，质朴而不朴素，赏心悦目中感受和谐美，错落有致中感受优质美。

爱满春光，向善向上
——上海市虹口好春光幼儿园

学校之魂

上海市虹口好春光幼儿园以"实施'全脑、全能、全人'教育，让孩子在欢乐中生活成长"为办园理念，园所设计体现"家庭与社会"的新思维。幼儿园针对2—6岁婴幼儿倡导"全面＋特色"的宗旨，在全面实施幼儿整体素质提升的同时，创设良好的教学环境，培养幼儿良好的艺术通感，激发幼儿的内在潜能。

校徽中璀璨夺目的色彩代表着天真烂漫的幼儿，活泼的字体展现了幼儿的聪明和可爱。"A""M"分别代表艺术、音乐，"I""E"分别代表智商、情商，整体形状犹如朝阳辉映着金字塔一般，绿色寓意着生机勃勃、春光好明媚。整个校徽象征着幼儿步入好春光，喜学艺术，修身养性，秀外慧中，开阔视野，从而拓展情商，提高智商。

办学之思

杨雪萍，上海市虹口好春光幼儿园园长。获上海市虹口区园丁奖，虹口治安保卫先进治安责任人称号。她始终贯彻"实施'全脑、全能、全人'教育，让孩子在欢乐中生活成长"的办园理念，以"敬业乐教，求实创新"为校园文化，关注每一个幼儿的发展和每一位教师的成长。在办园过程中，多年一线工作造就了她"以实践论真知"的管理

风格，坚持投入教研，以抓内涵建设提升教育质量为前提，营造一支专业的教师队伍。实施"以广博的学识教育人，以深远的见识引导人，以博大的襟怀包容人，以仁爱之心善待人"的管理方针，向善、向上办一所"家门口的好幼儿园"。

教学之本

● **名师风采**

张月华，保教主任，大教研组长。获上海市园丁奖、宝山区中青年教师评优二等奖。

● **特色课程**

"游戏化电子琴键盘启蒙教育"是我们的园本特色课程。通过游戏化的课程，以键盘（电子琴）为载体，采用敲敲打打、弹弹玩玩、唱唱跳跳的方式，通过嗓音、琴音的造型，肢体语言以及眼、耳、手、脑并用的感觉统合训练，对幼儿进行形象生动的音乐素质培养。在电子琴课程开展的过程中，我们还注重与主题活动相结合，认真选材，改变传统的教学模式，组织小乐队、搭建小舞台、举办艺术汇演、音乐会活动等，给幼儿提供自我表现的舞台，让他们在感受音乐的同时，逐步完善自我，成为一个自强自信、通文达艺的新时代主人。

● **品牌活动**

为了进一步推动幼儿园艺术教育，幼儿园推进园本传统活动，树立品牌形象，倡导积极向上、健康和谐的幼儿园文化艺术氛围。同时，幼儿园深入贯彻《3—6岁儿童学习与发展指南》精神，以幼儿喜爱的"艺术展示"为主题，开展丰富开放、多元表达、富有儿童气息的"艺术周活动"，呈现出了幼儿的多元学习与综合发展的样态，培养幼儿健康的审美情趣和良好的艺术修养，更好地促进幼儿健康发展。

● **家园共育**

"精彩艺术周"是幼儿园每年家园共同配合、齐心打造的一场属于幼儿的艺术盛典。在电子琴艺术展演及其他各类艺术活动中，家长和幼儿共同参与表演，家园共同准备节目的道具、舞台的呈现方式等，无不体现家园亲密的关系和紧密的配合，家园共育的关键在"共"，目标在"育"，我们在共育中实现家长的信任与支持。

● **荣誉奖项**

2020 年上海市依法治校标准校

2021 年虹口托幼机构保育保健专业技能评选活动优秀奖

2021 年《探索自主性游戏，提升教师专业能力》发表于《上海托幼》

2022 年上海市安全文明校园

人文之萃

● 杰出人物

祁光路，上海师范大学教授，中共党员，上海市春光教育集团创始人，历任上海师范大学音乐学院前任领导，全国体育卫生美育学科规划组、上海市学位委员会艺术学专家组成员，全国高等师范院校和声学通用教程主编，代表论著有《蓝狄尼和声新论》《静夜思艺术歌曲选集》等。他在集团创办之初就提出了"实施'全脑、全能、全人'教育，让孩子在欢乐中生活成长"的办学理念，倡导艺术课程游戏化，游戏课程艺术化，并将"崇尚师德、悉心育人、融合管理、和谐共进""坚持教育树人的根本""做一个'负责任、自我管理的幼教人'"寄语全体教工，引领着春光集团的教职员工践行至今，为幼儿园的发展奠定坚实的基础。

秦美凤，上海市虹口好春光幼儿园前任董事长，现任幼儿园总顾问，历任虹口区教育学院音乐教研员，长宁区教育学院幼师班教研组长，南林幼儿师范、华东师范大学学前教育与特殊教育学院高级讲师。她在教育战线勤奋耕耘，几十年如一日，带领集团骨干教师深化电子琴特色课程研究，还带领团队成立课题小组探索"以幼儿电子琴为载体的多元美育体验性课程之实践研究"，并主编了《幼儿键盘启蒙游戏化教程》，深受幼儿的喜爱及同仁的爱戴。

● 学校景物

中心操场位于幼儿园中心，是幼儿主要的室外活动场所。

充满野趣的户外场地是幼儿最喜爱的地方，他们在这里游戏、运动……

空中运动场满足了幼儿尽情奔跑的需求，让每个幼儿都能在场地上自由活动。

"乐"动的绿洲，儿童的乐园
——上海市白玉兰幼儿园

🖋 学校之魂

上海市白玉兰幼儿园创办于 1989 年，是上海市第一所民办幼儿园。幼儿园始终遵循一切以幼儿发展为本，以"爱孩子为神圣天职，使白玉兰幼儿园成为儿童心中的乐园、家长心中的绿洲"为办园理念，不断深化课程改革，以音乐艺术为特色，多元艺术相融，创设艺术环境，将艺术教育融入主题课程实践。幼儿园、教师与家长多方合力，培养幼儿欣赏美、感受美、体验美、创造美，营造有利于幼儿主动、和谐、全面发展的成长环境。幼儿园以"管理规范、师资良好、幼儿开心、家长称心"为目标，建设具有音乐艺术教育特色的优质普惠民办幼儿园。

校徽中，生机盎然的绿洲之上有一只白鸽展翅飞翔，冲向云端，寓意白玉兰幼儿园的幼儿在水泽万物的绿洲上自由翱翔，幼儿园发展行稳致远。白鸽轻盈飞翔的身姿宛如一朵洁白无瑕的白玉兰花，含苞待放中散发着阵阵清香，寓意着白玉兰幼儿园培育的幼儿有"雅心通质，求真尚美"的品质。

🖋 办学之思

周誉萍，上海市白玉兰幼儿园党支部书记，副园长。她坚持党建引领，旗帜鲜明，胸怀大局，着眼大事，把好方向，聚焦幼儿园健康发展。她坚持党政合作，用责任和担当促进

党建和中心工作相融，凝聚共识，汇聚合力，充分发挥党员先锋模范作用，提高办学治园质量。2021年6月，她的一篇《党徽闪耀在岗位》入选中共虹口区委组织部主编的《我在"两新"当书记》，此文又被选登在虹口党建微信公众号开设的《我在"两新"当书记》专栏。

朱国芳，上海市白玉兰幼儿园园长。曾担任上海市学前教育教师参考用书《运动》评价专家，曾多次为华师大、上师大、复旦大学继续教育学院园长培训班做专题讲座和跟岗指导。她管理过不同规模、不同办园模式的幼儿园，形成了"以人为本"的管理思想。正确处理传承与发展的关系，探索将艺术教育融入幼儿园教育全过程。她精心组织幼儿园的节日活动，厚植人文素养，引发幼儿向美而行，促进幼儿的全面健康发展。党政携手，在探索优质普惠民办幼儿园发展的追梦路上，以"爱孩子为神圣天职，使白玉兰幼儿园成为儿童心中的乐园、家长心中的绿洲"为办园理念，以音乐艺术为特色，团结带领白玉兰教工在求实求新的道路上不懈追求，努力使白玉兰幼儿园声誉远播。

教学之本

● 名师风采

李勤，中班组教研组长。获虹口区园丁奖。

张芸芸，中班组教研组长，音乐项目组组长。获虹口区园丁奖。

● 特色课程

幼儿园以"幼儿发展为本"为课程理念，以"音乐滋养童心，快乐自信成长"为育人目标，形成"多元艺术浸润幼儿一日活动"的园本特色。将基础课程与多元艺术相融合，将歌唱、舞蹈、打击乐、乐器演奏、音乐素养、创意美术等活动内容整合进行艺术体验，将幼儿对艺术的感知、体验放在首位，支持幼儿大胆表达表现，发挥其积极性、主动性、创造性，促进幼儿富有个性化的发展。

● 品牌活动

为了让音乐这颗小种子深深地种扎在幼儿的心灵深处，为了鼓励每一个幼儿自信、大胆地表达表现，幼儿园每年都会举办"白玉兰音乐节"，让每一个幼儿成为舞台上最闪亮的小明星，让每一位家长成为音乐节的合作者、欣赏者，让每一位教师点燃艺术的火花。音乐节使幼儿学会合作，在互动和交流中找到自信，发现最棒的自己！

● 家园共育

"玉兰杯"亲子马拉松运动会是幼儿和家长最期待的亲子系列活动之一。亲子马拉松提倡的不只是健康，更是"亲子陪伴"。在跑步的道路上彼此陪伴，克服困难，在汗水与欢笑的挥洒中共同前行。

● 荣誉奖项

在 2021 年度治安保卫工作中，幼儿园成绩显著，被上海市公安局治安总队特评为先进保卫组织。

人文之萃

● 校园景物

上海市白玉兰幼儿园校门。

白玉兰幼儿园园景。　　　　　幼儿最喜欢的"紫藤走廊"。

"育"见成长，"育"见快乐

——上海虹口阶梯幼儿园

🎵 学校之魂

上海虹口阶梯幼儿园于 2004 年建园，是隶属于上海三育教育集团的一所二级一类民办幼儿园，也是虹口区第一批民办普惠性幼儿园。幼儿园以"'育'见成长，'育'见快乐"为办园宗旨，在"提供优质服务，让孩子快乐成长"的办学目标下，使幼儿在轻松愉快的环境中，体、德、智、美等全面得到发展。

校徽中有一只狮子，狮子是草原之王，它有强健的体魄、聪明的头脑、勇敢的精神、自信的品质。学校的教育理念正是希望我们的幼儿在快乐的幼儿园环境中"育"见成长，拥有像狮子一样的意志品质，做一名健康、聪明、勇敢、自信的阶梯宝贝！

🎵 办学之思

沈菊芬，上海虹口阶梯幼儿园园长。她以"'育'见成长，'育'见快乐"为办园宗旨，以"'育'见未来，'育'见美好"为校园文化，着力打造一支"育"见专业、"育"见责任、"育"见智慧的教职工团队，优化幼儿园服务，努力培养一批批懂得爱与关怀、善于观察思考、表达自信友善、追求美好的幼儿，着力打造一所有口碑的家门口有特色的民办幼儿园。

教学之本

● 名师风采

杨贺南，虹口阶梯幼儿园园长助理，工会主席，多次被评为园级、集团优秀教师。

陈茵茵，虹口阶梯幼儿园大教研组长，多次被评为优秀教师、幼儿园骨干教师。

● 特色课程

幼儿园以"让每一个孩子都喜欢英语"为特色，创设"开口说英语"的英语课程。依托故事绘本，通过情景游戏的教学模式，为幼儿营造出多元立体的双语氛围，力求以趣味化的双语儿歌、歌曲、小电影、童话故事、游戏的教学方式，培养幼儿的英语语感和学习兴趣。结合幼儿对各类活动的兴趣和爱好，倡导"快乐学习"的理念，促进幼儿身心健康发展。让每一个幼儿增强自信，张扬个性，彰显幼儿园的育人理念，让幼儿园成为幼儿梦想放飞的地方。

● 品牌活动

双语活动。通过周围的事物、双语环境的影响，通过日积月累的浸润，让幼儿对英语感兴趣，喜爱开口说英语。通过绘本教学，让幼儿能从生活和游戏中感受到语言的重要性和趣味性，用英语交流解决生活和游戏中某些简单的问题。此外，幼儿园还会定期组织英语节，比如英语儿童剧表演、英语故事演讲等，让幼儿感受英语的乐趣。

科学活动、教育活动、少儿机器人编程活动和思维活动。利用幼儿容易理解的图形化、实物化编程语言探索编程的乐趣，丰富创作过程，尝试解决问题，培养幼儿运用各种感官探究问题的能力。

● 家园共育

幼儿园是幼儿成长发展的重要场所。在幼儿园内，教师不断加强和家长的沟通和交流，尊重幼儿，给予幼儿一定的发展空间，为幼儿的健康成长提供扶持。

"爸爸妈妈是超人"是教师、家长、幼儿共同策划、合理设计的富有意义的亲子活动。为了更好地增强幼儿的身体素质和体能，教师、家长和幼儿共同参与了户外自制玩具的制作。在教师和家长的共同策划协商下，家园互相配合，互相协作，合力设计。每个年龄段都制作出了适合本年龄段的、具有创意的户外自制玩具。在家里，家长带着幼儿一起动手，发挥智慧，增进了亲子之间的情感。在幼儿园，教师带着幼儿一起游戏，创设了能够锻炼幼儿体能的户外游戏，家园之间也有了更加紧密的联系。

● 荣誉奖项

  2015 年上海市依法治校标准校

  2016 年度安全管理先进单位

  2017 年度安全管理先进单位

  2018 年度安全生产单位

  2019—2020 学年度上海市安全文明校园

人文之萃

● 学校景物

这是幼儿快乐温暖的家。 在这里，幼儿体会到了快乐的童年。

曲径通幽，这是幼儿通向欢乐的小路。 这是幼儿的小园地。

童"木"书香，"船"阅快乐

——上海市虹口区小木船幼稚园

🎐 学校之魂

上海市虹口区小木船幼稚园创办于 2004 年，是虹口区第一批民办普惠性幼儿园。以"爱是理解孩子需要什么，耐心陪伴孩子快乐成长每一天，相信孩子有无限潜能，赢得家长的信任"为办园理念，遵循"幼儿发展优先"的理念，致力于为幼儿一生的发展奠定基础，为每一个幼儿的健康成长提供条件，为每一个幼儿发展创造机会，努力把小木船幼稚园办成一所理念新、起点高、亮点多、管理优的幼儿喜欢、家长满意的家门口的优质幼儿园。

校徽中一艘淳朴的小木船象征着我们幼儿园，船的风帆象征着我们昂首向前。每个幼儿也是一艘小小的木船，从小木船幼稚园扬帆起航，昂首驶向大海，成为最好的自己。

🎐 办学之思

朱建敏，上海市虹口区小木船幼稚园园长，上海市第一批民办优质园园长。获区级优秀党员、区级优秀园丁等荣誉称号。曾带领幼儿园集体获得市长基金二、三等奖。在小木船幼稚园，她一贯秉承"孩子"至上，坚持"爱"的教育，相信孩子是有无限潜能的，小木船的每个孩子都是独特的，要让他们成为更好的自己。幼儿园办学理念也影响着小木船一批又一批的年轻教师和其他工

作人员，努力地把小木船幼稚园打造成一所家门口的家长孩子喜欢的普惠性幼儿园。

教学之本

● 名师风采

章丽云，执行园长，园级骨干教师。获"2020 云上亲子嘉年华"活动"上海市第十三届幼儿游戏大赛"优胜游戏奖。

● 特色课程

幼儿园以"早期阅读"为特色课程，逐渐形成"共情、共长、共建"的校园文化，初步构建师生、亲子、阅读共同体，注重激发幼儿阅读兴趣，帮助幼儿养成良好的阅读习惯及能力，促进幼儿心理和社会情感能力的发展。致力于培育具有"三个心，两个意"（即炙热的自爱之心、勇敢的探索之心、独特的表达之心，持久的意志、大胆的创意）品质的幼儿。让幼儿浸润在具有启蒙性、渗透性、游戏性的阅读海洋中，感受多元化的阅读活动。

● 品牌活动

以幼儿当前阅读能力为基础，以幼儿身心发展水平为依托，以促进家园共育为目标，探索以阅读为载体的共享式亲子阅读活动新模式，不断丰富幼儿园阅读形式。让家长和幼儿园形成教育合力，增强幼儿阅读、合作能力，形成分享意识，体验阅读的快乐。提高教师与幼儿、家长的共情能力，促进家园共育，助推亲、师、幼三方共同成长。"民办幼儿园'共享式亲子阅读'的实践研究"于 2019 年被区级立项，历时两年并顺利结题。

● 家园共育

幼儿园形成了以"图书节"特色亲子阅读活动为主体的活动形式，具有代表性的活动有"这是我的声音""爸爸妈妈进课堂""亲子共演"等。"这是我的声音"帮助幼儿提升语言表达能力，建立自信与勇气；"爸爸妈妈进课堂"充分挖掘家长资源，发挥家长特长与优势，搭建家园共育的桥梁，不断促进家园合作的良好关系；"亲子共演"使得家长与幼儿共享亲子合作演绎阅读故事所带来的快乐。还有"自制图书""自制书签"等 DIY 活动，亲、幼利用各种工具和材料共同创作。"特色亲子阅读活动"让亲、师、幼三方在共读、共享、共育中逐渐形成"喜欢阅读、敢于表达、乐于分享"的语言环境和温馨的阅读氛围，形成亲、师、幼阅读共同体。

● 荣誉奖项

2019—2020 学年度上海市安全文明校园

人文之萃

● 学校景物

绿色森林般的阅读室让幼儿享受阅读世界中的温馨、快乐与神秘。

小小木船，从这里扬帆起航。

温馨明亮的教室。

多变有趣、适合各年龄段幼儿的户外活动。

童心悦觅，"伊"起探索

——上海虹口区伊甸卉幼儿园

🎵 学校之魂

　　上海虹口区伊甸卉幼儿园创办于 2015 年，是由上海千嘉商务咨询有限公司倾力打造的普惠性民办幼儿园。伊甸卉幼儿园为幼儿营造出尊重个性、鼓励探索体验的教育学习游戏环境。关注每个幼儿在团队中的表现，为幼儿提供丰富的材料和活动内容。在材料与环境的互动中，能主动获得认知，探索世界，创造性地表达自己的思想和观点。园内精心设置了职业体验区、智能培训教室、学习生活教室、三大户外主题活动区，提供了能让幼儿快乐学习的"乐园"。我们致力于让每一个幼儿自主探究、自如表达、自我投入、自由选择，健康、快乐、自由、创意地成长。

　　校徽（哈佛仕—伊甸卉）以一个经典的盾牌展开，橙色代表懵懂的托班，绿色代表萌芽的小班，红色代表热情的中班，紫色代表创意的大班。四种颜色代表四个年龄段的幼儿，每一个幼儿都是独一无二的，有着独特的个性，在伊甸卉的乐园里，秉持哈佛的多元智能观点，让每个幼儿如金色的麦穗，自然地生长。

🎵 办学之思

　　李伟，上海虹口区伊甸卉幼儿园园长。在三十多年的学前教育工作与幼儿园管理工作中，积累了丰富的教育教学与学校经营管理的实践经验，获得过上海市科教先进个人、区级早教先进个人、区园丁奖、全国民办园管理先锋

奖等。熟悉公立幼儿园和民办幼儿园管理体系、课程体系，有运营经验，善于组建团队，善于与各种阶层的人交流，关注幼儿的自主发展和教师的自主管理过程，倡导以和谐的人文环境来吸引家长和幼儿，不断探索多元化办园体制，办受家长和社会欢迎的优质幼儿园。

教学之本

● 名师风采

王妞，园优秀青年教师。获"虹课优学　赋能教育高质量发展——2022年虹口区幼五总支教师课堂评比"二等奖。

施安琪，园优秀青年教师。获我爱家乡美暨2022年沪语小达人活动优秀指导奖。

● 特色课程

"二十四节气"课程。以中国传统文化为基础的"二十四节气"课程是伊甸卉的特色课程，它遵循幼儿的自然发展规律，希望幼儿在传统文化生活中潜移默化地得到浸润。课程设计紧紧围绕着二十四节气的特点，包括立春放风筝、清明做青团、秋分采集种子等活动。

创意美术课程。幼儿眼中的世界是五彩斑斓的。伊甸卉的创意美术课程让幼儿以游戏的形式，启发他们用各种材料和艺术手段来表达自己情感，丰富感性经验，培养幼儿对艺术的兴趣。幼儿进行美术创作不仅是表现他们的所知，更把自己的体验和情感融入其中，创意美术成为幼儿表达所知、所想、所感的天地，是眼、脑、手共同参与的活动。鼓励幼儿充分发挥想象、联想、幻想，大胆运用各种材料和美术表现形式创造表现，感受表现美、创造美的乐趣。

● 品牌活动

绘本阅读。由于0—6岁是口语发展的重要时期，因此，在节气生活启蒙以外，伊甸卉也非常注重幼儿语言能力的发展。教师一同带领幼儿一日生活，营造出自然、自由、宽松的语言环境，也提供精选绘本，让幼儿从聆听和阅读故事中发展语文能力。通过"问候—故事—游戏—唱诵"四个环节，循序渐进地引导幼儿，让他们在充满乐趣的环境中自然而然地习得语言技能。

● 家园共育

家园共育是伊甸卉的五大核心理念之一，因此，幼儿园成立家长课堂，定期开展教养、健康与营养、亲子共读与亲子游戏等内容丰富的讲座和活动。平时，家长也可以共同参与阅读故事、节气活动、外出郊游、才艺展示等活动，对幼儿在不同阶段的发展规律有更深入的了解。除了智识上的启蒙，伊甸卉也很重视幼儿情商的养成，因为这将在很大程度上关乎幼儿日后获得幸福的能力。"身教重于言教"，伊甸卉倡导教师与家长在日常生活中为幼儿做出良好示范，并运用同理心和支持性的语言来帮助幼儿调节情绪。

● 荣誉奖项

上海市安全文明校园

上海市依法治校标准校

第十三届"好灵童少儿语言展示活动"优秀组织奖

"天才杯"儿童绘画比赛优秀组织奖

虹口区第十一届沪语童谣传唱活动三等奖

人文之萃

● 学校景物

种植区　　　　　　　　　　　　阅读区

活动区

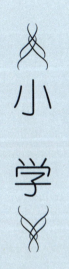

小学

让每一个生命绽放光彩
——上海市虹口区霍山路小学

学校之魂

在立德树人总目标的统领下，学校不断凝练办学思想，形成了"让每一个生命绽放光彩"的办学理念。学校希望每一位学生都能在丰富生动的校园生活中，激发持续发展的无限能量，绽放属于自己的独特光芒。

校徽中的"ART"是艺术的英文缩写，代表着学校艺术教育的办学特色。红绿色的"TY"象征着如幼苗般茁壮成长的红领巾们，同时也是学校前身唐山路第一小学的缩写，体现了学校的传承和发展。

办学之思

朱雅琴，德育高级教师，现任书记兼校长，上海市优秀家庭教育指导管理者。获虹口区新长征突击手、虹口区园丁奖。她和团队的伙伴们确立了"实施阳光教育，打造'光·合'效能，促进学生健康成长"的办学目标和"培育'胸有大爱、行有大勇、言有大气、心有大智'的阳光少年"的育人目标，构建了"五位一体"的办学格局和教育具体行动，即践行"合润"德育理念，推进"合智"课堂变革，打造"合煦"教师队伍，铸就"合融"特色品牌，构

建"合美"校园环境。"光·合"效能既体现了阳光教育的美好期许，也指明了落实阳光教育的关键机制是实现光合转化，形成各方合力。

教学之本

● **名师风采**

刘雪华，德育高级教师，现任学校副教导主任，分管学校家庭教育指导工作，带领团队荣获上海市家庭教育指导示范校称号。

胡佳茵，虹口区十佳班主任获得者，辅导的少先队中队获全国优秀动感中队称号，撰写的少先队论文、案例等多次获得上海市少先队论文、案例评比一等奖以及第五届长三角家校合作高峰论坛一等奖。

● **特色课程**

"你好，上海方舟"系列课程，包含"流淌在时光里的历史""收藏在纪念馆里的情谊""保存在书籍里的眼泪"等特色课程，让学生在自主探索学习的过程中，理解"共同构建人类命运共同体"的理念，感悟在危难时刻，国人和平、友善、包容、开放的文化底蕴。

"阳光课程"下设大爱课程、大勇课程、大气课程、大智课程四大类，包含艺术、人文、科技等各类科目，满足学生个性化发展的需求。

● **学生代表**

钱程，1973 届毕业生，国家一级演员，上海滑稽剧团表演艺术家，上海滑稽剧团副团长。

郑琰，1981 届毕业生，上海市特级校长，语文高级教师，现任虹口区小教第二总支书记兼任虹口区第二中心小学校长。

● **品牌活动**

多年来，通过不断的实践探索，学校形成了一套行之有效的家庭教育指导的"光合"模式。该模式通过制定标准，提高家长家庭教育主体责任；问题导向，构建共性与个性兼顾的家庭教育指导课程体系；家长参与，开展多平台、多方位的体验活动，开展一日校长督查、家长沙龙、家长微课、评优等活动，实现家校互动，形成教育合力。整个模式设计结构合理、操作性强，适用于解决学校家庭教育的难点和痛点，帮助家长提升家庭教育能力，实现家校共育，具有推广价值。

● 荣誉奖项

2019 年上海市家庭教育指导示范校

2019 年上海市红旗大队

2022 年"你好，上海方舟"获全国项目化案例评比二等奖

2022 年《融合循环交叠——"双减"背景下"MS"活动圈赋能家校社协同育人的探索研究》一文获第五届长三角家校合作论坛征文一等奖

2022 年《"阳光家长成长计划"的设计与实践研究》获上海市中小学德育研究协会第九届科研成果三等奖

人文之萃

● 杰出人物

蔡元培，近代教育家、革命家、政治家，民主进步人士，国民党中央执委，中华民国国民政府委员兼监察院院长，中华民国首任教育总长，国民党四大元老之一，是学校自 1901 年建校以来的首位校长。

呵护每一个梦想，关注每一点成长

——上海市虹口区东余杭路第一小学

🎵 学校之魂

上海市虹口区东余杭路第一小学自创办以来，秉承"点激潜能，促进师生健康和谐发展"的办学理念，审时度势、因地制宜，在继承传统的基础上，结合校情实际，从"以德立校、依法治校、科研兴校"入手，全力打造文化引领，具有精神感召力，成为学生快乐成长、全面发展的乐园。

校徽中精致的石库门式校舍简笔画立于中央，寓意着东余一小这座承载着海派文化的老校在北外滩得到了盎然新生。通往校舍的道路两旁，葱葱茏茏的树木或黄或绿，正中间白色的"1959"一目了然，寓意着不论四季如何更迭，时代如何变换，东余一小自建校之时起便始终践行"立德树人"的办学理念。

🎵 办学之思

高瑾，一级教师，东余一小现任书记兼校长。获虹口区优秀大队辅导员、虹口区三八红旗手、虹口区科研工作先进个人等荣誉称号。多年来，她始终把学生发展和学校、教师发展融合在一起，本着"德育为本、健康第一、文化育人"的思想，带领全体教职工用朴实的言行、真诚的爱心，呵护每一个学生的梦想，让自己成为一盏温暖人心的小桔灯。

✿ 教学之本

● 名师风采

王颖婕,小学一级教师,副教导主任,语文教师。获区优秀园丁、优秀班主任、教学能手等荣誉称号。多次在区课堂教学技能大赛中获奖并进行外省市、区级公开课展示,参与郑琰种子团队、袁晓东小学语文学科高地学习,指导学生在全国及市区各级比赛中屡屡获奖。

李福萍,小学一级教师,现任小学二总支音乐总支组长,校艺术辅导员,音乐专职教师。获虹口区园丁奖,所写论文多次获区等第奖,有论文发表于《现代教学》,指导学校合唱队及学生在市区各级比赛中获奖。

● 特色课程

"防灾'童'行"特色课程始于2013年,内容包括交通安全、消防安全,以及气象、地震所引发的灾难及其应对,同时还有禁毒、防暴、公共场所应对、自我保护、心理健康等等。课程目的在于让学生掌握最基本的生存技能,从小培养学生的防灾害意识和生存技能。

"'九子'游戏"活动课程始于2019年,内容包括"顶核子""掼结子""扯铃子""抽陀子""造房子""踢毽子""跳筋子""滚轮子""套圈子"九种游戏,简称"九子"。通过体验民俗游戏本身的竞技性与趣味性,传承和发展具有地域特色的中华传统体育民俗文化,提高学生对体育活动的兴趣,促进学生体质,养成体育锻炼的习惯。

● 学生代表

蔡威,1974届毕业生,农工党十三届中央委员,第十四届中央常委,第十五届中央副主席,第十届全国政协委员,第十一届全国政协常委,第十三届全国政协委员,第十一届、十二届上海市政协副主席,上海市第十五届人民代表大会代表,上海市人大常委会副主任。

尹后庆,1968届毕业生,历任上海市教育局普教处副处长,上海市教育局办公室主任,上海市教委基础教育办公室主任,上海市人民政府教育督导室常务副主任,上海市教委督导办主任,上海市浦东新区社会发展局局长,上海市教委副主任、巡视员,第七、八、九、十届国家督学,中国教育学会副会长,上海市教育学会会长。

● 品牌活动

2021 年 12 月学校开展第一届小小"东"奥会，充分利用空间以及各种资源，大力开发、开展旱地冰球、旱地冰壶、旱地滑雪等项目。为了丰富校园冰雪运动课程，学校自主开发了"旱地冰壶"校本课程，更好地推进了冰雪运动的发展。

● 荣誉奖项

2017 年上海市教卫系统文明校园

2018—2019 年虹口区教育系统先进教工之家

2022 年首批全国校园冰雪运动特色学校

人文之萃

● 杰出人物

陈思（别名：陈志超，陈放明），1921 年 12 月 14 日出生，1946 年 2 月加入中国共产党；1946 年 2 月至 1947 年 2 月加入卢涛地下党组织，从事收集军事情报工作；1956 年 9 月至 1958 年 6 月任教于上海市虹口区东余杭路第一小学；其于 2011 年过世，并捐献了遗体。陈思同志是优秀共产党员，为党和人民奉献了一生，东余一小曾成立"陈思奖学金"用于奖励品学兼优的学生。

智行·博慧
——上海市虹口区新宏星小学

🎐 学校之魂

　　上海市虹口区新宏星小学（原张桥路小学）于 2022 年 7 月搬迁至位于瑞虹区域的新校舍。学校以"创智慧校园，塑智慧教师，育智识学子"为办学理念，旨在培养学识渊博、见识广博、胆识惇博的智识学子。作为宏星教育集团的一员，得益于在管理、课程、教学、活动、师训等方面的共生机制，学校不断丰富"启智·润心·合一·至善"的课程内涵，在研究的状态下助力师生成长，使得办学成效整体提升。

　　校徽以红、黄、蓝、绿、白这五色呈学生双手托起的姿态，环绕组成一颗"新宏星"，象征着学生犹如冉冉升起的太阳，又蕴含着我们致力将"五育并举"的理念始终贯彻于学校教育的方方面面，让学生在充满生机和活力的校园里蓬勃成长。

🎐 办学之思

　　叶蓓芳，上海市虹口区新宏星小学党支部书记兼校长，第三、第四期上海市普教系统名师培养工程成员，全国中小学英语名师。获全国英语教学评比三等奖、上海市中青年教师教学评比一等奖、虹口区第二届十佳青年教师。她与她的团队坚信，今天的教育是为学生的明

天做准备。在集团"数学特色、科创见长"教育优势的基础上，他们将进一步探索从真实问题出发，多学科交叉融合，在解决问题的过程中灵活运用学科知识。让尊重、包容、倾听弥漫在课堂，爱、帮助、欣赏在校园内灿烂；努力让每个学生都站在舞台的中央。

教学之本

● 名师风采

张蕴华，德育教导，道德与法治教师，虹口区园丁奖获得者，虹口区"种子计划"成员，虹口区人才梯队小学道德与法治学科骨干教师。

王晓蓉，英语教师，多次任虹口区人才梯队小学英语学科带头人、骨干教师，宏星教育集团英语工作室领衔人。

张蓓，语文教师，连续两届获虹口区人才梯队小学语文学科教学能手，第 33 届长三角四城区小学语文会课一等奖获得者。

白雯，大队辅导员，科研负责人，数学教师，连续两届获评虹口区人才梯队小学数学骨干教师，第十二届教育科研工作先进个人获得者。

茆福君，拓展、探究学科教师，连续两届获评虹口区人才梯队教学能力。2016—2019 年多次指导并带领学生参加 VEX IQ 机器人亚洲锦标赛，屡获佳绩。

● 特色课程

科技创未来。学校开设"思维体操""葡萄编程""Strawbees 吸管创意""超能机械师""未来太空学者""智能硬件"等创客类课程，学生大胆想象与创新，获得空间想象能力、动手实践能力、解决问题能力和逻辑思维能力，在市区比赛中获得了一定的成绩。

数学金钥匙。"快乐珠算""东方魔板""魔力扑克""百变魔尺""多米诺骨牌""动感魔方""数独世界"等趣味数学活动，创意思维，学生在玩中学，在玩中交友，在玩中创意。

● 学生代表

詹纯琦，1985 届毕业生，毕业于湖南大学，现就职于上海市对外文化交流协会。获专业部委局三等功荣誉。

彭晨，1998 届毕业生，毕业于上海交通大学医学院，现就职于上海嘉会国际医院。获上海市优秀住院医师称号。

杭臣群，1998届毕业生，毕业于复旦大学，现就职于Facebook，高级软件开发工程师。

● 品牌活动

2004年2月，学校成立了以"www.zqlxx.com"为域名的校园网站，并获第二届全国中小学教育特色主题网站一等奖。

2006年5月，《上海教育》A期以"博客群落——教师博客　美丽新世界"为题，介绍了学校教师专业发展的新方式。同年9月，学校启动课题"小学班级网页建设研究"。

2009年4月，召开了"信息技术支持下的有效教学——虹口区促进小学教师发展，提高教学有效性"区级专题研讨会，并出版了《信息技术与教师发展》一书。

● 荣誉奖项

上海市绿色学校

虹口区语言文字示范校

上海市安全文明校园

上海市新优质学校

人文之萃

● 杰出人物

水庆霞，现任国家女足主教练。据《虹口区教育志》记载，1991年1月，原张桥路小学邀请国家女子足球队队长水庆霞回母校指导少年女子足球队队员训练，《解放日报》《劳动报》《青年报》均作报道。

● 学校景物

上海市虹口区新宏星小学由三幢教学楼组成，分别以"启智""润心""合一"命名，体现了学校的办学理念和课程目标。

为每一位学生提供适合他们发展的教育

——上海市华东师大一附中实验小学

🎋 学校之魂

上海市华东师大一附中实验小学聚焦立德树人根本任务，以课程改革为抓手，积极践行"学会做人、学会求知、学会生活、学会创新"的育人目标，以发展性站位着眼于每一位学生的成长，激发多元潜能，打造绿色校园生态圈。树立"为每一位学生提供适合他们发展的教育"的办学理念，既是校训"崇德善学，务实创新"精神内核的集中体现，也是学校可持续发展的重要基石。

校徽中有一轮充满活力的橙黄色太阳，中间是实小的首字母"SX"，左上的一附中首字母"YFZ"犹如初升太阳的光芒，其中一片绿色的嫩芽，寓意学校培育的学生朝气蓬勃，积极向上。

🎋 办学之思

叶薇芳，上海市华东师大一附中实验小学党支部书记兼校长，中学高级教师。在她的带领下，学校以"调整课程结构、强化科技教育、开发学生潜能、创建办学特色"为整体改革的突破口，强调"课程育人"为深化"三全育人"综合改革的重点，依托

课改基地校优势，打造"创智天地 生态乐园""虹立方创新港"等品牌课程。经过多年努力，学校声誉提升，科技品牌凸显，是百姓公认的家门口的好学校。

教学之本

● 名师风采

周雅君，任教科学与技术，中学高级教师。参与上海市"空中课堂"的执教录制；作为教育部"内地香港交流项目"推荐教师，前往香港进行教学指导。完成市级"小学生'生活科学'教育的研究与实践"等课题研究，获上海市小学自然长周期探究活动评比三等奖。现为虹口区科学与技术学科中心组成员。

朱崎泓，任教语文，中学高级教师，科研室主任。获上海市园丁奖、虹口区第八届教育科研先进个人，研究课题获上海市小学教师教学论文三等奖。

马燕萍，任教语文、探究，年级组长。获上海市红旗大队辅导员、虹口区园丁奖、区优秀大队辅导员、区优秀班主任等荣誉称号，获全国教育电视优秀录像课例评选一等奖。现为虹口区骨干教师、拓展探究学科中心组成员。

戴苏婷，任教语文、道德与法治，教研组长。获第七届长三角地区中小学班主任基本功大赛二等奖、上海市微课评比一等奖。多次参与市"空中课堂"及国家智慧中小学平台执教录制，受邀担任《习近平新时代中国特色社会主义思想学生读本》国家级培训专家。现为虹口区骨干教师、道德与法治学科中心组成员。

贲春梅，任教语文，教研组长。获上海市园丁奖、虹口区第五届教育系统十佳青年教师称号，执教中队被评为上海市红旗中队。

● 特色课程

"仿生模型的制作与探究"以"创新起跑线""仿生梦工厂""探索俱乐部"和"仿生超链接"为主题，通过掌握制作仿生模型的技巧与能力，播撒科技启蒙的种子，激发学生创新潜能，提升科技素养，为未来科技培养创新人才。

"小剪刀大艺术"弘扬和传承中华优秀传统文化，让学生通过动手、动脑，感受中国传统"剪纸"的艺术魅力，走进丰富多彩的"艺术之门"。

● 学生代表

孙慈容，2011届毕业生，获上海市优秀少先队员、优秀团干部称号。大学毕业后回到母校任教，传承学校"崇德善学，务实创新"的校训，弘扬立德树人师风。

韩韵诗，2009 届毕业生，曾带领团队参加 VEX 机器人世界锦标赛高中组，荣获亚太地区排位赛第 2 名，闯入全球决赛。

赵城琪，2014 届毕业生，现就读于上海交通大学。获全国 2020 丘成桐中学生科学奖国内赛区二等奖、上海市科创竞赛二等奖、上海市宋庆龄少年儿童发明二等奖、2020—2021 学年交通大学三好学生。

林锦源，2014 届毕业生，现就读上海复旦大学。获虹口区优秀队员称号、全国高中数学联赛一等奖、上海市数学竞赛（大同杯）三等奖、上海市第三十二届初中物理竞赛三等奖。

刘瑞端，2017 届毕业生。获上海少年科学院小院士称号，上海市宋庆龄少年儿童发明二等奖，上海市青少年建筑模型锦标赛小学组二等奖、三等奖。

● 品牌活动

秉持课程育人理念，学校积极打造"虹立方创新港"科技品牌。以科学技术为线索，以驱动性问题为引领，兼顾五育融合，让学生置身于物质研究、生命探索、宇宙实验、工程实践主题研究所，培养科学兴趣，体验科学过程，发展科学精神。得益于此，学校先后获得上海市科技特色示范校、区项目化学习种子校称号。

● 荣誉奖项

全国青少年校园足球基地校

全国指南针计划青少年体验基地校

上海市安全文明校园

上海市科技教育特色示范学校

上海市劳动教育特色校

上海市"十四五"家庭教育基地校

人文之萃

● 杰出人物

沈人骅，生于 1941 年。长期重视少年儿童科技启蒙教育，深耕"科技活动中培养少年儿童的个性"相关研究，被评为全国优秀少先队辅导员、上海市少先队名师。1989 年受到时任上海市委书记江泽民、市长朱镕基的接见和祝贺。

● 学校景物

创新实验室，环保制作，创新仿生模型……
这里是学生培育科学素养、迸发创意灵感、
孕育科技梦想的天地。

纺锦织绣体验室，轧轧机杼声将劳动体验
与创新实践相结合，让学生感受着中华民
族追求美好生活的朴素情感。

童乐园心理咨询室，明亮温馨的环境、柔和
舒缓的音乐让学生敞开心扉，健康快乐地
成长。

一切为了学生的幸福成长

——上海市虹口区第二中心小学

学校之魂

　　围绕学生核心素养的培养，学校强化"立德树人"教育，在小学生中开展适合他们身心特点的、具有中华优秀传统文化特色的"印痕"教育。经过多年的文化积淀与凝练，学校逐步形成了"明德立人，固本拓能"的办学理念，致力于培养品行端正、习惯良好，会学习、善合作、能创造的，具有中华优秀传统文化根基的现代建设者。

　　校徽以印章形式呈现，图案是学生的笑脸，由阿拉伯数字"2"与中国汉字"心"的草书构成，寓意第二中心小学。图案周围还加以中英文学校名称进行装饰。"印者，信也"，印章自古就是一种诚信的象征，与学校"明德立人，固本拓能"的校训相吻合。

办学之思

　　郑琰，教育管理正高级教师，上海市特级校长。获上海市优秀教育工作者、上海市园丁奖、上海市三学状元等荣誉称号，被上海师范大学聘为上海市初任校长班导师。她以"头脑有教育思想，实践有教育行动"为指南，与教师们围绕课程

领导力，以优秀文化传承教育为抓手，将培育与践行社会主义核心价值观融入其中，凝练校训"明德立人，固本拓能"，围绕五育并举，架构起以"学科教学为干，综合实践活动课程为翼"的"印痕·固本"课程体系，让学生在优秀文化浸润中明德，在核心素养培养中立人，以国家课程精准化实施固本，以特色课程个性化开展拓能。

教学之本

● 名师风采

葛靖，语文高级教师，副校长。她所指导的社团被评为全国优秀红领巾小社团，撰写的论文获上海市家庭教育研究成果一等奖，撰写的教育案例获上海市"黄浦杯"征文活动三等奖。

郭维量，美术教师，学校工会主席，上海市艺术教育委员会篆刻专业组成员。获 2021 年上海市园丁奖称号。擅长书法、篆刻，致力于中国篆刻文化的传承与发扬，在校内开展了篆刻课程的实践与研究，颇有成效。

徐雯，数学教师，学生发展部副主任兼大队辅导员，虹教系统干部队伍梯队建设第四梯队学员，区人才梯队骨干教师，第五届虹口区十佳青年教师提名奖、虹口区园丁奖获得者，虹口区优秀少先队辅导员。

● 特色课程

"篆刻课程"围绕"印者·信也"的理念，形成了"刻纸—画印稿—刻橡皮章—章料"教学体系，开发了由篆刻衍生的"造纸—活字印刷—版画—拓印"等校本课程群，开发了《印迹》《印信》《能工巧匠》等校本教材，开辟了适合学生学习的"走廊博物馆"，打造了具有浓郁中国风的校园环境。通过篆刻学习，让学生从小养成诚实守信、耐心仔细、持之以恒的良好品格。

● 学生代表

褚沁，1996 届毕业生，现任上海老年大学党支部副书记、副校长、工会主席。他开设了老年教育领域的传统文化课程，参与研究的课题获 2022 年上海市优秀教学成果一等奖。

皋凌子，1996 届毕业生，从上海中医药大学毕业后，在社区卫生服务中心从事中医临床工作十余年，是张仁名老中医工作室成员之一。

王昊琨，2011 届毕业生，现就读于法国国立应用科学学院工业工程硕士专业，曾参与中央电视台戏曲频道专题节目《角儿来了》的录制，曾与上海京剧院的著名麒派名家、国家"非遗"传承人陈少云先生同台演出。

● 品牌活动

2019 年 4 月，参加了全国第六届中小学生艺术工作坊现场展演活动。

2019 年 11 月，参加了上海市篆刻作品主题音乐会暨"一章一典"校园优秀篆刻作品展及颁奖仪式。

2020 年 9 月，参与了教育电视台《一起来成长》节目的录制。

2021 年 4 月，参加了 2022 年上海师生抗疫篆刻作品线上展。

● 荣誉奖项

全国中小学优秀传统文化艺术传承学校

上海市文明校园

上海市非遗进校园优秀传习基地

上海市艺术特色学校

上海市学校少年宫

上海市家庭教育指导实验基地

上海市行为规范示范校

上海市心理健康教育达标校

人文之萃

● 学校景物

古色古香的篆刻体验室是学生学习的乐园。

印趣廊中关于篆刻知识的介绍引人驻足。

篆刻教室外铺设的电子屏幕向学生展示篆刻艺术之魂。

印趣廊中展示了学生参加活动的获奖作品和活动剪影。

以心育蕾，大爱无痕

——上海市虹口区第三中心小学

🎐 学校之魂

橙红色校徽由醒目的汉字"人"和罗马数字"Ⅲ"构成，代表学校历史悠久，以学生的幸福成长为价值取向，培养一代新人的办学愿景。校徽中"人"代表学校一切以人为本的教育教学理念；"Ⅲ"既代表第三中心小学，又寓意扎实、严谨的基础教育，也分别代表学校三个"一切"的办学理念；"○"代表冉冉初升的太阳，寓意学生们有着光明、辉煌的未来。

🎐 办学之思

徐文秀，高级教师，现任校长。获上海市园丁奖、市教育系统三八红旗手和市关心下一代工作个人先进等荣誉称号。她与团队坚持着眼于儿童终身发展，以"大爱"核心精神凝聚全校师生的办学共识，践行"三个一切"办学理念，在反思和变革中实现育人创新的新突破。

赵天山，现任党支部书记，副校长。获市园丁奖、区新长征突击手称号。他坚持以党建聚焦正能量，推动学校"大爱文化"的优秀传统和新时代的要求在各项工作中的渗透，全面落实立德树人根本任务，引领办学之路。

📖 教学之本

● 名师风采

李莉，德育高级教师，全国先进工作者，全国模范教师，全国优秀班主任，全国特色教育优秀教师，市教书育人楷模，市班主任带头人。

沈洁，音乐高级教师，区音乐学科带头人。获上海市园丁奖、上海市教学评选活动一等奖、上海市教师个人基本功比赛二等奖、上海市教师论文比赛一等奖。

许雪梅，语文高级教师，上海市"双名工程"攻关计划成员，区语文学科带头人。曾执教上海市精品课展示，获全国小学语文论文征集活动一等奖。

陈中蔚，德育高级教师，家庭教育指导师，国家二级心理咨询师，萨提亚培训师，生涯指导师。获市优秀指导活动案例二等奖、上海市优秀辅导员称号。

赵振华，虹口区道德与法治学科骨干教师，曾获虹口区园丁奖，上海市教学评选活动一等奖。

● 特色课程

"声韵印象"荟萃了三中心艺术教育课程成果，包含了"舞之韵""声之韵""乐之韵"等系列艺术校本课程。

"多元运动系列课程"是满足学生运动需求、促进运动兴趣和体能发展的系列校本运动课程，包括围棋、排球、篮球、击剑、五子棋等项目。

"'四自'少先队课程"是传承"四自"三中心少先队自我教育精神和传统少先队自主教育综合实践课程。

● 学生代表

许迎光，1960届毕业生。获中国机械工业突出贡献专家、国务院政府特殊津贴、改革开放三十年行业杰出人物等荣誉。

徐林胤，1993届毕业生，前中国沙滩排球国家队运动员，上海市劳动模范。2010年获得世界沙滩排球俄罗斯大满贯冠军。

张陈功，2010届毕业生，曾担任第三中心小学管乐团大号首席，毕业于上海音乐学院2018级管弦系大号专业。现为上海爱乐乐团任大号手。

于航，芭蕾舞演员，曾获南非、北京、香港、瑞士洛桑国际芭蕾舞大赛的金奖。在影响世界华人盛典中获"希望之星"。

● 品牌活动

2019年3月，承办"今年我10岁，养成好习惯"虹口区少先队三年级十岁集体生日仪式和市少工会组织的十岁生日主题仪式研讨。

2019 年 4 月，舞蹈队获全国第六届中小学艺术展演小学组一等奖。

2019 年 9 月，合唱队参加长三角地区学校少年宫优秀文艺节目汇演并被授奖。

2020 年 12 月，承办上海市提升中小学（幼儿园）课程领导力行动研究（第三轮）——小学段作业设计项目小组专题研修活动。

● 荣誉奖项

全国艺术教育先进单位

全国艺术教育特色校

全国优秀少先队大队

上海市素质教育示范校

上海市体育传统校

上海市围棋传统学校

上海市行为规范示范校

上海市少先队工作先进集体

上海市安全文明校园

上海市未成年人保护工作先进集体

上海市青年五四奖章集体

人文之萃

● 杰出人物

毛蓓蕾，全国著名特级教师。获全国教育系统劳动模范、全国三八红旗手、全国优秀班主任等荣誉称号。编著有《心之育》《毛蓓蕾少先队教育文集》等。

沈功玲，首创"少先队的自动化"，曾任团市委党组成员，获全国有突出贡献儿童少年工作者。研究成果通过国培等广为传播。

顾家漳，上海市首批语文特级教师。获上海市陈毅市长颁发的优秀人民教师证书，获上海市优秀教育工作者等荣誉称号。编著有《小学低年级汉语拼音教学》《培养听说能力》《顾家漳低年级教学教例与经验》等。

吴惠娟，上海市首批语文特级教师。获全国三八红旗手、上海市劳动模范等荣誉称号。参加上海市小学语文教材和教学参考书的编写。

　　盛裴，上海市特级校长，提倡大爱育人的教育理念，提出了新健康办学模式。在上海率先开展"推迟半小时上学"的教改实验，为全市乃至全国的制度设计起到了引领作用。

● 学校景物

　　清风徐来，蓓蕾楼、大爱楼矗立在绿色缭绕的校园内，静静地诉说着百年来三中心人以心育蕾、大爱无垠的教育情怀。

融合教育，和合共生

——上海市虹口区四川北路第一小学

🎼 学校之魂

上海市虹口区四川北路第一小学始建于 1916 年，学校秉承"忠爱勤毅"的百年校训，立足新时代的育人使命，以"海纳百川"的胸怀和"知行合一"的信条，在"融合创新"办学理念的引领下，立德树人，改革创新，努力把每个学生的童年变成成功而精彩的故事。

校徽中的灰色剪影是校内的代表建筑——富吉堂，镌刻百年记忆，见证世纪沧桑。图中，左侧三条跃动的鲤鱼构成了校名中的"川"字，意指"海纳百川、知行合一"的办校哲学，也蕴含鲤鱼跳龙门之义，象征着融合教育生机蓬勃，活力不止。右侧古体汉字"趣"引自"以趣促能"的教学理念，倡导教学要以情激趣，以境生趣，以形提趣，以效增趣。

🎼 办学之思

倪文军，学校党支部书记，虹口区园丁奖获得者。他以高度的政治站位和忠诚的行动自觉，加强党对教育的领导，以党建引领，围绕学校中心工作、重大决策，履职尽责，主动作为，保证了党的教育方针、政策的贯彻执行。

刘世漪，上海市特级校长，高级教师，虹口区人大代表，上海市园丁奖、上海市三八红旗手荣誉获得者。她秉持"海纳百川，知行合一"的办学理念，践行"五育并举，全面提升"的教育思想，以其人格魅力、专业素养，团结带领广大教师从规范办学到科学管理、从内涵建设到改革创新，逐步走上品牌示范的学校教育综合融通的发展之路，实现教育思想与办学水平的双向提升。

教学之本

● 名师风采

吴咏梅，语文高级教师，区语文学科带头人，教导主任。秉承"一面教，一面学，一面当先生，一面当学生"的执教理念，辛勤耕耘，无私奉献，在区域范围内具有较高知名度和影响力。

薛芳，语文高级教师，副教导主任，虹口区园丁奖获得者。勤于学、善于思、乐于研、践于行，不忘师者初心，勇担育人使命，为学校教育改革与发展奉献智慧与力量。

蔡靖，美术高级教师，上海市园丁奖获得者，市攻关计划学员、区"种子计划"领衔人，区骨干教师。获中央电化一师一优课，区见习规培优秀指导教师一等奖。

陈毓梅，科研室副主任，虹口区园丁奖获得者。以创新实践破难题，推动科研工作长足发展。在她的带领下，学校立项 7 个市级课题，获上海市基础教育优秀教学成果一等奖。

倪云，区英语学科带头人，虹口区园丁奖获得者。获上海市课堂教学与教师发展教学展评特等奖、区见习规培优秀指导教师一等奖。

● 特色课程

益智游戏课程。依托课题研究，以"益智学具"为载体，通过教学内容和方式的创新，达到培养学生学科素养、创新思维和实践能力的目的。获上海市基础教育优秀教学成果一等奖。

数字民间印染（扎染）课程。既提升了学生绘画能力、造型能力、审美能力，培养了学生的核心素养，又有效促进了民族传统文化的传承学习。

十二个道德好习惯课程。通过中华优秀传统文化的融入，实现了学生道德好习惯培育的课程化、常态化和生活化，促进了学生道德品质的提升和行为习惯的养成。

● 学生代表

刘云烨，1994届毕业生，上海交通大学公共管理硕士，上海市优秀毕业生，公安部出入境管理局优秀共产党员，第五届虹口十大杰出青年，虹口区新长征突击手，上海市青年讲师团成员。

詹梦漪，1997届毕业生，毕业于法国欧比利艾国立音乐学院，旅法钢琴家。现为上海邮电俱乐部影剧院议事厅负责人，上海电信艺术团成员。

● 品牌活动

"数字传统手工扎染"项目作为市"非遗进校园优秀传习基地"，通过大世界展示和区域走校，传习近千人，获市非遗空中课堂二等奖、优秀案例一等奖等。

"小荷亲子书友会"组织活动35次，6000多人次参与，以项目化学习的方式探索寓教于乐的家校社"融合教育"新模式。

作为民主促进会上海西部教师培训基地，学校已承担十多次培训任务，并承接了教育东西部协作和对口支援工作，帮助青海果洛州培养优秀教育人才。

● 荣誉奖项

上海市文明单位

上海市安全文明校园

上海市绿色学校

上海市依法治校示范校

上海市家庭教育示范校

人文之萃

● 杰出人物

谢恩禄，任校长一职长达二十余年。任职期间，秉持校训精神，传承办学思想，募捐助教兴学，完善机构设置，优化级任机制，为学校教育奉献一生，鞠躬尽瘁。

● 学校景物

学校五处教学楼各有风采，分别被命名为"贤达堂""知园""行园""同园""乐园"，蕴含"知行同乐，和合贤达"的意思。

育人为本，知行统一

——上海市虹口区多伦同心小学

学校之魂

　　上海市虹口区多伦同心小学创办于 1948 年 9 月，迄今已有七十余年悠久的历史。经历多次合并，相融共生，现"育人为本，知行统一"的办学理念已受到学校广大师生、家长以及社会的高度认可，学校办学成效显著。

　　校徽中红色跑道、铅笔、尺和书本是校园学习生活的主要元素，意蕴培养学生多方面发展，健康成长，有"多伦"的含义；绿"心"和红"心"表示教师和学生、学校和家庭，心心相连，携手促成长，有"同心"的含义。

办学之思

　　鲁方霞，现任书记兼校长。来自教育一线，多年深耕于教科研领域，曾代表本区参加了上海市中青年教师教学大奖赛，在市、区级教育科研类评比活动中屡获一、二、三等奖。曾获得两届虹口区教育科研先进个人的荣誉称号，所带团队曾被评为虹口区教育科研先进集体。

　　学校多年来坚持"育人为本，知行统一"的办学理念，致力于启动构建"多元、开放、统整"的"知行统一"课程体系，为学生提供能促进自主发展、自觉行动的教育环境。在彰显学校办学特色的同时，期盼能带领教师团队去探索一条使学生在"知行统一"的优化育人环

境中启智润心、启动创造欲的教育途径。全校一心，师生共同努力，争做最好的自己。

教学之本

● **名师风采**

唐任青，中学高级教师（德育），现任学校教导主任。获上海市优秀大队辅导员、虹口区明星辅导员、虹口区科研工作先进个人、虹口区未保工作先进个人等荣誉称号。领衔的课题多次在市、区教育科研成果评比中获等第奖。

段秋秋，音乐教师，副教导主任，上海市少数民族中青年工作部成员，优秀志愿者。她主持学校的民族团结教育工作、青少年法治协同创新工作，学校被评为上海市民族团结先进集体，获虹口区反恐工作示范单位等荣誉称号。

朱佳迪，语文教师，小学一级教师。获第31届"四城区"小学语文青年教师会课活动一等奖、虹口区中小幼课堂教学评比二等奖、上海市小学语文教学优秀论文评比一等奖。参与2021学年上海市空中课堂的授课工作，在2022—2024学年中被评为虹教系统教师专业人才梯队教学骨干。

● **特色课程**

"最炫民族风"校本课程包括傣族泼水节、藏族雪顿节、白族火把节等12个少数民族节日文化课程。

学校武术特色有着良好的积淀，从2005年编写武术校本课程起，逐步形成了以武育德、以武促智、以武健身、以武融趣的武术特色课程。

● **学生代表**

荣希闻，2020届毕业生。获2018、2019年两届上海小学生古诗文大会"桂冠少年"称号。2020年10月，作为代表上海的参赛选手，参加中央电视台《中国诗词大会》（第六季）节目录制。

● **品牌活动**

学校历时十余年，围绕"民族团结教育进校园"项目，弘扬中华民族共同体意识，在区民宗办、区少数民族联合会等部门的指导下开展了多彩的校园主题系列活动。

● **荣誉奖项**

上海市安全文明校园

上海市依法治校标准校

上海市心理健康教育达标校

上海市民族团结进步先进集体

虹口区民族团结教育基地

上海市非物质文化遗产《精武体育》首批保护示范基地

教育部青少年法治教育协同创新中心实验校

虹口区反恐工作示范单位

虹口区文明校园

虹口区雏鹰大队

 人文之萃

● 杰出人物

杨正家，本校校友，上海市数学特级教师，原三林北校校长。自 2007 年以来 5 次担任上海市中考数学命题组组长，浦东第四教育署第五校长发展共同体领衔校长，浦东新区中小学数学教学专业委员会理事长，浦东新区数学学科带头人，浦东新区数学教师培训基地主持人，浦东新区初中数学骨干教师、学科带头人、学段大组长，上海师资培训中心兼职研究员，华东师范大学兼职研究员，上海市普教系统高级技术职务学术评审专家库成员。

李祖年，本校校友，曾四次参加世界奥林匹克国际象棋赛并获得傲人的成绩，为祖国带来了荣誉，获国际象棋大师称号。

尽最大的努力，做最好的自己

——上海市虹口区中州路第一小学

学校之魂

上海市虹口区中州路第一小学秉持"让每一个孩子成为健康成长的现代人"的办学理念，以"尽最大的努力，做最好的自己"校训为铭，努力追求"为每一位学生提供最合适的教育，让每一个孩子得到最充分的发展"的教育理想，将中州学子培养成知书达礼、竞知向学的阳光少年和有国际视野、民族情怀的现代公民。

校徽整体以绿色为基调，充满生机，健康昂扬，寓意学校教师孜孜不倦的教育情怀，用自己的教学智慧托起希望，让每一棵幼苗都能在这方土地上茁壮成长。"中州"二字采用书法字体，巧妙地融合在一起，"中"字大气磅礴，"州"字灵动飘逸，一抹中国红，配以祥云衬托，具有强烈的视觉冲击力，寓意中州学子在传统文化的浸润中积极进取，拔节向上，厚积而薄发，成就最好的自己。

办学之思

柳敏姿，上海市虹口区中州路第一小学党支部书记兼校长。获上海市中青年教师课堂教学评优一等奖、虹口区园丁奖、虹教系统三八红旗手等荣誉称号。她与学校团队为实现德正行端、学活体健、善思尚美的育人目标，聚焦学生核心素养的发展，迭代建构学校"蒙翼"课程体系，形成"壹+"基础

型课程和"新六艺"特色课程，在"开放、多元、乐学"的课程理念指引下，梳理实施路径，做强传统文化特色品牌，为每一个学生得到最充分的发展提供最合适的教育服务，旨在将学校打造成一所高品质发展的家门口优质学校。

教学之本

● 名师风采

王玉，英语教师，现任副教导主任，虹教系统干部队伍第四梯队储备干部班学员，虹口区少先队明星辅导员，虹口区园丁奖获得者。

蔡樱羽，小学道德与法治教师，虹口区人才梯队骨干教师，虹口区园丁奖获得者。获第四届上海基础教育青年教师教学竞赛（思政专项）二等奖，多节思政课获部、市级精品课。参与上海市空中课堂录制。

李丽，书法专职教师，中学高级教师，虹口区研拓课程中心组成员，虹口区园丁奖获得者。获区教师单项技能评比一等奖、市"非遗空中课堂"优秀课程三等奖，指导学生多次在各级各类书法比赛中获奖。

● 特色课程

"国韵雅美"传统文化课程群。学校自 2010 年起，陆续开发了民乐琵琶（琴）、中国象棋（棋）、翰墨真言（书）、水墨童心（画）、巧学装帧（装帧）、金石方寸（篆刻）六大课程，打造成特色课程群，让学生在书香校园的浸润体验中，修身立德，感悟中华优秀传统文化的魅力。

"小公民　大社会——小公民素养课程"。该课程是校本化德育系列课程之一，通过课程实施，帮助学生认识现代公民所必须遵守的道德准则和行为规范，形成健康的情感态度和价值取向。

● 学生代表

邱子傲，2009 届毕业生，中国游泳运动员。2015 年获得国家体育总局授予的国际级运动健将称号。2016 年随中国代表团出征里约奥运会，参加 1500 米自由泳项目比赛。第十三届全运会男子 400 米和 1500 米自由泳季军。

张佳雯，2018 届毕业生，一年级起学习中国象棋。获 2015 年上海市中小学生锦标赛女子乙组冠军、2016 年全国少年儿童锦标赛 U10 女子组冠军、2018 年世界象棋青少年公开赛 U12 女子组冠军。2022 年获"长春经开杯"全国象棋少年锦标赛 U16 女子组冠军，荣膺象棋大师和运动健将称号。

吴圣洁，2016 届毕业生。2018 年全国青少年数独比赛 U18 组个人赛银奖、2021 年高中生数学联赛（初赛）二等奖、2021 年秋季 AMC12 全球前 5%，《最强大脑之燃烧吧大脑第二季》入围 18 强，获第五名。

● 品牌活动

2014 年 12 月，学校承办国家文物局、上海市教委组织的"国家指南针计划"专项基地项目现场会，介绍并展示了学校的非遗课程——书法及古籍装帧。

2017 年 5 月，学校承办上海市数字教材应用研究——小学语文学科交流研讨活动，青年教师进行现场教学展示，学校汇报了工作推进情况。

2016—2020 年暑假，学校师生多次走进上海大世界，为市民开设"古籍装帧"课程，指导开展线装、卷轴、简册等书籍装帧制作，传播中华优秀传统文化。

2018 年 5 月，学校参加上海市"建设传统文化课程，深度推进'两纲'教育"现场会，介绍学校课程及师资建设情况，参与课程成果现场展示活动。

● 荣誉奖项

上海市文明校园

上海市行为规范示范校

上海市依法治校示范校

上海市书法教育实验校

上海市"非遗"文化进校园传习基地校

人文之萃

● 学校景物

小巧精致的校园处处烙有浓浓的文化印记，孕育而生的"中州十景"图文并茂地讲述着文化故事。

巧帧工坊、临池学书、曲水流觞、活字印盘、稚书立轴、墨香书苑、博书萃轩、棋坛艺庐……

学生每天耳濡目染，深刻感受着传统文化的大美。

让每一个孩子得到适合的发展

——上海市虹口区柳营路小学

学校之魂

多年来，学校面对挑战，围绕"让每一个孩子得到适合的发展"这一办学理念，寻找适合学生的教育方式，让每一个学生通过在柳营的学习，都能获得适合自己的教育成长，得到可持续的发展。

校徽由传统圆形图案组成，图案主题为张开双臂、迎接未来活泼向上的小学生。人的形状似"丫丫"，是柳营拼音的"LY"的组合，更是两个表示肯定和正确的"√"，象征健康成长的好苗苗。蓝色象征未来，寓意学校能赢得师生的可持续发展，赢得柳营的内涵式发展，赢得家长社会的广泛认同，最终赢得师生幸福快乐的人生。

办学之思

陆建锋，上海市虹口区柳营路小学书记兼校长。他带领全校教师，继续开展"适应性教育"的实践研究，寻找适合学生的教育方式，让每一个学生都获得适合自己的教育和发展，让小学教育奠定学生大格局的底色，在有限的小学教学生涯中引领学生无限的生命成长。

教学之本

● 名师风采

胡联群，小学数学高级教师，现任学校工会主席。获虹口区园丁奖、2017 年度虹口区教育系统优秀工会工作者、广中街道先进教师。

徐晓燕，小学语文高级教师，现任副教导主任。获虹口区园丁奖，虹口区教育系统师德先进个人称号，虹口区中小学课堂教学评比一等奖，虹口区小学语文教学案例比赛二等奖，"东方现代杯"长三角地区首届教师优秀教育教学论文评比二等奖，虹口区第九届、第十届普通教育科学研究成果三等奖。

张梦毅，小学英语高级教师。获上海市青年教师教育教学研究课题成果鉴定二等奖，上海市中小学优秀作业、试卷案例征集评选三等奖，虹口区教师课堂教学单项技能评比二等奖、三等奖。

● 特色课程

"81 个好习惯"始于 2004 年，从"学习好习惯""做人好习惯"等 9 个方面进行概括，与学生行为规范教育、养成教育相结合，将学生学习和生活中包含的德育内容有机整合，从知识传授、技能训练、情感熏陶入手，以习惯培养为基准，以健康、文明、安全的生活能力提高为宗旨，全面开展生活与德育的融合教育，让每个学生都拥有一生受用的好习惯。

● 学生代表

帖佳韵，2007 届毕业生，毕业于南京大学软件工程专业。获 2017 年花旗杯金融应用创新大赛一等奖及最佳技术实现奖、2017 年爱奇艺全国高校技术大赛最强开发者组冠军、人民奖学金一等奖。

刘龙，2014 届毕业生，现就职于上海跃动文化传播有限公司，担任教学主管。获全国两人同步跳绳冠军、全国 2×30 秒双摇绳冠军、全国 4×30 秒单摇绳冠军、全国个人花样跳绳第六名、第二届长三角交互绳规定套路冠军、集体花样跳绳表演赛第二名。

● 品牌活动

学校在教育实践研究中摸索出了一条符合时代发展要求、适应进城务工人员随迁子女健康成长之路，走出了一条新优质学校的变革之路，既为社会各界所认可，也为同类学校的研究提供了借鉴。

2010 年 11 月，学校承办了虹口区"关注差异　激发潜能——2010 年虹口区促进小学教师专业发展，提高教学有效性"专题研讨会。

2011 年 9 月，学校部分学生参加了"为了每一个学生的终身发展——2011 年上海市庆祝教师节主题活动"。

2015 年 1 月，学校承办了虹口区"回归教育本源　促进学生成长——2014 年小学基于课程的教学与评价"教学工作研讨会。

2016 年 5 月，学校部分学生在"核心价值观培育分层分类实践探索长三角德育研讨会"上，表演了微型音乐剧《先左脚再右脚》，展现了学生学习良好行为习惯的风采和成果。

2018 年 5 月，学校承办了"2018 年度虹口区阳光体育大联赛暨柳营杯花样跳绳比赛"。

● 荣誉奖项

国家级基础教育教学成果二等奖

全国农民工工作先进集体

上海市首批新优质学校

上海市文明单位

上海市安全文明校园

上海市家庭教育示范校、特色校

上海市依法治校示范校

《好习惯陪伴你和我》活动案例被评为全国中小学社会主义核心价值观教育优秀案例

人文之萃

● 杰出人物

虞敏丽，曾任柳营路小学校长兼书记。获第三届全国未成年人思想道德建设工作先进工作者、2012 上海市教育年度新闻人物提名奖、全国师德标兵、上海市园丁奖等荣誉。

在虞校长的带领下，学校被首批评为上海市新优质学校推进项目成员之一，学校课题"进城务工人员随迁子女集聚的公办小学适应性教育的实践研究"获2014 年基础教育国家级教学成果二等奖。

广学灵动，明善能群

——上海市虹口区广灵路小学

学校之魂

上海市虹口广灵路小学前身为广灵二小，创办于1960年。1999年，广灵三小撤销建制并入广灵二小。2004年学校更名为广灵路小学。"广学灵动，明善能群"是学校的办学理念。"善"与"群"是学校教育内在价值的核心，二者共同构成"广学灵动"的目标指向，也是"广学灵动"的实践结果。学校是老百姓心目中办学特色鲜明、教学质量过硬、发展势头强劲的"家门口的好学校"。

校徽中的"灵"字幻化成人形的姿态，上半部分形如"人首"，指代每位学生的灵动生长；下半部分形如"人身"，指代支撑学生生长的两类课程。

办学之思

余琦，上海市虹口区广灵路小学书记兼校长，语文高级教师，上海市园丁奖获得者。她主张学校教育应体现灵动性和群体性，让每个学生的思维灵动起来、互动活跃起来。"广学灵动"体现着学生成长的基本规律，反映出学生持续发展的过程，源源不断地滋养着"四驱动力"。"明善能群"要求学生持续提升自身的发现力、辨别力、行动力、变革力。学校为学生在群体中灵动生长提供最适切的路径，让学生成为"品优、识广、志远、体健"全面发展的人。

教学之本

● 名师风采

葛蕾，德育高级教师，副校长。获上海市园丁奖，撰写《共舞共育　灵动护航》案例被评为全国立德树人落实机制优秀案例。

许海彬，科学与技术高级教师，教学发展部主任，上海市基础教育专家库成员，上海市《科学与技术》编委。曾录制小学科学与技术学科上海市空中课堂。

方华卿，语文高级教师，教师发展部主任。获虹口区园丁奖、四城区小学语文会课活动一等奖。

朱赟，信息技术高级教师。获上海市中小学青年教师教学评选活动评比一等奖。上海市教学资源制作能手，曾录制小学信息技术学科上海市空中课堂。

朱静妍，数学高级教师，区骨干教师。获上海市中小学青年教师教学评选活动评比二等奖、上海基础教育青年教师教学竞赛市三等奖、虹口区园丁奖、区青年五四奖章。曾录制小学数学学科上海市空中课堂。

● 特色课程

学校提出了"让每个学生都能在群体中灵动生长"的课程理念，明确了"为每个学生的灵动生长提供最适切的路径"的课程目标，建构了一体两翼的"灵课程"。"文化看点系列课程"包括"桥梁万花筒""魅力汉字""百家姓""生肖漫谈""中国节日"等实践活动课程，弘扬中华民族传统文化，增强民族自豪感。

● 学生代表

华国刚，1998届毕业生，在清华大学毕业后攻读复旦大学工商管理硕士（MBA），现在杭州阿里巴巴本部任薪酬首席执行官。

王斐，2000届毕业生，曾担任赫尔大学摄影大赛比赛评委，现经营自媒体"猫眼看世界"（catfay2014）。

郑硕歆，2008届毕业生，学生时期被评为区优秀队员、校百优社会工作标兵，现就职于普华永道会计师事务所。

杨晨瑜，2013届毕业生，现就读于上海交通大学人工智能卓越人才试点班。获市三好学生、市青少年科技创新大赛二等奖。

任伊稼，2013届毕业生，现就读于京都大学电气电子工学科。获市青少年"白猫杯"应用化学与技能竞赛初中组一等奖、IGEM（国际基因工程机器）大赛国际铜奖。

● 品牌活动

"广学灵动护航队"是学校家庭教育的特色品牌活动，相关案例被评为全国优秀案例。

2017 年 11 月，学校承办了上海市数字教材学校应用研究小学段交流展示活动。

2022 年 1 月，学校举办了上海市义务教育项目化学习三年行动计划专题工作坊——"F & 5F"活动项目实践样态展示。

● 荣誉奖项

全国青少年校园足球特色校

上海市项目化学习种子实验校

上海市基础教育数字化转型试点校

上海市教师专业发展学校暨见习教师规范化培训基地

上海市文明校园

上海市三八红旗集体

上海市依法治校示范校

上海市家庭教育示范校

上海市心理健康教育示范校

人文之萃

● 杰出人物

陈翠英，1978 年担任广灵路二小校长后，办起了勤工俭学基地。学校被评为全国勤工俭学先进集体，她受邀出席全国勤工俭学先进表彰会。

吴月芬，1949 年 7 月参加中国人民解放军，1950 年 4 月进入第三野战军司令部青年干校学习，1951 年 1 月进入华东局机要处担任机要员。离休前任广灵路二小副校长。

冯才源，1947 年入党，先后在缉椝中学、民光中学边读书边参加革命工作。离休前任广灵路二小副校长。

孙爱军，正高级教师，上海市特级校长，上海市园丁奖获得者。曾任广灵路小学书记兼校长，首次提出了"广学灵动"的办学理念。

● 学校景物

"文心创艺苑"为综合实践活动楼。楼前绿化小景是师生休憩的温馨园地;楼内阅览室、3D打印室、心理辅导室应有尽有,"笔墨纸砚""舞动旋律""创意乐高"等主题墙融古风、艺术、科技元素为一体,以浓浓文化气息启迪学生智慧。

点亮童趣，快乐成长

——上海市虹口区第六中心小学

🎵 学校之魂

上海市虹口区第六中心小学始终秉承"手牵手，心连心，自主快乐同成长"的办学理念，积极探索"主体·和合"办学之道，坚持道德自律、学习自主、健体自觉、审美自悦、劳动自立育人目标，融合教师和合、师生和谐、家校合育、社区合力等关键力量与优质资源，促进每一个学生全面自主发展。

校徽中黄色代表朝阳，紫色代表勇气。黄色、紫色两手相握，拼成一个圆（即数字6），体现六中心办学理念。

🎵 办学之思

尹杰，高级教师，书记兼校长，上海市第四期"双名工程"管理系列攻坚计划成员，上海市第四期"双名工程"虹口区教育管理种子计划领衔人，市园丁奖获得者，市家庭教育优秀指导者。尹杰与她的团队致力于每个学生的潜能发挥、个性舒展和生命绽放，优化并协调各方教育因素，探索"主体·和合"办学之道，构建趣乐园课程体系，实践"主体互动"课堂教学模式，以课程研修机制打造主动发展教师群体，以主体性德育为先导推进学生自主活动，营造自主快乐同成长的精神家园。

教学之本

● 名师风采

谭春映，科学与技术高级教师，区人才梯队骨干教师，区学科中心组成员。获虹口区教学评比一等奖、市学科案例评比一等奖。

金砚，道德与法治高级教师，副教导，区人才梯队骨干教师，种子计划成员，市优秀大队辅导员。获上海市教学评比品德与社会学科一等奖、市青年教师系列展评三等奖。

卢晏，英语高级教师，副教导，区人才梯队骨干教师，种子计划成员。获上海市园丁奖、市教学评选小学英语一等奖。

● 特色课程

"小足球"课程。学校开办之初就开展小足球运动，经过几代人坚守延续至今。一至五年级均开设每周一节足球普及课程，班班有球队，各年级有校队。校园"足球节"营造足球文化氛围，彰显足球运动特色，让学生会看球、踢球、评球，足球传统在学校生根、开花和结果。

"趣乐园"课程。"趣乐园"课程有每日一课、每周一课、每月一课和每学期一课。每一个学生都能从中找到适合自己兴趣和发展需要的课程。随着"趣乐学习中心"大楼建成，"趣乐园"硬实力和软实力协同发力，开拓"趣乐园"课后服务课程，让"双减"工作走实、走心，做到"暖"落地。基于学校微信服务号，建构"互联网＋"课后服务微管理，为学生个性化定制一人一表，实现课后服务工作规范化、常态化和数字化管理新突破。

● 学生代表

毛毅军，1983届毕业生。1993年入申花足球俱乐部，1995年获甲A冠军，1998年获足协杯冠军，1997年入国家队。现任申花队领队及助理教练。

朱琪，1984届毕业生。1994年入申花足球俱乐部，1995年获甲A冠军，1998年入国家队。现任南通支云足球俱乐部官员。

● 品牌活动

2015年12月，学校承办区家庭教育指导工作现场会，展示家委会职能创新特色。2019年12月，学校"爱的合奏曲"情景剧参与区"绘彩虹，聚合力，育新人"家庭教育指导工作论坛展示。

2021年11月，学校在区"双减"工作推进会就课后服务工作经验作分享。

2022 年 5 月和 9 月，学校在区人大代表、区政协调研"双减"工作会议上做《聚焦"双减"核心　促进提质增效》主题交流。

● 荣誉奖项

全国青少年校园足球特色学校

全国中小学国防教育示范校

全国软式棒垒球实验学校

全国体育活力校园

上海市文明校园

首批上海市家庭教育示范校

上海市首批绿色学校

上海市依法治校示范校

上海市红旗大队

上海市行为规范示范校

人文之萃

● 杰出人物

王石兰，高级教师，全国中小学德育先进工作者，上海市中小学德育先进工作者，曾任广灵路小学（现第六中心小学）校长。获市园丁奖、市教育科研个人先进。

朱萍，高级教师，全国优秀外语教师，曾任广灵路小学（现第六中心小学）书记。获上海市园丁奖、市优秀教育工作者。

祁承辉，上海市特级教师，曾任广灵路小学（现第六中心小学）英语教师。获市劳动模范、市十佳三学状元、市模范教师、全国外语教学能手奖等荣誉称号。现为上海市小学英语教研员。

● 学校景物

趣乐园学习中心，培育学生核心素养的重要场所，旨在打造一个爱科学、学人文、育涵养的寓教于乐的成长乐园，让每个学生都能广泛参与科艺活动和探索学习认知。

多样的生态，一样的精彩

——上海市虹口区广中路小学

🖋 学校之魂

  上海市虹口区广中路小学始建于 1956 年，学校一直坚持把实施"绿色生态教育"作为深化学校教育改革的实践行动，根植生态文化，营造生态教育环境，构建人、时、空三位一体的大生态环境，探索践行"五育并举"下的学校德育、学科及活动的长效机制，给予学生幸福成长的完整教育生活"链"。

  学校音译的首字母"g"和绿叶组合构成整个校徽的主体，运用了绿色和橙红色，绿色代表希望，橙红色代表欢乐，明确表达学校绿色生态教育的办学思路。

🖋 办学之思

  刘晔，数学高级教师，现任副书记，副校长（主持党政工作），虹口区小学数学学科中心组成员，虹口区小学数学学科带头人。获华东六省一市教学评比一等奖、上海市中青年教师教学评比二等奖、上海市园丁奖、虹口区园丁奖等荣誉称号。她与团队成员一起，秉承"多样的生态，一样的精彩"的办学理念，遵循教育规律、儿童成长规律，以"给生命以绿色，给个性以空间"为办学追求，带领团队对教育方式进行"全融合"优化，打造"双减"下的学校生活重构，努力实现"场育未来，自由生长"的美好教育图景。

教学之本

● 名师风采

孔雅静,科学与技术教师,教研组长,虹口区小学科技学科骨干教师。获虹口区园丁奖、科研工作先进个人等荣誉称号。参与上海自然博物馆校本课程开发,带领学校社团多次获得市级比赛奖项。

邓淑敏,教研组长,虹口区特教中心组成员。获虹口区园丁奖、上海市特殊教育先进个人等荣誉称号。参与上海市教育学会特殊教育专业委员会课题研究实践工作,科研项目成果获市级二等奖。

● 特色课程

"龙狮欢腾课程"始于 2016 年,包含"走进龙狮世界""体验龙狮艺术""参加龙狮运动""创新龙狮科技"四大类,帮助学生了解传统文化、提升美育鉴赏、增强体质健康,培养学生的创新意识和创新能力。

"'小神农'本草与健康课程"始于 2020 年,充分发挥学校的生态教育优势,与传统文化有机整合,把中医药文化引进校园。通过"药食同源""阳台中药铺""本草成果博览会"等研学活动,营造良好的绿色校园文化环境,鼓励学生学做"小神农",为弘扬中医药文化而主动学习。

● 学生代表

徐珊,2003 届毕业生,毕业于上海华东政法大学,曾获上海市优秀毕业生称号。2012 年加入中国共产党,现在上海银行担任法务工作,撰写论文获中国银行业发展研究优秀成果评选优秀奖。

周子杰,2007 届毕业生,毕业于上海海事大学。2021 年加入中国共产党,现任工商银行外滩支行网点团支部书记。获工商银行上海分行优秀共青团干部、金融先进工作者、青年岗位能手等荣誉称号。

● 品牌活动

2022 年 6 月 15 日,"教育部办公厅关于开展第三届《传承的力量》学校体育艺术教育弘扬中华优秀传统文化成果展示活动"节目组对学校的"龙狮欢腾"特色校本课程进行了报道,通过央视频、中国教育电视台播放,教育部官网、共青团中央官网、中国青年官网以及各大视频网站发布。

● 荣誉奖项

国际生态学校

全国国防教育特色学校

全国青少年校园足球特色学校

全国生态环境教育百强学校

上海市文明单位

上海市文明校园

上海市依法治校示范校

上海市花园单位

上海市校园文化建设"一校一品"特色校

上海市"十四五"科技示范校

人文之萃

● 杰出人物

黄启敏，曾任广中路小学校长。20 世纪 80 年代末首次提出了以"环保教育"为抓手促进学校发展的办学思路。退休后，她热心社会公益事业，多年来不断筹集教学设备、图书等捐赠给江西宜春山区小学，曾获评社会助学先进个人。

● 学校景物

"绿源"是探索的乐园，是知识的海洋！美景如画，药草飘香。广中师生陶醉其间，喜摘学校生态文明教育的累累硕果，优秀的中医药传统文化教育更让我们懂得要善待大自然、善用自然的赐予。徜徉"绿源"，感受"广中绿"带来的勃勃生机！

我"能行"，更"有型"
——上海市虹口区第一中心小学

🎵 学校之魂

上海市虹口区第一中心小学始建于 1869 年，是一所有着悠久历史、光荣革命传统和丰厚文化底蕴的百年老校。学校秉持"承能行文化，创阳光校园，促绿色成长"的教育理念，以阳光教育为抓手，以自信教育为核心，倡导学生在思想上相信"我能行"，在情感上体验"我能行"，在行为上表现"我能行"。学校参与国家级融合教育建设项目，将德育融入课程，智育融入日常，美育、体育、劳育融入教学实践，着力打造人际关系和谐、自然关系和美、社会关系和顺的"三和"校园，让我"能行"，更"有型"。

校徽由内外两个"同心圆"组成，内圈巧妙地融入了数字"1"和汉字"中"，突出"虹一中心"校名。外圈为学校校名，中文与大写首字母对应。各元素和谐交融，意喻学校"能行""合作"的育人精神。数字"1"为深蓝色，其余为金色，蓝色与金色组合，与学校百年历史相得益彰，寓意以一中心为根基，培养乐观开朗、积极自信、阳光向上的好少年。

🎵 办学之思

史蓉晖，现任学校党支部书记。她坚持贯彻党的教育方针，牢记立德树人根本任务，通过儿童的语言将爱党、爱国的种

子埋入儿童的心坎里，坚定听党话、跟党走的信念。她尊重教师、学生生命成长规律，引导人人做最好的自己；她践行生活即教育，鼓励每一个儿童通过学习艺术，让生活更美好。

葛维维，现任学校校长。她与她的团队努力践行"所有的孩子我都喜欢"的教育理念，始终坚持把培养学生具有高尚的道德情操和优良的行为习惯放在教育工作的第一位。

教学之本

● 名师风采

梁悦，副教导主任。获上海市小学语文青年教师课堂展示评比一等奖，曾参加长三角四城区联盟会课教学展示，多次参与区级联动教学展示。

崔宇，美术高级教师，上海市基础教育课程教材建设人员，区美术中心组成员，参与上海市空中课堂美术课拍摄。获上海市体育艺术领域教师专业能力展评二等奖、虹口区教师技能比赛一等奖。

● 特色课程

"永不消逝的爱"是学校开发的校本微型课程，它的开设旨在让学生了解学校首任校长张琼。课程针对不同年段学生制定了适应其心理特点和认知水平的学习要求，学习内容和形式随着年级的升高逐步加深。

《跟着季节学古诗》是学校开发的一本以"四季"为主题的古诗诵读校本材料，循序渐进地丰富学生对"二十四节气"的了解和认识，通过实践培养学生探索自然和传统文化习俗的浓厚兴趣。

● 学生代表

杨昊桢，2009 届毕业生，现就职于 Studio TEKA design, LLC（NewYork）事务所。本科毕业于清华大学，研究生就读于美国哥伦比亚大学。获第二届全国地理科技大赛一等奖、第 30 届上海市青少年科技创新大赛青少年科技创新成果一等奖。

张誉，2006 届毕业生，现就职于上海棋院，围棋职业五段。本科毕业于浙江大学。2006、2007、2008 年蝉联虹口区围棋联赛个人冠军，2016 年获两岸大学生对抗赛个人冠军。

● 品牌活动

2014 年 6 月,学校开展"标准·多元·评价——基于标准对一年级学生语文学习能力的多维度过程性评价"项目汇报市级开放活动。

2021 年 5 月,学校参与"信仰的力量 教育的梦想"上海教育博览会主题展区展示。

● 荣誉奖项

上海市二期课改试点校

上海市教委"零起点等第制项目评价基地校"

上海市绿色学校

上海市行为规范示范校

上海市安全文明校园

上海市家庭教育"十四五"实验基地校

上海市儿童青少年近视防控示范校

人文之萃

● 杰出人物

张琼,学校首任校长,中国共产党早期优秀党员,杨开慧烈士的战友。她坚守在教学岗位的第一线,以坚持不懈、吃苦耐劳、艰苦朴素的精神影响并鼓舞着一代又一代师生。

俞丽拿,20 世纪 50 年代毕业于上海市虹口区第一中心小学,中国著名小提琴演奏家,现任上海市音乐家协会副主席、上海音乐学院教授。

孔祥东,曾就读于上海市虹口区第一中心小学,现为当今国际乐坛最优秀、最活跃的中国钢琴家之一,被西方媒体盛赞为"真正能激动人心的天才钢琴家"。

● 学校景物

1990 年 9 月，虹口区人民政府在学校设立张琼同志纪念室，并定为区级爱国主义教育基地。在这片红色土地上成长起来的虹口第一中心人，始终牢记老校长的革命嘱托，坚持红色文化引领，学习先辈，铭记历史，不忘初心。

让师生乐于学习

——上海市虹口区第四中心小学

学校之魂

上海市虹口区第四中心小学以"让师生乐于学习"为办学理念，以科研为先导，以课堂教学改革为重点，以规范的管理体制为保障，大力促进教师专业发展，提高师生学习能力，最终让"乐学"的理念融入师生的生活中。

校徽由橙、黄、绿三个色块层叠递进组合成一个动感的抽象图案，让人联想到祖国的花朵、飞翔的鸟儿、欢乐幸福的童年，而学校就是一个充满希望、充满欢乐的家园。学生在学校、家庭、社会协同教育下，快乐学习、健康成长，就像花儿一样绽放，像鸟儿一样自由自在地翱翔。

办学之思

陈珏玉，教育管理正高级教师，特级校长，现任学校书记兼校长，虹口四中心教育集团理事长，小学思同教育联盟领衔人，上海市教育学会小学管理专业委员会学术委员会委员，长三角、区后备干部培训基地带教导师。她与她的团队秉承"让每个师生都有发展的机会，都能享受成功的喜悦"的办学思想，为师生的健康快乐成长积极服务。获全国女职工建功立业

标兵、全国特色教育先进个人、全国五一巾帼奖、上海市园丁奖、上海市十佳青年校长提名奖、虹口区杰出人才等荣誉称号，并主编出版了 6 本有关教育教学的书籍。

教学之本

● 名师风采

杨晟逸，教育和心理高级教师。获上海市园丁奖、上海市中小学心理辅导协会先进青年称号、上海市心理课大赛小学组一等奖。

许珺，跨学科高级教师，虹口区跨学科教育学科带头人。获上海市第三届优秀科研员、虹口区 2022 年青年英才称号。

关旭峰，数学高级教师，虹口区小学数学学科中心组成员。获上海市园丁奖、上海市中小学中青年教师教学评比三等奖。

陆莉莉，语文高级教师，虹口区小学语文学科中心组成员。获虹口区园丁奖，教育部"一师一优课"部级、市级优课，上海市中小学中青年教师教学评比一等奖，虹口区课堂教学评比一等奖。

李谌懿，跨学科高级教师，虹口区小学科学与技术学科骨干教师，虹口区科学与技术学科中心组成员。获上海市中小学中青年教师教学评比二等奖、上海市教育系统三八红旗手、虹口区优秀教研组长。

● 特色课程

课程统整理念下的基础型课程是学校的特色课程。学校于 2005 年起开展基于课程统整理念下的小学协同教学实践研究，它是国家课程校本化实施的一项行动研究。它以"激发学生学习内驱力，提升学生综合素养"为目标，打破学科疆界，通过教师间的合作与教学策略的有效运用，对基础型课程资源进行统整、开发与实施，从而使课程更符合学生的成长规律。

● 学生代表

冯骋，1993 届毕业生，本科毕业于北京大学。获上海市高中优秀毕业生、北京大学优秀毕业生、北京大学五四奖学金等荣誉。

沈赫赫，2007 届毕业生，本科毕业于哈佛大学。获全国中学生英语阅读大赛全国一等奖、2013CTB（中国大智慧）全国高中生创新大赛一等奖。2022 年入选团中央 Y20 青年领袖峰会中国代表，2022 年 9 月入选 2023MIT 区块链大会主席。

徐啸谷，2010届毕业生，本科毕业于清华大学。获国家奖学金、清华大学优秀毕业生等荣誉。

陈佩庆，2010届毕业生，本科毕业于北京大学。获国家奖学金、戴德梁行奖学金、北京市三好学生等荣誉。

● 品牌活动

学校从2015年开展"学CEO创业献爱心义卖"活动。通过真实情境下的驱动性问题激发学生职业探究、职业体察的热情；通过知识与能力建构的过程陶冶学生的职业情怀，提高学生动手实践和解决实际问题的能力；通过出项展示培养学生知行合一的职业素养，启迪学生的职业梦想。

● 荣誉奖项

全国建功立业岗

上海市文明校园

上海市行为规范示范校

上海市依法治校示范校

上海市安全文明校园

上海市家庭教育示范校

上海市优秀教师专业发展学校

上海市劳动教育特色校

人文之萃

● 杰出人物

周梅仙，学校第一任校长。她确立了学校基本管理制度和运行方式，并通过专家带教的方式帮助青年教师迅速站稳讲台，使学校教育教学快速走上轨道。

许佩莉，学校第二任校长。她以课堂为重，以数学教学为突破口，大力促进教师专业发展，并通过教学五项流程管理的制定与严格实施，使得学校声誉迅速上升，成为一所名副其实的中心校。

● 学校景物

校门口的飞翔雕塑庄重雅致、雄浑大气、张弛有度，充满动感，表现出四中心师生、家校协力齐心，和合共同，勇争第一的精神风貌！

实现孩子们的梦想

——上海市虹口区曲阳第三小学

学校之魂

"呵护童心、善待童真、孕育童趣，一切为了师生发展"是学校始终坚持的办学理念。学校坚持以德育为核心，全面推进素质教育，着眼于学生综合素质和能力的提升，坚持培养一支阳光健康、积极进取的学生队伍。

校徽由新芽和浪花组成。新芽向阳育生机，学生是初生新芽，汲取阳光的精华尽情生长。浪花奔腾汇汪洋，学生是朵朵浪花，向着知识的海洋一往无前。愿曲三学子能始终带着浪花一样积极的势头，犹如绿油油的新芽，在阳光下健康成长。

办学之思

储蕾，中学高级教师，现任书记兼校长，致力于教育事业 30 余年。学校在她的带领下，致力于打造"让周边老百姓满意的学校"。围绕"曲三童话特色"，创设了学生喜爱的童话校园环境，创建了系列的童话三类课程，形成了成熟的童话类学生综合活动，让学生能够秉持童真和童心，在校园中找到属于自己的童趣，同时习得扎实的学识储备和多元的实践创新技能，从而有能力实现自己的梦想。

🖋 教学之本

● 名师风采

邵新琼，美术高级教师，虹口区小学美术学科中心组成员。获虹口区小学美术教师技能比赛一等奖、虹口区优秀教研组长等荣誉称号。

徐志峰，体育一级教师，现任副总务主任。获上海市中小学中青年教师教学评比三等奖、上海市城乡携手共进计划工作先进个人、上海市学校后勤保卫系统感动人物、虹口区中小幼课堂教学评比小学拓展探究课二等奖。

郑青，虹口区骨干教师，现任虹口区小学道德与法治学科骨干班班长，校教研组长。获上海市小学语文教学优秀论文评比活动二等奖、虹口区中小幼课堂教学评比品德与社会学科二等奖、虹口区中小幼教师课堂教学单项技能评比品德与社会学科技能一等奖等。

● 特色课程

"国际跳棋课程"始于2015年，入门容易，便于普及，给学生带来很多快乐的体验，增强学生对体育活动的兴趣。

"童话系列课程"包含人文、艺术、体健三个板块，培养学生的想象力和创造力，满足学生个性化发展、健康成长的需求。

● 学生代表

谈晓芸，2002届毕业生，现任北京京师律师事务所社会责任总监。2017年福布斯中国30位30岁以下精英榜上榜人物，16岁时创建了自己的慈善组织。上海市慈善之星提名奖获得者，上海市优秀青年志愿者，2014年中国最佳青年榜样。

朱天宇，2010届毕业生，现为复旦大学微电子学院硕士研究生，曾任复旦大学校团委组织部团校办公室常务副主任，入选复旦大学第23届研究生支教团并赴四川凉山支教一年。

周德邦，2020届毕业生，曾分别于2018、2019年荣获亚洲国际跳棋锦标赛U11组快棋赛冠军、超快棋赛冠军等荣誉，并获上海市体育局颁授的突出贡献奖。2020年10月，中国国际跳棋协会授予棋协大师技术等级荣誉称号。

● 品牌活动

2015年起，学校每年承办"上海市国际跳棋升级赛"及"虹口区阳光体育大联赛国际跳棋赛"，学校涌现出了年龄最小的世界冠军，多人多次获得全国冠军及上海市冠军，并带动区内各学校积极开展国际跳棋运动。

2016 年开始，学校每年举行童心六一盛典，展现学生的才能，表彰在学校"童心积点卡"评价体系中脱颖而出的"童心少年"，为他们创设自我展示的舞台。

● 荣誉奖项

中国创造学会创造教育实验基地

中国教育学会"十五"重点课题优秀实验基地

上海市语文探索性实验基地童话特色学校

上海市中小学校红十字会工作优秀单位

上海市象棋协会先进单位

上海市城乡学校携手共进计划工作先进集体

人文之萃

● 杰出人物

沈芳琴，1994 年至 2004 年任党支部书记、校长，确立了曲阳第三小学童话办学特色。获上海市体育工作先进、区三八红旗手、区民主管理先进个人等多项荣誉，带领曲阳三小从一所普通的学校发展为在市区里有一定知名度的学校。

叶丽雯，曾任曲阳第三小学副校长，在长期的教学实践中，自创无回家作业教学法，给学生们的成长留出了空间。2001 年、2014 年两次获虹口区园丁奖。2014 年获上海市园丁奖、"教育，因你而更有价值——2014 上海教育十大年度新闻人物"。2015 年教师节，作为上海市优秀教师代表获上海市委副书记和市长会见，荣获上海市教育育人楷模提名。

让每一个学生都闪亮

——上海市虹口曲阳第四小学

学校之魂

上海市虹口曲阳第四小学以"小浪花"寓意曲阳四小的学生，意指每个学生都拥有无限的成长潜能。经过多年的积淀与凝练，融合心理、艺术、科技、信息化特色，逐步形成了"让每一个学生都闪亮"的办学理念，倡导尊重差异，尊重生命个体，努力寻找教育生命的基石，着眼学生可持续发展的价值内涵。

校徽中深浅不一的蓝色线条勾勒出奔腾的浪花形象，与溅起的点点浪花组成大写字母"Q"，寓意"曲"阳四小莘莘学子。浪花在阳光的照耀下晶莹剔透、闪亮夺目，寓意学生们灵动尚美的内在品质。人生旅途似奔腾不息的大海，寓意学生们不畏艰难，朝着自己的梦想和目标一路前行。

办学之思

朱依黎，数学高级教师，现任书记兼校长，上海市第四期双名工程管理系列攻坚计划成员，上海市第四期双名工程虹口区小学数学学科种子计划领衔人，上海市虹口区小学数学学科带头人。她与她的团队立足呵护、尊重儿童的视角，打造回归本源的儿童立场，主张尊重教育规律，尊重每一个儿童的成长节奏，打造"以学习者为中心"的课堂，建构"家—校—社"生态圈，培养"灵动尚美、善学

乐探、开放共进"的小学生。

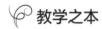

教学之本

● 名师风采

孙雪梅，数学高级教师，现任副校长。获全国中小学互动课堂教学实践教学课评比一等奖、上海市中小学创新实验室建设论文评选二等奖。

姚迩，美术高级教师，现任副教导主任。获全国中小学生艺术展演上海市活动艺术教育科研论文二等奖、上海市中小学中青年教师教学评选活动二等奖。

胡超，科学与技术高级教师，现任上海市学科中心组成员，义务教育教科书编写人员。获上海市中小学中青年教师教学评选活动一等奖，多次带领学生团队荣获全国及上海市机器人比赛。

● 特色课程

"小学生心理辅导活动课程"始于 1988 年，是满足学生个性化健康发展的需求而自编的校本课程，形成了学生心理健康教育辅导模式。

"科技坊系列课程"始于 2002 年，包含"中华古船""梦幻列车""机器人"等科技特色课程，发展学生探究能力，培育学生科学精神。

"小浪花拓展课程"体系包含人文、艺术、体健和科创四个板块，满足学生个性化健康发展的需求。

● 学生代表

朱佑文，2009 届毕业生，现就读于美国卡耐基梅隆大学计算机专业（硕士在读）。获第五届上海青少年科技启明星奖、第六届宋庆龄少儿发明奖、第二十二届英特尔上海市青少年科技创新大赛二等奖、第十五届全国中小学电脑制作活动高中组三等奖。

毛昕元，2011 届毕业生，现就读于复旦大学法学系。获 2010Robocup 青少年世界杯中国赛区上海地区选拔赛机器人舞蹈小学组亚军，在"迎世博，展示中国戏曲传承"比赛中获优秀青少年机器人创意工程设计二等奖。

夏元昕，2016 届毕业生，现就读上海理工大学附属中学。获第六届上海市青少年科技创新市长奖提名奖、上海市小院士称号、上海市青少年科技竞赛一等奖。

● 品牌活动

2015 年 5 月，学校教师代表亮相由联合国教科文组织、教育部合作举办、青岛市政府承办的 2015 国际教育信息化大会，介绍校本课程，进行现场教学展示活动。

2016 年 4 月和 2019 年 5 月，学校两次承办主题为"深化融合，助力教学"的上海市数字教材学校应用研究交流展示活动。

2017 年 9 月，学校的创新实验室项目"中华古船"参加在上海新国际博览中心召开的"2017 上海国际教育装备博览会——创新实验室"展示活动。

● 荣誉奖项

全国学校心理辅导特色学校

全国小学国际象棋传统特色学校

上海市素质教育实验学校

上海市中小学心理辅导示范校

上海市科技教育特色示范学校

上海市艺术教育特色示范学校

上海市民乐联盟

上海市小学生行为规范示范学校

人文之萃

● 杰出人物

章本荣，曾任曲阳第四小学校长，上海市首批特级校长。自 20 世纪 80 年代末，在全国小学率先开展小学心理辅导理论和实践研究，学校被首批评为全国心理健康教育示范校。与此同时，在"手脑相长，健康向上"办学理念的引领下，心理辅导、科技教育已成为全国知名的办学特色。

夏黎明，上海市优秀教育工作者，曾参加上海市心理辅导协会的教材编写。1988 年起用科学方法总结了一套小学心理辅导的班级操作模式，撰写的总结、论文在 15 个市级、全国性的报刊和书籍发表。

● 学校景物

彩虹心声

人机互动精灵屋

树洞信箱

许愿树

心灵加油站创设出符合心理辅导理念所要求的文化环境和心理环境。

中华古船，国家指南针计划专项青少年基地，上海市普教系统十大校园景观。

梦幻列车，一列以"环境与科学"为主题的科普长廊列车。

祥和书香，德高体强

——上海市虹口区祥德路小学

 学校之魂

上海市虹口区祥德路小学以"祥和"理念为指引，以创建"祥和德高"的书香校园为目标，营造书香氛围，积淀底蕴，提升素养，使全体师生在充满祥和氛围、追寻阅读情趣的校园中得到新的发展，办学取得新的成绩，整体办学效果得到社区和家长的充分肯定。

校徽整体图案为两个"同心圆"，寓学校全体师生"团结一致，同心同德"之意。主图案是以校名"祥德"两字的拼音首字母"X"与"D"交织在一起构成的风车图案。四个大写"D"构成的风车叶片，体现着学校五育齐并进的育人理念，与字母"X"组合而成的幸福风车，寓意着祥和校园的幸福生活。风车整体为绿色，寓意着祥小校园犹如沃土，培育着一批批祖国未来的接班人。

办学之思

郭慧，德育高级教师，现任书记兼校长，重视家庭教育，曾被评为虹口区优秀家庭教育指导工作者。她重视学生的阅读教育，每年的校"书香节"，将阅读与学科教学相结合，与家庭教育相融合，把校内阅读延伸到每一个家庭的亲子阅读中。

教学之本

● 名师风采

吴建，数学高级教师，现任副书记、副校长，上海市园丁奖获得者。获上海市优秀辅导员称号、虹口区教师课堂教学比武二等奖。

奚文盈，一级教师，现任工会主席，虹口区园丁奖获得者。获上海市优秀辅导员称号、虹口区第四届明星辅导员称号。

● 特色课程

"字里行间"校本写字课程是学校开展"写字教学"以来进行不懈地追求和探索的阶段性成果，整本书分为四个单元：汉字渊源、书写入门、书法名家、书画鉴赏。书中图文并茂，通俗易懂，新颖活泼，讲练结合，符合学生的年龄特点。

"相映成趣"拓印校本课程始于2017年书香节，让学生认识传拓、了解传拓、借助多种材质学习掌握传拓技能等，感受中华悠久深厚文化底蕴，培养与激发民族自豪感。学校设立拓印专用教室，开设了拓印课程。

● 学生代表

唐思斯，2001届毕业生。1999年、2000年获中国少年儿童工艺美术大赛金奖，第二届中国少年儿童工艺美术展金奖、银奖，中美少年儿童书画优秀作品交流展优秀奖；2004年获第十七届中国上海头脑奥林匹克创新大赛团体第一名，并获赴美国参加第25届世界头脑奥林匹克大赛资格。2008年就读于复旦大学材料系，现在荷兰半导体行业工作。

刘子汐，2016届毕业生。2015年书画作品《天空上的汽车》在第三届沪港台三地少儿美术作品展中脱颖而出，于2015年10月在中华艺术宫展出。2019年获"我和电影的70年之约"虹口区中学生电影海报设计秀活动二等奖。现就读于华东师范大学第一附属中学高三年级。

● 品牌活动

在"祥和"办学理念的指引下，学校在2016年被命名为"上海市书香校园基地学校"，并于2017年4月作为虹口区唯一一所义务教育阶段学校，参加第十四届上海市教育博览会中的"书香校园"阅读推广行动。书香校园建设作为学校文化建设和祥和办学理念的重要载体，紧紧围绕立德树人根本任务，以社会主义核心价值观为灵魂，培养学生阅读习惯，基本形成"爱读书、读好书、善读书"的校园风尚。

● 荣誉奖项

上海市书香校园基地学校

上海市安全文明校园

虹口区文明单位

虹口区红旗大队

虹口区中小学行为规范教育三星级示范校

虹口区艺术特色项目（书法）

人文之萃

● 学校景物

虹口区祥德路小学是虹口区青少年活动中心指南针计划项目校之一，学校专设拓印教室。教室内独特的墙体设计向师生展现了传统的拓印文化，呈现古色韵味，课上师生可通过信息化设备进行有效互动，课后学生可通过多媒体展示台"相'印'成趣"学习软件开展自主拓展学习，进一步了解拓印文化。

让孩子健康、快乐地成长

——上海市虹口区幸福四平实验小学

🎷 学校之魂

四平基因——"平安的校园、平和的心境、平等的相处、平实的教育"源自"四平"的校名。四平愿景——"平安的校园、平和的心境、平等的相处、平实的教育"是"幸福四平"校园的核心与特征。

校徽中同心圆环似充满动感的车轮，寓意学校踔厉奋发、笃行不怠的态势，以及全校师生凝心聚力、追求卓越的坚定信念。圆环中红色的部分形似一本打开的书，寓意学生在幸福校园中享受学习的快乐；小小圆球与灵动的线条相融合，寓意学生在乒乓运动中强健体魄，传承国球文化精髓。

🎷 办学之思

高玮妍，中学高级教师，现任上海市虹口区幸福四平实验小学党支部书记兼校长。获上海市青年教师奖、上海市教育科研工作先进个人等荣誉。她带领团队以"幸福文化"为引领，深入挖掘学校文化内涵，关注每一个孩子个性、提供每一个孩子机会、促进每一个孩子参与、发展每一个孩子能力，让幸福校园中的每一个孩子都能健康、快乐地成长。

教学之本

● **名师风采**

朱洁，高级教师，现任副教导主任。获全国小学语文教学论文大赛一等奖和二等奖、上海市家庭教育优秀指导案例评选三等奖。

杜净，区人才梯队骨干教师，道德与法治学科高地成员。获上海市优秀家庭教育指导者称号。"乡音乡情"被评为教育部学科德育精品课程，"快乐过新年"被评为上海市学科德育精品课程。

蒋炤俊，区人才梯队骨干教师，小学体育区中心组成员。获上海市中小幼中青年教师教学评选一等奖、上海市民体育大联赛乒乓球男子单打第一名、虹口区小学体育课堂教学评比一等奖。

● **特色课程**

"旋动乒乓课程"实施有层次、渐进式授课。一年级"银球身边绕 兴趣心中生"，二年级"银球板上击 快乐齐分享"，三年级"银球桌上飞 大家动起来"，四年级"银球全台跑 健将初长成"，五年级"银球你我他 一起来对打"，使乒乓运动丰富体育课程，强健学生体魄。

"劳艺趣空间课程"构建自我服务、家庭服务、社会服务的有效协作，鼓励学生对知识的综合运用，重视获得知识的方法与过程。

"低年级主题式综合活动课程"为学生提供综合的学习经历。"牛奶奥秘屋""'睛'彩万花筒"从真实生活出发，从生活情境中发现问题，促进学生综合素质的发展。

"知行善语课程"包括校本礼仪课程"礼仪伴我行""礼仪伴成长"，引导学生学会交往，学会关心，学会审美，学会宽容。

● **学生代表**

张晓辰，2004 届毕业生，原上海乒乓球队队长，现就职于上海航天集团。获2010 年常州观致杯乒乓球单打冠军、2015 年卢森堡六国邀请赛单打冠军。

陈蕙兰，2005 届毕业生，原上海乒乓球队队员，现为上海市文达学校教师、教练。2014 年代表上海队出访德国，2017 年参加澳大利亚国际公开赛。

● **品牌活动**

2019 年 11 月，学校教师代表在上海市道德与法治区域联合教研活动中进行现场教学展示。

2020 年 12 月,学校教师代表在上海市小学体育兴趣化试点学校调研活动中进行现场教学展示。

2021 年 3 月,学校在上海市低年级主题式综合活动课程推进会上进行交流、展示。

● 荣誉奖项

上海市新优质学校

上海市安全文明学校

上海市平安示范单位

上海市体育工作先进集体

上海市家庭教育指导实验基地

上海市心理健康达标校

虹口区文明单位

人文之萃

● 杰出人物

俞吉祥,曾任上海市虹口区幸福四平实验小学校长。自 20 世纪 90 年代末,在上海率先进行小班化教育试点。主编小班化教育丛书《走进小班化教育》《解读小班化教育》《指点小班化教育》《细说小班化教育》,举办市、区教学展示活动,使学校成为小班化教育的龙头学校。

● 学校景物

旋动乒乓馆,让学生激扬个性、重礼尚德,在体育运动中根植乒乓精神。

雅韵书法屋，独特的结构之美使人沉醉，提升学生的审美观，激发学生的民族自豪感。

至味书香坊，优雅的读书环境、浓厚的书香氛围，使学生流连忘返。

点燃梦想，快乐起航

——上海市虹口区密云学校

🎶 学校之魂

学校教师秉持"让每一个学生自信地融入社会"的办学理念，构建了"开放式特殊学校教育模式"，形成"以真实生活为教育内容，以适应生活为教育目标，以开发潜能为教育导向，以体验参与为教育方式，以支持辅助为教育手段，以个别化发展为教育原则"的学校发展轨迹。学校充分利用校园、家庭、社会的有利资源，坚持树立和弘扬"三育模式"特色，通过心理辅育、科技助育、医训补育的"三育"模式进行有效的补偿教育，以实现智障学生生活自理、适应社会、自食其力的培养目标。

校徽主基调为粉色，是明亮绚丽的颜色，寓意每位特殊学生在爱的阳光下茁壮成长。校徽主体由"密云"的缩写"M"和"Y"字母及拼音组成。"M"造型像一扇敞开的大门，寓意学校要为这些特殊学生打开一扇"能自理、乐学习、爱生活"之门；倒写的"Y"就像是扬起的风帆，希望这些特殊学生能扬帆起航驶向更广阔的世界。

🎶 办学之思

丁霞，上海市虹口区密云学校党支部书记兼校长。获上海市园丁奖、上海市中青年教师教学评比一等奖、虹口区优秀党务工作者等荣誉称号。她和团队教师一起，以云飞"young"青年沙龙为载体，为青年教师搭平台，压担子，促成长。近年来，密云的"核心团队"越来越充满干劲和热情，这股热情感召每位密云人，推动学校努力成为一所办学特色化、管理科学化、设施先进化、教师专业化、学生社会化的优质特教学校。

教学之本

● 名师风采

丁美珍，虹口区特殊教育指导中心主任，高级教师，区学科带头人，华师大特教学系兼职导师。获2022年上海市基础教育成果奖特等奖、二等奖。

李晶晶，虹口区特殊教育指导中心巡回指导教师，高级教师，区骨干教师。获中国青年志愿者优秀个人奖、上海市优秀志愿者、上海市中青年教师教学评比二等奖、虹口区园丁奖。

孙鞾郡，虹口区特殊教育指导中心巡回指导教师，医学硕士，教育学博士。获虹口区园丁奖、上海市教育科研成果二等奖、2022年上海市基础教育成果奖特等奖。

徐凝婷，中学高级教师，学校教导员，主要负责科研、送教上门、学籍等工作。2015年至今，连续两轮被评为虹口区教育系统人才梯队骨干教师，虹口区干部队伍第四梯队学员。获上海市优秀学籍工作者、虹口区园丁奖、区优秀教育组长等荣誉称号。

谢昱超，生活数学教师，校大队辅导员，区人才梯队骨干教师。获虹口区中小幼课堂教学评比一等奖、上海市中青年教师教学评比特殊教育学科二等奖、虹口区优秀辅导员称号。

沈雪寒，生活适应、劳动技能学科教师，区人才梯队教学能手，是2021年上海市青年教师教育教学研究课题成果鉴定三等奖、第四届虹口区教育系统青年教师爱岗敬业教学技能竞赛二等奖、"拨动学生心弦的艺术——班主任基本功大赛"一等奖获得者。

● 特色课程

针对特殊学生能力障碍及身体缺陷，学校积极开展医教结合康复课程，以"一校多医"的形式精准对接服务需求。每学期初，学校向区特教中心填报医教结合医学康复需求，经统筹安排，由区合作医院——曲阳路街道社区卫生服务中心中医康复科的医生（治疗师）、虹口区精神卫生中心医生与学校康复训练教师共同开展康复训练课程。医生（治疗师）定期到校为不同残障类型学生（精神含自闭及非自闭、脑瘫、智障）提供 PT（物理运动治疗）、ST（言语治疗）、OT（作业治疗）以及多感官训练的康复训练指导和情绪行为干预等服务。

● 学生代表

周方，虹口区密云学校前身虹口区聋哑学校 1978 届毕业生，处女作《一枝映春》在东京国际残疾儿童大展获铜牌，是首位勇闯海外成为留美加劳德特艺术学院研究生的聋人画家。

谢忠民，虹口区密云学校前身虹口区聋哑学校 1981 届毕业生，上海市作家协会首位聋人作家，创作文学专著两本。

朱德春，虹口区密云学校前身虹口区聋哑学校 1987 届毕业生，夺得国际残疾人职业技能竞赛室外摄影项目金牌，获中国残联生命阳光奖章。

● 品牌活动

"3+X 创新教室"是学校基于课程标准的环境创设的品牌活动。在培智学校班级教室内，创设"3"大核心功能区域，即"1 个生活区""1 个学习区""1 个休闲区"，以及基于"班级文化""学生个性"增设的"X"项班本化区域。以区块为核心灵活开展课堂教学、班级管理、自理能力培养等各项活动，实现活动育人，环境育人。

"一生一案"是学校落实科学个别化教学的有效途径。学校对每一位新生运用华东师范大学五大领域评估工具进行系统能力评估，形成完整的评估报告。教师提取评估数据，同时使用基于国家课程标准的"四好评量表"对学生进行"课程本位"的评估，从而为每位学生在集体教学中制定相应的个别化教学目标和教学活动，将个别化教育有效延伸至每一节的集体教学中，全面构建集体课堂中的"一生一案"。

● 荣誉奖项

2017 年"运用 AAC 提升辅读学校自闭症学生沟通能力的本土化实践研究"获得上海市基层教育成果二等奖

2019 年"辅读学校《行为训练》课程指南实施的实践研究"获得上海市中小学德育研究协会第八届课题研究成果一等奖

2021 年上海市依法治校示范校

2021 年上海市绿色学校

2022 年上海市安全文明校园

人文之萃

● 杰出人物

赵绵浩，虹口区密云学校首任校长。获上海市五一劳动奖章、上海市扶残助残先进个人等称号。母子两代特教人，其母亲一手开办了虹口区聋哑学校（虹口区密云学校的前身），赵校长子承母业，长年扎根于特殊教育事业，为虹口特教事业发展做出重要贡献。

谢放，虹口区密云学校前身虹口区聋哑学校教师。第一套《中国手语》编者、《现代汉语常用词手势图解》副主编，并长期担任手语翻译人员培训导师与资格认证考官。

在传承与融通中创新发展
——上海市虹口区红旗小学

🎐 学校之魂

    上海市虹口区红旗小学是一所创办于明嘉靖年间的百年老校，具有丰厚的历史文化和办学底蕴。学校围绕"诚、志、勤、乐"百年校训，始终以"学生至上，信誉为上"为宗旨，坚持铸魂育人，致力于培养会学习、会生活、会做人、会创新的"四会红旗人"。学校拥有一支有凝聚力、创新力、执行力的教师团队，师生双向发展，学校稳健前行，焕发老校风采。

    校徽整体基调为中国红，选用篆刻印章形式，寓意传承中华传统文化，传承党的红色基因，凸显学校红色文化。篆文"红旗"是校名的体现，以古朴的文字叙述悠久办学历史，一代代红旗人薪火相连，不忘初心，传承"诚、志、勤、乐"的红旗校训。印章"红旗"是庄严的承诺，既是对党和国家担负为党育人、为国育才的庄严承诺，也是对百姓办人民满意教育的庄严承诺。

🎐 办学之思

    姚远，学校党支部书记兼校长。主持上海市课程领导力子项目等多项市级课题，开发主持了上海市教师培训课程"小学语文中年段活动作文教学指导"，编著《学校课程共同体建设的创新与实践》等。

获上海市园丁奖、上海市三八红旗手、上海市优秀家庭教育管理者等。她带领红旗团队紧跟时代脉搏，在传承与融通中谋求创新发展，优化育人蓝图，打造"活力"课堂，坚守教育理想，涵育担当民族复兴大任的时代新人，持续推动学校高质量发展。

教学之本

● 名师风采

李莉，高级教师。获首届长三角班主任基本功大赛一等奖、上海市教育年度新闻人物、上海市十佳班主任、上海市优秀班主任。

史芳颖，高级教师。获全国体育课堂评比一等奖、上海市教学评比一等奖、上海市魅力教师、上海市优秀德育工作者。

黄爱萍，高级教师。获虹口区语文学科技能评比一等奖、上海市园丁奖。

陈燕，高级教师。获上海市金爱心教师、上海市优秀辅导员、上海市优秀家庭教育管理者。

冯春海，高级教师。获虹口区课堂教学评比、单项技能、解题能力比赛一等奖，上海市园丁奖。

● 特色课程

学校红色文化课程以百年校训"诚、志、勤、乐"为主线，设置诚信课程、励志课程、勤朴课程、乐学课程，涵盖"自主问题探究""动手实践体验""人文修养感悟""活动创意发展"四个板块，开设四十余门课程。在课程学习中，激发学生的爱国热情和民族自豪感，传承红色基因，厚植爱党爱国情怀，涵育时代新人。

● 学生代表

成逸，20 世纪 30 年代毕业生，曾任新四军军部卫生部教育干事、华东总院三野卫生部处长。

沈子华，1962 届毕业生，曾任宝山区教育局局长，获上海市劳动模范称号，退休后致力于教育事业。

韦明，1974 年毕业于红旗"五·七"学校，曾任招商局控股公司总经理，退休后致力于公益事业。

瞿菁，1983 届毕业生，正高级教师，现任虹口区东余杭路幼儿园特级园长。获上海市园丁奖、上海市五一劳动奖章、虹口区拔尖人才等称号。

袁应骏，1996 届毕业生，现任上海市公安局数据处五科科长，多次获个人记功及嘉奖。

● 品牌活动

2016 年至 2017 年，学校先后接待第九届全球健康促进大会与会外宾及国家卫计委宣传司副司长等领导，展示健康教育工作。

2017 年，学校丝竹乐队与挪威音乐家进行艺术交流。

2018 年和 2019 年，学校承担中英数学教师交流项目。

● 荣誉奖项

世界健康促进学校

全国红旗大队

上海市文明校园

上海市依法治校示范校

上海市行为规范示范校

上海市家庭教育示范校

人文之萃

● 杰出人物

李资坤，字伯生，明嘉靖十五年（公元 1536 年）创办曲江小学义塾，即红旗小学前身。

林锋，原党支部书记，注重少先队建设，获全国少年儿童先进工作者称号，后任宝山区教育局副局长。

陈南生，原校长，重视青年教师培养，获全国优秀教师、上海先进工作者称号，后任宝山区教师进修学院名誉校长。

周品仙，原教师，首批语文特级教师，低年级语文识字教学在市内有一定影响。

岑雅云，原教师，首批小学高级教师，获全国优秀班主任、上海市优秀辅导员称号。

● 学校景物

石狮子是红旗小学历经变迁后唯一遗留下来的老物件。

红旗小学红色的教学楼展示时代发展、学校新貌。

交通安全教育体验基地实现资源共享，面向全区开放。

"丰美"教育，悦享成长

——上海市虹口区丰镇第一小学

学校之魂

上海市虹口区丰镇第一小学践行"以美立人，和谐共进"的办学理念，秉持"求真、求善、求美"的校训精神，致力学校文化建设，形成"融合协同"的校风、"智教乐研"的教风和"勤学善思"的学风。确立"以美的教育启迪美好人生"的学校核心价值追求，坚持走"'尚美文化'引领发展，'丰美教育'铸就品牌"的创新发展之路，塑造"心中有爱、肩头有担、腹中有墨、眼里有光、手上有艺"的"丰美"教师，培育"品行好、学习优、身心健、才艺强、劳动勤"的"丰美"学生，努力办好一所家门口的新优质学校。

校徽中心图案的整体是一只蜜蜂的形态。"丰"同"蜂"，且与学校六边形教室相契合，下方是一本书的形态，书中蕴含着校名中的"丰"字，且整体形似一个"美"字，寓意丰镇一小新时代师生"丰美"形象。

办学之思

瞿晓意，上海市虹口区丰镇第一小学党支部书记兼校长，高级教师。她深耕教育，守望初心，带领全校教职工坚持文化与教育共融、传承与创新并重，以"德育为先、五育融合"为指导，践行"丰美教育"，以其丰富的内涵，为学校全方位立德、全过程育人提供独特视角和有力支

持。围绕"依微育美、以小养情"核心项目积极开展"六微"行动，推动学校教育发展，促进师生共同成长。

教学之本

● 名师风采

王勇华，体育高级教师，现任副书记、副校长，市群众体育先进个人，市优秀体育教师。获区园丁奖、区新长征突击手称号。参与全国义务教育阶段《体育与健康》教师参考书的部分编写，多次获市、区科研论文及课堂教学评比一、二等奖。

顾文，信息科技教师，现任副教导主任。获市中小学青年教师教学评选活动一等奖，所带信息科技教研组被评为区优秀教研组。

朱莹迎，英语教研组长，校教科研中心负责人。多次参与市、区级教学评比获奖，所带教研组被评为区先进教研组。

● 特色课程

Funny Play 戏剧课程。作为区中小学戏剧联盟成员单位，为打造艺术教育品牌，学校成立了"Funny Play 异想剧社"。社团以音乐剧和话剧为主要表现形式，讲述当代少年儿童成长故事，展现他们积极进取、奋发向上的精神风貌。社团编排的剧目多次在市、区级展演中获一等奖佳绩。

觅影时光课程。胶典影像课程是融科技与艺术为一体的综合特色课程。通过课程学习，让学生在接受摄影教育的过程中培养兴趣特长、陶冶道德情操、锤炼意志品质，在自主探究实践中获得艺术熏陶，提升科技素养，发展综合能力。

● 学生代表

周巍，1994 届毕业生，现担任上汽集团首席技师。获全国五一劳动奖章、国务院政府特殊津贴、全国技术能手等荣誉，曾担任奥运火炬手。

韩寿鹏，2017 届毕业生，三级运动员，现就读于澄衷高级中学。获象棋棋协大师称号。

华晨利，2018 届毕业生，现就读于复兴高级中学，连续几年担任区红领巾理事会理事，书法十级证书，作品曾入选市青少年书法篆刻展。

● 品牌活动

学校以戏剧项目为引领，注重艺术素养和人文精神并重，不断彰显戏剧的育人价值,推进学校内涵发展。2017年,《拯救眼睛宝宝》获上海市学生戏剧节校园剧一等奖并参加上海市教育博览会虹口展台演出;2019年,《鳄鱼糖糖与小牙签儿》获上海市少儿口腔健康科普节戏剧竞演活动一等奖;2021年,学校成为第一批虹口区中小学戏剧联盟学校成员单位;2022年,《天呐,爱心被吃掉了!》获第一届上海校园戏剧节优秀剧目奖。

2021年12月,学校执教无人机课程的教师为上海市无人机项目校的教师进行培训指导,并开展现场教学展示活动。

● 荣誉奖项

上海市安全文明校园

上海市依法治校标准校

上海市象棋协会先进单位

上海市教委2018年"中小学舞蹈课程研发"项目首批实验单位

虹口区文明校园

虹口区行为规范示范校

虹口区数字教材实验校

虹口区学生戏剧联盟成员单位

人文之萃

● 杰出人物

程金根,从教38余年,1988年负责筹建丰镇第一小学并受聘为首任校长。建校伊始,提出了"一切为了孩子"的办学宗旨,为学校教育发展做出了贡献,被多次记功表彰。

● 学校景物

独一无二的六边形教室犹如一个个小蜂巢，丰一学子好似勤劳的小蜜蜂，在知识的花海中采撷花粉，酿造出甜美的花蜜。

造型美观的"丰美"亭，色彩缤纷，独具匠心，宛若美育的温床，迎来送往每一位"丰美少年"！

"丰美时光机"长廊用于展示学生优秀绘画、摄影、书法等作品，记录多才多艺、全面发展的"丰美"少年们茁壮成长的美好印记。

让学生体验成长的快乐，让教师实现工作的价值

——上海市虹口区外国语第一小学

🎐 学校之魂

上海市虹口区外国语第一小学是上海市民办尚外外国语小学教育集团中的一所公办学校。学校在转型发展中，以"让学生体验成长的快乐，让教师实现工作的价值"为办学理念，将学习活动与道德养成、文化融合相互渗透，培养学生多元的视角和全面发展的素养。

校徽中诸多细节都体现了教师的教育教学理念和对学生的热爱。校徽外围呈曲线围绕，烘托中间花朵的图形。"H"是虹外一小的"虹"字拼音首字母；"W"是虹外一小的"外"字拼音首字母，同时呈现张开双臂拥抱学生状；"H"和"W"组成花朵，寓意祖国的花朵在教师的呵护下茁壮成长。

🎐 办学之思

王莉韵，现任书记兼校长，正高级教师，全国优秀教师，全国中小学优秀德育课教师，上海市特级教师，特级校长，上海市先进工作者，虹口区领军人才，上海市第四期"双名工程"攻关计划主持人，上海市德育实训基地主持人，虹口区小学道德与法治高地理事长。她认为，学校

发展的终极目标是学生的成长与发展,而学生发展离不开教师的发展。因而,学校的教育教学工作应该是建立在教与学双主体积极性基础上的一种充满乐趣的活动,这种乐趣是师生通过合作和创造性劳动获得良好教育教学效果时所产生的一种积极的情感体验。

教学之本

● 名师风采

王玉娟,科研室主任,一级教师。在第二届"新时代语文教育学术展评活动"中,《"双减"政策下小学语文提质增效的实践探索》获得一等奖,《情境体验,追寻生命的"丰富满溢"》获得一等奖。

张旺,虹口区骨干教师。2020年录制三节上海市小学英语空中课堂,并在2022年上线国家中小学智慧教育平台。多次参与外省市和上海市、区级的教学活动和主题交流,均获得专家和同仁们的肯定和赞赏。

任燕婉,美术高级教师。获上海市园丁奖、首届中青年艺术教师全能比武全市第二名。她的数码绘画作品曾代表中国在全球 DW3 数字绘画比赛中入围并获奖,也是虹口区最先挂牌数码绘画工作室的老师。

● 特色课程

虹外少年奇遇记。该课程通过丰富、可感的形式,记录学生点滴的成长,强调素养导向、凸显经历,让学生在充满童话色彩的"成长空间"(Home of Why)里,尽情释放他们的好奇心与创造力,在与大千世界的奇遇中收获成长。

数码绘画。该课程旨在结合各种软件的优势,针对学生的知识构成,发挥数码操作简便、形式多样的特性,提高师生对创意的敏锐度,让学生在想象的世界里体验数码带来的乐趣,在数码的世界里感受艺术的多样性,提高审美能力。

走进敦煌。该课程旨在挖掘我国传统艺术瑰宝之地——敦煌所蕴含的文化内涵,引导学生在学习、感受和体验的过程中,提升民族荣誉感与文化自信。

● 学生代表

竺翀宇,1997届毕业生,毕业后分别在华师大一附中、复旦附中就读,清华大学毕业,英国华威大学博士,现就职汉高股份有限公司。

● 品牌活动

2018 年 12 月，学校参加了由上海市教委组织的 2018 年外籍人员子女学校伙伴研修项目总结会，校长参与中外校长微论坛，阐述中外课堂教学的特点。

2019 年 6 月，学校承担了由上海市教委组织的上海市暑期校园长培训，就校长视野下的大中小学思政课一体化建设这一话题作主题报告。

2021 年 5 月 28 日，学校参与 2021 第十八届上海教育博览会"话使命，谈育人"上海教育大直播，就"红色铸初心　合力育新人"这一教博会主题作展示发言。

● 荣誉奖项

上海市法治教育示范校

上海市小学生行为规范示范学校

上海市安全文明校园

上海市心理健康教育达标校

上海市第四期"双名工程"道德与法治学科攻关计划基地

全国软式棒垒球实验学校

人文之萃

● 杰出人物

陈展云，曾任虹口区凉城第一小学（上海市虹口区外国语第一小学前身）校长，连任三届虹口区政协委员，其中在第 10 届政协委员会任常委。获上海市先进教师、虹口区先进工作者称号。在"一期课改"期间，开展小学外语教学研究，在区域内具有一定的影响，为学校英语教学特色发展奠定了基础。

● 学校景物

虹外一小的校舍共由四栋楼组成，分别是 H 楼合一楼，代表 Health（身心健康）；O 楼天外楼，代表 Originality（创新实践）；M 楼小荷楼，代表 Mind（灵活思维）；E 楼彩虹楼，代表 Energy（阳光力量）。

"小荷才露尖尖角，无限知识汇其中。"这里有明亮的大堂，每天都会有学生在这里弹奏美妙的钢琴曲迎接师生们入校；这里有宽敞的教室，每天都会有新的知识火花在这里碰撞产生；这里有美丽的花园，每天都能听到书声琅琅……

体验创造奇迹

——上海市虹口区凉城第二小学

学校之魂

上海市虹口区凉城第二小学创建于 1995 年。学校"让每一个学生都能学好，让每一个学生都能创造成长的奇迹"的办学理念，充分挖掘一切有利于学生成长的教育因素，积极为学生创设和谐共生的教育氛围和条件，着力构建具有创新特质的课程平台，引领学生在实践体验的过程中不断自我发现、自我成长，实现培养"美丽的心灵、聪慧的头脑、灿烂的笑颜、明亮的眼睛、灵巧的双手"的育人目标。

校徽的绿色部分是一个写意的"L2"，代表凉城二小，它也像是蜿蜒的树干，十年树木，百年树人，根深才能叶茂，寓意学校教育立德树人的根本任务。五片叶子代表"五育"并举，与学校确立的五个育人目标相契合。

办学之思

丁勇，上海市虹口区凉城第二小学党支部书记兼校长。获上海市园丁奖、虹口区新长征突击手等荣誉称号。她怀揣"深耕凉二，花香虹口"的教育梦想，秉承"让每一个学生都能学好，让每一个学生都能创造成长的奇迹"的办学理念，努力构建

和不断完善具有创新特质的奇迹实践体验课程体系，让学生能追逐自己的梦想，共创奇迹。通过着力打造一支师德自律、专业自觉、学术自信的教师队伍，努力把学校办成百姓信任的家门口的好学校。

教学之本

● 名师风采

潘俊卿，副校长兼英语教师。多次获得上海市英语学科教学评比一等奖，获上海市五一劳动奖、上海市园丁奖。

陈聿敏，综合学科教研组长，区体育学科骨干教师。获区小学体育教师专业技能评比一等奖。

许颖，区数学学科骨干教师。获虹口区中小幼教师课堂教学单项技能评比一等奖、虹口区小学绿色生态课题案例评选一等奖。

邵佳瑛，英语学科教研组长，区骨干教师。获虹口区第十三届科研成果评比一等奖、虹口区中小幼教师课堂教学评比三等奖。

傅景璐，语文学科教研组长，区教学能手。获全国小学语文教学论文大赛二等奖、虹口区中小幼教师课堂教学单项技能评比三等奖。

● 特色课程

学校构建了以"体验创造奇迹"课程理念为核心的"奇迹 π 课程"（MIRACLE-Education）体系，包括语言表达、逻辑思维、科学探索、我与社会、体育健康、艺术审美六个板块的课程，以此激发凉二学生们的多元智能，从而达成学校育人目标，实现学生德智体美劳的全面发展。

● 学生代表

陈蓓思，于学校 1995 年建校时成为第一批学子，在校风的熏陶下产生了从事教育事业的愿望。大学毕业后回母校任职数学教师。任职期间获虹口区园丁奖、教学单项技能评比二等奖。现为区数学学科教学能手。

王智元，2005 届毕业生，毕业于上海理工大学暖通专业，期间获得第十四届"挑战杯"全国大学生课外学术科技作品竞赛三等奖和上海市优秀毕业生。目前就职于上海汽车资产经营有限公司，从事节能减碳、源荷储充与循环利用业务，为国家"双碳"目标贡献力量，多次获公司优秀员工荣誉称号。

● 品牌活动

　　学校作为国家"指南针计划"专项青少年基地校，开展了"I LOVE CHINA，我爱瓷"系列活动，让学生感受陶瓷文化的魅力。2014 年 5 月举办"携手同享千年瓷韵　并肩共创艺术家园"汇报展示活动，获得市区专家领导的好评。2017 年 11 月承办了市级"传统文化育人价值观"拓展专场活动，依托"淘泥巴""十二生肖剪纸""民族体育游戏"等校本课程，展现了学校浓郁的传统文化育人价值观。

● 荣誉奖项

　　国家"指南针计划"专项青少年基地校

　　全国青少年校园足球特色学校

　　上海市绿色学校

人文之萃

● 学校景物

俯瞰凉城第二小学，空中花园和绿茵场是学生的乐园。

足球、陶罐雕塑象征着学校足球与陶艺品牌特色。

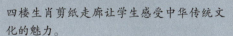

四楼生肖剪纸走廊让学生感受中华传统文化的魅力。

沐光而行，灵动创新

——上海市虹口区凉城第三小学

学校之魂

"每一个学生都重要"是学校的办学理念，"向阳、向善、向上"是学校的办学目标。学校努力打造公平公正的育人平台，开发潜力，发展个性，让每一个学生都能成为最好的自己。

校徽的主色是天空蓝。外圈为同心圆环，寓意着师生凝心聚力，同心同德。内圈"凉三"的首字母构成了一只展翅的和平鸽。蓝鸽迎风翱翔，代表的是凉三师生友善谦和、乐观积极、不断向上的时代精神。

办学之思

袁曼丽，科研高级教师，现任上海市虹口区凉城第三小学党支部书记兼校长。先后获得上海市园丁奖、虹口区教育系统优秀共产党员等荣誉称号。她在工作中充分发挥乐思、善思的特点，尤其注重校本课程的建设与研究。袁校长是一名有能力、有责任、有闯劲、有创新意识的校长。她提倡规范办学、特色办学，坚持以学校优质均衡发展为目标，努力建设过硬的教师队伍，倾心培育阳光自信的学生，

力争把学校办成"家长称心满意、行内声誉良好、社区口碑一流"的家门口的好学校。

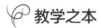 **教学之本**

● 名师风采

刘倩，心理学科高级教师，现任副书记、副校长。她强调培养学生健康的心态及积极情绪在学生成长中的重要意义。获上海市德育先进个人称号、上海市心理辅导课比赛一等奖等，开创了师生团体辅导这一辅导的新形式。编写了心理校本教材等书籍，撰写的文章也多次发表在《大众心理学》《思想政治理论》等杂志上。

崔琳玮，语文学科教研组长。获上海市青教赛一等奖、四城区教学比武一等奖，上海市园丁奖，上海市教学能手等荣誉称号。

● 特色课程

漫游太空。学校是航天科普科技特色学校。2020年，学校升级开发了"漫游太空"校本课程。课程通过有趣的实验、信息化的方式让学生通过动手实践体验永不言败的航天精神。课程项目化的学习方式更是关注学生素养，以真实问题作驱动，促使学生勇于挑战、积极参与，开展不一样的航天科普课程。

丝绸彩绘。学校是区传统文化特色项目学校。学校秉承"学做中国人，学画中国画，写好中国字"的宗旨，开设了丝绸童趣彩绘、经典国画临摹、翰墨书香等社团小组。学生们在学习和实践中养成了优雅、大气、谦和的气质。

● 学生代表

王嘉譞于2007至2010年期间就读本校，毕业于上海外国语大学东方语学院。2018年，担任上海第一届进博会阿富汗代表团波斯语和英语双语随同翻译。2020年，王嘉譞随同教授和同学共同翻译《中国防疫手册》（汉波对照版），将中国宝贵的防疫经验分享给伊朗同胞。

● 品牌活动

近年来，学校开展"小学推进家风建设的策略研究"。学校充分挖掘家风建设的关键因素，对家长如何建立符合自家特色或需求的文化风格、如何培养学生"向阳、向善、向上"的品格进行有针对性的培训指导。家校联手，亲子式的"家风传承发扬"活动，共同优化学生们的成长环境。2017年，此课题获中国教学学会论文一等奖，学校也成为上海市家庭教育基地校。

● **荣誉奖项**

上海市依法治校示范校

上海市行为规范示范校

上海市安全文明校园

上海市红旗大队

上海市绿色学校

人文之萃

● **学校景物**

学校教学楼东侧墙上刻写着"向阳、向善、向上"的办学目标。彩色的蒲公英充满朝气，与另一侧的校徽标志交相辉映，构成了具有较高辨识度的学校一景。

"丝绸多彩之路"创新实验室与同楼层的美术教室形成风格统一的整体，在承担丝绸彩绘课程的教学之外，也是美术教研活动、社区文化交流的基地。

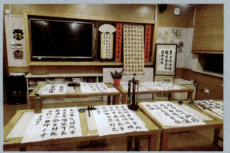

一切为了师生的快乐智慧成长

——上海市虹口区凉城第四小学

🎼 学校之魂

秉承办学特色的传承，落实学生核心素养的培养，学校以"乐·智"双谐发展为核心，围绕"以师为基，以生为本，追求师生共同发展"的办学理念，以智启智，以乐育乐，让每一个学生"快乐、智慧"成长。

校徽中渐变的两条彩带，首尾相连，相互支撑，组成了大写字母"L"和"Z"，代表"乐·智"，是学校发展的内核，也是师生共同追求的目标。校徽选用红、黄、蓝三种颜色，蓝色寓意智慧，红色代表快乐，黄色充满希望。红、黄、蓝又称三原色，是万千颜色的基础，预示着学校将尊重学生个性，因材施教，不拘一格培养人才。

🎼 办学之思

周吉，语文高级教师，上海市虹口区凉城第四小学书记兼校长，市第四期双名工程"种子计划"成员，虹口教育系统三八红旗手等。她以"乐·智"双谐发展为主线进行整体规划，构建"乐智"课程，探索"乐智"课堂，促进课程教学优质转化。建立"乐智·行者"人才培养机制，提升教师的专业自觉性与创造力。教育，在每个阶段都有其阶段的重点，但"育人"的初心是永远不变的。"乐·智"教育，一切为了师生的快乐智慧成长。

🖋 教学之本

● 名师风采

虞继红，随班就读高级教师，科研室主任，虹口区园丁奖获得者，区科研工作先进个人，区优秀教研组长。获上海市特殊教育资源应用案例二等奖。

杨业骏，数学一级教师，大队辅导员，虹口区园丁奖获得者，援滇教育先进工作者，区数学骨干教师。他辅导的大队连续三年工作考评优秀。

宋薇，语文一级教师，虹口区十佳班主任。获上海市班主任基本功大赛三等奖、市"家校合作中的创意"征文评比二等奖、市少先队活动课说课大赛三等奖。

● 特色课程

"乐智课程"体系构建坚持五育并举，结合"明德、乐学、强智、富能"校训，囊括了"明""乐""智""能"四维度课程群，从校本"自"开发到资源"优"引进，落实"双减"，进一步满足学生、家长的实际需求。"'叹'为观纸""魔力吸管""魅力泥塑""三角折纸"等六门校本课程被评为虹口区达标科目，其中"'叹'为观纸"被评为虹口区精品科目。

"少年行，知天下——少先队红色行走活动课程"依托序列化的社会实践活动，引导广大少先队员通过线上与线下行走考察、采访记录、讲述拍摄等形式，用实际行动赓续红色血脉，身体力行争做"红色文化"代言人。

● 学生代表

马明宇，1998 届毕业生，目前就职于母校凉城第四小学，语文一级教师，区双名工程"种子计划"成员，区人才梯队教学能手。获市教师钢笔字大赛区县青年组二等奖、市小学语文教学优秀论文评比三等奖、区三年教师教学基本功大赛综合一等奖等。

李晓洁，1998 届毕业生，曾多次被中华人民共和国人力资源与社会保障部聘为世界技能大赛的技术翻译。2015 年获得巴西圣保罗世界技能大赛信息网络布线项目铜牌；2017 年获得阿布扎比世界技能大赛信息网络布线项目金牌，并受到国务院总理李克强接见；2019 年获喀山世界技能大赛工业机械装调项目铜牌；2022 年获得世界技能大赛特别赛数控车项目金牌。

● 品牌活动

2018 年 11 月，学校接待了芬兰于韦斯屈莱大学专家代表团，共研两国融合教育之路。

2019年4月，学校以"多元调整，精准施教"为题，率先在上海市随班就读课程整体设计与实施研训活动上展示学校的研究成果。

2022年12月，学校承办了"数字虹教 虹新育人"数字化教学汇报展示周馆校联动专场（第二场），通过公开课展示和专题汇报，呈现学校整合校内外线上线下多种资源进行教育创生、赋能课堂、融合信息技术、创建多元化育人的新模式。

● 荣誉奖项

上海市安全文明校园

上海市依法治校标准校

上海市花园单位

上海市中小学（中职）劳动教育特色校

上海市小荧星艺术进校园示范校

上海市特殊教育先进集体

虹口区文明校园

虹口区"基于教学改革、融合信息技术的新型教与学模式"信息化实验校

人文之萃

● 学校景物

俯瞰"乐智"草本花"慧"园，曲径通幽，学生们的体验乐园。

徜徉"乐智"文化长廊，潜移默化，学生们的成长家园。

求真务实，和谐共生

——上海市虹口区复兴实验小学

学校之魂

上海市虹口区复兴实验小学地处虹口北端新建的大型社区——彩虹湾，创办于2017年9月。五年多来，学校坚持高起点、高标准、高要求的办学方向，立足根本，多元创新，以"求真、向善、健体、怡情"为育人目标，致力培养具有较高综合素质的未来社会公民，积极打造富有鲜明特色的优质公办小学。

校徽以蓬勃向上的饱满麦穗为外框点缀，紧紧围绕镌刻在书本上的"复兴"这一关键词。麦穗象征教师为人师表、谦虚谨慎、无私奉献的职业道德；"五星"和书本上篆刻的"复兴"，象征着学校坚守为党育人、为国育才的教育使命，传承并弘扬中华民族伟大"复兴"精神。校徽颜色以暗红色为主，烘托了学校固本强基、稳定发展的办学展望。

办学之思

司徒琼，语文学科高级教师，学校首任校长兼虹口区小学第五党总支书记，虹口区扬帆教育联盟主任，虹口区党代表，区双名工程"种子计划"管理团队领衔人，虹教系统骨干校长梯队成员。自2017年建校之初，她就带领着全体教职员工以

"求真务实、和谐共生"为办学理念,努力把学校打造成学生乐学、教师善教、家长满意、社会认可、可持续发展的优质学校。

🖉 教学之本

● 名师风采

李琼,一级教师,第五工会工会主席,复兴实验小学党支部副书记,2021年获上海市园丁奖。

卢珍,教导主任,虹教系统干部梯队和专业人才梯队第四梯队成员。2018年获上海市小学语文教学优秀论文评比活动一等奖,2021年获虹口区园丁奖。

王绚丽,音乐学科高级教师,教导副主任,虹口区音乐学科中心组成员,2016—2021学年虹教系统骨干教师。获上海市器乐教学比武一等奖,参与了上海市空中课堂、上海市小学音乐拓展资源——即兴伴奏的录制与指导工作。

● 特色课程

学校自开办之初就确定了"求真、向善、健体、怡情"四个维度的学生培养目标,以此为核心制定课程计划,逐步开发并完善除基础型课程以外的素养课程。素养课程以开阔学生社会视野、丰富学生文化底蕴、规范学生言行举止为目标指向,通过智趣课程、修身课程、跃动课程三大板块的设计与实施,促进五育并举、德智融合。

● 学生代表

仇睿池,2021届毕业生。2020年获虹口区"鲁初杯"摄影展示三等奖;2021年校园影视多机位创作比赛虹口区一等奖、市级三等奖。学校首届大队委,曾带领大队委员们开展了系列"红色"主题活动:"复兴党史小讲堂""寻访红色足迹""云游美丽中国"等等,引领队员们知党史,颂党恩。参与儿童抗疫网剧《红领巾行动》的录制。

● 品牌活动

结合重大节庆契机,学校开展特色献礼活动,2019年国庆前夕举行的"庆祝新中国成立70周年"仪式教育活动被推送到"学习强国"平台。

2021年6月9日举行"复兴学子心向党 精武文化润校园"庆祝中国共产党成立100周年暨非遗文化进校园主题活动。

2020学年,学校音乐剧社团排演的《小马呱嗒嗒》获区艺术节戏剧表演二等奖,《半截铅笔》获市"龙华魂"青少年红色戏剧比赛特等奖。

● 荣誉奖项

全国青少年校园足球特色学校

上海市安全文明校园

上海市依法治校标准校

上海市绿色校园

上海市中小学心理健康教育达标校

武术段位制普及推广试点校园

人文之萃

● 学校景观

进入学校大厅，看到的是一面镌刻着学校校徽和校风的文化墙，"求真、向善、健体、怡情"以小篆方式刻在大理石墙面上，代表着学校努力将中国传统文化与现代教育相互交融的教育理念。

将学校原有物理空间进行改建，结合办学要求、人文特色，打造学生友好环境，为融合教育的实施和生态学科教学提供场域。

创建一个适合学生室内运动的体育场馆，组织武术、跆拳道、舞蹈的教学与训练等。

为了每一个孩子的幸福人生

——上海市民办丽英小学

学校之魂

上海市民办丽英小学自 1998 年创立以来，践行"以多元智能开发闪亮学生智慧、以精美艺术教育张扬学生个性、以现代信息思想奠基学生未来"的办学理念；

坚持立德树人、守正创新，关注每一个孩子的生命价值，努力为每一个孩子的终身学习与发展、实现幸福人生奠定扎实基础。

校徽中"丽英"首字母组合的"幼苗"跳跃在五线谱上，寓意学校特色建设起步于艺术教育，更寓意了丽英是梦想开始的地方，孩子们将如茁壮成长的幼苗，奏响幸福人生的美好乐章。

办学之思

李平，现任校长，高级教师，市教委教研室专家库成员。获区先进工作者、区园丁奖、区三八红旗手等荣誉称号。她带领团队始终以"育人方式变革和优质特色发展"为引领，努力建设现代化一流学校。育人方式变革，即以人为本，从三个维度践行"以学生发展为本，以教师发展为本，

以服务家长为本"的管理思想；坚持德育为先，能力为重，关注经历，实现"五育"融合的育人方式变革。优质特色发展，即加快内涵发展，做强学校品牌，凸显信

息化教育特色和艺术教育特色，培养特长明显、个性展露的可爱丽英人。

🎵 教学之本

● 名师风采

张军，校科研室主任，上海市园丁奖获得者，市二期课改小学自然学科教材特约撰稿人，市中小学教师信息技术应用能力提升工程专家组成员。

龚华，获中央电教馆信息技术与学科整合课评比语文学科一等奖、市民办中小学协会教学评比一等奖、区教学评比一等奖。

徐燕，区小学数学学科中心组成员，曾任区小学数学兼职教研员。获市中青年教师教学评比二等奖、区教学评比一等奖。

陈倩蓉，市数字教材项目核心组成员。获市中青年教师教学评比一等奖。

● 特色课程

基础型课程。在严格执行课标的基础上，围绕核心素养培养目标，依托数字化转型，完善基础型课程的校本化实施，从多个维度对国家课程进行深度开发。

拓展型课程。依托信息技术重构兴趣活动类校本课程，开发、实施了 24 个依托信息技术实施的科目。

"走进京剧聚焦脸谱"中高年级系列项目化学习课程。通过项目化学习方式引导学生跨学科自主探究，从而传承国粹，增强文化认同感。

● 学生代表

夏天麒，2003 届毕业生，单簧管演奏家，上海音乐学院本科，美国辛辛那提大学博士。获香港国际单簧管比赛优秀演奏奖、纽约卡内基古典音乐比赛第一名，多次在卡内基音乐厅、贺绿汀音乐厅、上海东方艺术中心、上海音乐厅、林肯中心等地举办专场。

徐梦乔，2005 届毕业生，上海交通大学博士，任职于上海交通大学医学院附属第一人民医院。研究生国家奖学金获得者，上海交通大学优秀毕业生，市三好学生，优秀学生干部，优秀住院医师，江绍基院士优秀住院医师，主持国家自然科学基金项目和上海市启明星计划。

包昱嘉，2005 届毕业生，美国硅谷机器学习科学家，上海交通大学本科，美国麻省理工学院博士。在机器学习和生物医学领域的顶级会议及期刊发表十余篇论文。

张耿宇，2007 届毕业生，北京大学本科，美国哥伦比亚大学硕士，任职于海通证券研究所。获市十佳少先队员称号，两次中国数学奥林匹克竞赛金牌并入选国家集训队。

陈雨阳，2015 届毕业生，现华东师范大学第一附属中学在读，校学生会主席，区共产主义学校临时团总支书记，2021 年区三好学生、2022 年区十佳新时代好少年获得者，市学联高中生代表。

● 品牌活动

举办教育信息化系列示范辐射活动。2010 年 4 月，承办上海市基础教育信息化研讨活动。2010 年 12 月，承办区"部市合作项目《开展数字化课程环境建设和学习方式变革试验》试点"启动仪式。2011 年 5 月，承办上海市"教育部体制改革电子书包项目"现场推进会。2015 年 4 月，参加第四届白玉兰国际教学论坛进行教学展示并做汇报。2015 年、2016 年，承办上海市数字教材应用研究交流展示活动。2014 年至 2021 年，先后 6 次举办上海市民办中小学信息化教学学科基地展示活动。

● 荣誉奖项

教育部首批教育信息化试点优秀单位

全国民办学校特色建设示范校

上海市基础教育教学成果评选一等奖

上海市中小幼教育信息化先进集体

上海市教育科学研究院学校教育科研成果二等奖

人文之萃

● 杰出人物

孙幼丽，丽英小学创始人，原校长、书记。先后被评为全国劳模、上海市劳模、上海市特级教师、虹口区拔尖人才，享受国务院政府特殊津贴。

● 学校景物

繁花长廊　　　　　　　　　　　　书香阅读吧

培养大方、大度、大智的阳光少年

——上海市民办尚外外国语小学

🎕 学校之魂

上海市民办尚外外国语小学由虹口区人民政府和上海外国语大学于 2005 年合作共建，由万江置业有限公司投资举办。沿袭上海外国语大学"海纳百川、胸怀天下"以及"向上、向外"的学校精神和文化品质，围绕"中国情结、国际视野"

教育理念，形成德育为先、外语特色、五育融合、创新实践的校园文化，培养学生"大方、大度、大智"品质。

校徽上印着"NO END TO LEARNING（学无止境）"，茁壮的橄榄枝代表使命与担当；红蓝帆船图案寓意在成才的海洋中乘风破浪。"SFLPS"是英文校名 Shangwai Foreign Language Primary School 的缩写。

🎕 办学之思

杨蕴敏，语文高级教师，现任书记兼校长，上海市民办中小学协会副会长，上海外国语大学基础教育（小学）师资培训基地主任。她带领管理团队坚持"中国情结，国际视野"的教育理念，积极实践以"三大品质""九大核心素养"为校本化育人目标的课程建设，不断搭建师生多元发

展平台，致力于培养学生成为品行规范、身心健康、外语能力突出、学业基础扎实、个性特长凸显的阳光少年。

教学之本

● 名师风采

冯洁，语文高级教师，副校长，虹口区十佳青年教师，上海市普教系统名校长名师培养工程对象。获上海市中青年教师教学评比一等奖。

金蓓玲，语文高级教师，教导主任，虹口区小学语文学科带头人。获全国小学语文教师素养大赛一等奖、上海市中青年教师教学评比一等奖。

邢洁，英语高级教师，教育集团英语学科指导，原虹口区小学英语学科带头人，上海市民办中小学中青年优秀教师团队发展计划领衔人。获上海市英语教学评比一等奖、上海市民办中小学英语教学评比一等奖。

曹文娟，数学高级教师，副教导主任，虹口区小学数学学科带头人。获全国小学数学教学评比一等奖、上海市中青年教师教学评比一等奖。

奚敏，英语高级教师，副教导主任，虹口区小学英语学科带头人，上海市民办中小学中青年优秀教师团队发展计划领衔人。获上海市英语教学评比一等奖、上海市民办中小学英语教学评比一等奖。

● 特色课程

"英语FOOT课程"是学校构建的基础课程Fundamental、特色课程Original、自选课程Optional和拓展课程Team Activity"四位一体"的校本特色课程。FOOT寓意着打好英语学习基础。

"学说上海话"通过童谣、绕口令等方式学习掌握常用的上海方言词汇，创编沪语情景剧，讲好"上海故事"。该课程荣获上海市民办中小学优质校本课程。

"OM头脑风暴"重在开发创造力，培养创造精神和团队合作精神。学校OM社团7次获中国头脑奥林匹克创新大赛第一名，5次参加世界比赛；荣获2次世界冠军、1次亚军。

● 学生代表

王涵中，2007届毕业生，2018年进入外交部工作，现外派至中华人民共和国驻新西兰使馆工作。

童时杰，2016届毕业生，现就读于上外附中。从小关注环保，极富责任感。

2016 年赴北京出席第七次全国少先队代表大会。

唐小博，2022 届毕业生，现就读于上外附中。2020 年度全国优秀少先队员，2020 年出席第八次全国少先队代表大会，2022 年荣获宋庆龄奖学金。

● 品牌活动

"走进世界"双语主题活动集文化性、艺术性、综合性于一体，让师生领略五大洲的风土人情。2019 年起，融入主题化、综合化的场馆体验活动，不仅开阔国际视野，更重在讲好中国故事。上海教育电视台和东方网多次进行报道。

● 荣誉奖项

全国优秀民办中小学

特色建设先进学校

办学特色示范学校

上海市文明校园

上海市行为规范示范校

上海市头脑奥林匹克活动特色校

上海市校园文化建设"一校一品"特色学校

人文之萃

● 杰出人物

王石兰，学校首任校长，曾被评为全国中小学先进德育工作者。现任全国外国语学校工作研究会小学分会会长。办学经验丰富，荣获诸多荣誉，牵头成立了小学分会和全国外国语小学教研联盟。

朱萍，学校首任书记兼校长，曾被评为全国优秀外语教师、上海市优秀教育工作者。现任全国外国语学校工作研究会小学分会秘书长。

祁承辉，英语特级教师，上海市教委教研室小学英语教研员，上海市英语教师专业委员会常务理事。

● 学校景物

校训墙，学校秉承上外附中"自强、至诚、致远"的校训，不断提醒学生修身自立，具备忠诚品质，奔向远大目标。

创智慧校园，育智慧学生

——上海市民办宏星小学

🖋 学校之魂

  学校创办于 1996 年，以"创智慧校园，育智慧学生"为办学理念，树立"争创一流、追求卓越"的办学宗旨，坚持科研引领学校发展。学校通过"日知成智，心丰则慧"的课程建设，培育学生智慧的能力、精神与人格，实现"启智、养慧，行于至善"的育人目标。

  校徽圆心中的"红星"与"宏星"谐音。围绕红星，手牵手、心连心的宏星学子徜徉数学与科学、数学与生活、数学与人文、数学与自然、数学与规范五个领域，体验全方位的学习经历。圆也孕育着"超越、求真"的宏星精神。

🖋 办学之思

  季翌丽，中学语文高级教师，现任书记兼校长，宏星教育集团总校长，上海市第四期"双名工程"虹口区"种子计划"管理团队领衔人。获上海市园丁奖。她以"多元智能促发展，多彩艺术扬个性，创客教育向未来"的教育理念，打造创客数学特色学校，实施智慧德育，开展智慧教学，建设智慧教师队伍，着力培养有学养、有修养、有信仰的宏星学生。

教学之本

● 名师风采

吴佳琪，副书记，区骨干教师，市普教系统优秀青年校园长培训班成员。获虹口区园丁奖。

许群，工会主席兼办公室主任。获虹口区园丁奖。

唐晔华，科研主任，市民办数学学科基地主持人，区骨干教师。获全国科研工作先进个人、区课堂教学评比一等奖。

蔡泽欣，教导主任，区骨干教师。获市民办青年教师教学评比一等奖、市中小学优秀案例设计大赛二等奖。

肖彩虹，副教导主任，区学科带头人。获市长周期探究优秀项目一等奖、全国及市区级科技比赛优秀指导奖、区教学技能评比一等奖，入围市民办中小学首届"育人教书"能手。

● 特色课程

"智慧'树'数学特色课程"通过数学视角，与时代、生活及同伴对话，培养探究意识和创新意识，包含应用系列"生活金钥匙"、活动系列"智慧金钥匙"、实验系列"科学金钥匙"。

"创客梦想系列课程"包含人工智能、搭建和编程三个模块，学生在开放共享的科创平台中，嵌入科创意识，培植通用技术素养，获得多元成长体验。

● 学生代表

陈昭聿，现就读于上外附中"一带一路"班。2019 年，彭丽媛女士陪同法国马克龙总统夫人布里吉特女士到访学校，其作为品学兼优的学生干部向元首夫人献花。

伍百川，保送北京大学数学英才班，现就读于北京大学数学学院。曾获第 34 届上海市优秀中学生君远奖，初二参加 AMC12 成绩排名全球前 1%，2021 年全国高中数学联合竞赛一等奖并位列上海赛区第一名。

郁远承，本科就读于麻省理工学院，曾参加美国数学邀请赛获满分。现于伊利诺伊大学攻读博士学位，在 IBM 人工智能实验室实习，并在 ICALP、SWAT 等会议上发表论文。

王天路，现就读于康奈尔大学。获中国语言学国际奥林匹克决赛个人金牌、团队银牌。2019 年美国十项全能荣誉组决赛银牌，总分铜牌。

陈天皓，现就读于华师大一附中，自初中起多次代表学校参加 VEX-EDR 机器人比赛、CIC 人工智能机器人大赛、无人机项目活动等均获奖项，并接受第一财经专访。

● 品牌活动

2014 年 12 月，"智慧'树'数学特色课程"引领学校持续发展项目在上海市民办特色学校校长论坛中展示。

2017 年 12 月，在第二轮上海市民办小学数学学科基地展示中，学校挖掘特色发展新的创生点，提出"数学与创客课程开发实践"的命题。

2020 年 10 月，在第二轮上海市民办学科基地结题中，学校以"数学小课堂，学生大智慧"为主题在全市作了交流发言，分享实践经验。

2022 年 11 月，学校承办"上海市义务教育项目化学习三年行动计划市级专题研讨与展示活动暨上海普教科研 40 年系列学术活动"，辐射市、区级项目实验学校。

● 荣誉奖项

全国特色建设先进学校

中国教育学会科创教育发展中心实验学校

上海市第一轮民办特色项目学校

上海市第二、三轮民办特色学校

上海市第一、二、三轮民办数学学科基地

上海市义务教育项目化学习三年行动计划实验校

人文之萃

● 杰出人物

许佩莉，学校创办人，全国民办优秀校长。她办学思路开阔，治校严谨，坚持"科研引领，目标管理"的办学思路，在"争创一流，追求卓越"宏星精神的感召下，让宏星成为了虹口的一张名片。

● 学校景物

校园里，融合中国传统园林艺术的音乐生态园，为学生搭建绽放个性风采的舞台。

四方天地间，学生走进自然，开展城市农耕，感悟生命真谛，收获成长。

创新实验室，是供学生进行多样创客课程学习的开放实验室，全面提升学生综合素质。

让师生乐于学习

——上海市民办四中心实验小学

学校之魂

上海市民办四中心实验小学创办于 2015 年，隶属于虹口四中心教育集团，共享集团课程、师资、管理等教育资源。学校以课程建设为载体，通过多元学习活动，开阔学生视野，激发学习内驱力，强基固本，提质增效，使每一个学生获得持续、全面发展。

校徽中的红、绿、黄三色图案，象征祖国的花朵、飞翔的鸟儿、欢乐幸福的童年，寓意学生在学校、家庭、社会协同教育下，快乐学习，健康成长。盾形代表着学校致力于学生终身发展的职责。

办学之思

张健，数学一级教师，上海市民办四中心实验小学校长，两次荣获上海市园丁奖荣誉称号。她提炼自己从教40 年的经验，依托四中心教育集团的力量，与她的团队一起致力于课程的守正创新，融合开放，以培养"品格健全，学识扎实，具有国际视野、家国情怀"的学生为目标，着力打造一所高起点、高标准的优质民办小学。

教学之本

● 名师风采

郑颖，德育高级教师，上海市"双名工程"攻关成员，区"种子计划"领衔人，区德育学科带头人。获上海市家庭教育优秀指导者、市优秀班主任、市见习优秀指导教师、区三八红旗手等荣誉称号。

杨燕容，语文高级教师，上海市"双名工程"袁晓东小学语文攻关团队成员，区袁晓东学科高地研修团队成员，区"种子计划"领衔人。获全国小学语文教师素养大赛特等奖、上海市语文教学优秀论文一等奖等奖项。

许斌，语文高级教师。获全国优秀教师、优秀支教教师、区教育系统十佳优秀共产党员等荣誉称号，获区课堂教学单项技能评比三等奖。

万琳，数学高级教师。获虹口区园丁奖、《现代教学》年度优秀教学论文一等奖、区小学数学教师论文比赛二等奖。曾参加中英数学交流项目赴英教学。多次参加区课堂教学展示、区数学技能比赛并获奖。

汤丽琴，英语一级教师。获上海市英语教学评比一等奖、区英语教师课堂教学评比一等奖、区英语教师演讲比赛一等奖，获区小学英语骨干教师、区教育科研工作先进个人等荣誉称号。

● 特色课程

IPA 课程，即综合实践活动课程（Integrated Practice Activity，简称 IPA），以虹口四中心教育集团"课程统整理念下的小学协同教学实践研究"课题为指引，融合基础型、拓展型和探究型三类课程的学习内容，通过探究型课程学习为学生带来学科统整的学习经历。课程从学生的兴趣出发，构建了"我与自我""我与自然"和"我与社会"三大模块主题序列，通过猜测、观察、简单科学实验、记录、结论等过程，培养学生的问题意识、探究技能和科学精神，提高学生发现问题、解决问题的能力，践行发展理念。

● 学生代表

潘宸悦，2020 届毕业生，现就读于上海市民办新华初级中学，获虹口区优秀少先队员称号、全国青少年奥林匹克竞赛优秀创意奖。

葛佳莹，2020 届毕业生，现就读于上海市民办新复兴初级中学，获上海市优秀少先队员、虹口区新时代优秀少先队员称号，"新沪杯"中学生法律知识竞赛一等奖。

● 品牌活动

"五"礼"十"节为德育品牌活动。学校立足中国传统文化，通过在不同年级开展"入学礼""起航礼""成长礼""追梦礼""毕业礼"以及十大重要节日纪念活动，构建学校、家庭、社会三位一体的学生成长阶梯活动体系，以对学生的终身发展产生持久的影响。

● 荣誉奖项

上海市安全文明校园

上海市绿色学校

虹口区文明校园

人文之萃

● 杰出人物

陈珏玉，教育管理正高级教师，特级校长，现任四中心教育集团理事长，虹口区第四中心小学书记兼校长。2015年指导参与筹建民办四中心实验小学。2016年起，全面领导集团各项工作。目前她还兼任中共虹口区小学第四总支部书记，思同教育联盟领衔人，上海市教育学会小学管理专业委员会委员，长三角和区后备干部培训基地带教导师，虹口区人大代表、党代表。主编《课程统整理念下的小学协同教学实践研究》《再论协同教学》《协同教学：意蕴与智慧》《协同教学三策》等书籍。

● 学校景物

创新实验室是学生们开展创新活动的乐园，这里有配套齐全的乐高、机械结构搭建等各类活动器材，学生可以根据主题活动方案，学习程序编写，开展基于问题解决的各类综合实践活动。创造意识和创新能力从这里启航。

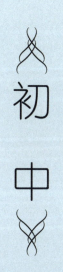

初中

以多元课程资源打造绿色生态教育
——上海市长青学校

🎷 学校之魂

上海市长青学校以"厚德明智，修身成才"为校训。学校所打造的"箐箐长智"九年一贯制"新童蒙"校本课程体系引导学生从小树立正确的人生观和价值观，促进核心素养有效形成，"厚德""明智"相辅相成，童蒙养正，少年养志，助力学生修身成才。

校徽上方镌刻着学校的办学理念：为学生一生发展奠基。正中的幼苗寓意着莘莘学子在长青茁壮成长。

🎷 办学之思

江鞞，上海市长青学校党总支书记兼校长，上海市巾帼建功标兵，虹口区新时代奋斗先进个人，现任虹口区人大代表、党代表。在传承学校童蒙文化的基础上，学校领导班子解读和赋予其新内涵，构建学校文化理念系统，聚焦核心课程，探索以学生发展为本的主体性活动教育的文化特质，开发符合九年一贯制规律的"新童蒙"校本课程，致力于为学生打造广而精的"T"形知识体系，培养学生的思考能力、学习能力，润泽学生生命成长。

🕮 教学之本

● 名师风采

郭斌，高级教师，学校党总支副书记，副校长，上海市初中英语学科中心组成员，全国版义务教育初中英语教材核心作者。参与上海市空中课堂 2.0 和 3.0 拍摄，主持上海市网络研训课程与教育学会规划课题。

王颖春，高级教师，区美术学科中心组成员，骨干教师，市美术学科教材、教学基本要求审读组成员。

陆秦岭，高级教师，小学部教导主任，区骨干教师，曾三次参与了"中英数学教师教学交流项目"。

陆卫兵，高级教师，区初中数学"种子计划"团队领衔人。获 2020 学年虹口区基础教育人才梯队成长叙事案例报告评选特等奖。

浦益淼，高级教师，拓展学科教师，综合教研组组长。多年来，她不断钻研和完善校本拓展型课程"魅力折纸"和"硬笔书法入门"，这两门课程成为深受学生喜爱的特色课程。

● 特色课程

秉持"为学生一生发展奠基，成就每一个孩子的梦想"的办学理念，学校的"新童蒙"校本课程体系通过四大板块课程（民族文化、创新实践、艺术情趣、体育健身），培养学生自主学习的兴趣，促进学生的个性化发展，实现"蒙德"以成人、"蒙智"以成才、"蒙身"以成长三大目标。

● 学生代表

区智皓，2010 届毕业生，现于复旦大学类脑智能科学与技术研究院攻读生物医学工程专业硕士研究生。曾获共青团复旦大学委员会"优秀团员"称号，并数次获得复旦大学优秀学业奖学金。

詹莹莹，2014 届毕业生，曾就读于上海师范大学汉语言文学师范专业，现工作于上海市长青学校。曾获上海师范大学龙潭爱心小学"爱心学校"2019 暑期文化夏令营优秀志愿者称号。

陈洛阳，2014 届毕业生，曾就读于上海工程技术大学。毕业后，在上海市重点工程——上海市大歌剧院担任现场监理。大学期间参加了第一届进博会志愿者服务。

● 品牌活动

北外滩行走课程。学校地处北外滩地区，开设了"北外滩行走课程"，组建了

"青听"宣讲团，以沉浸式的方式，让队员们通过亲身体验，学习知识，增长技能，引导队员的自主性、积极性，全力提升队员的整体素养，打造了"15分钟少先队幸福活动圈"。2022年，学校荣获上海市幸福教育实验校称号。

● **荣誉奖项**

国家"指南针"项目基地校

教育部少儿歌舞剧试点学校

上海市二线运动队（武术）

上海市教师专业发展学校

上海市家庭教育示范校

人文之萃

● **杰出人物**

徐鹄，上海市语文特级教师，上海市写作学会原副会长兼小学理事会理事长，上海师范大学小学语文教学研究中心特邀研究员。长期从事小学语文教材、教法研究，参加了多套语文教材的编写。

朱碧玉，原五中心小学校长，长青学校党支部书记兼副校长。在任期间，提出了"活动教育"的办学特色。1988年、1991年，第五中心小学两次被评为上海市"办得好学校"。

吴霄冰，原长青学校校长。在任期间，整合学校优良传统，提出了"主体性活动教育"的办学特色和"为学生一生发展奠基"的办学理念，学校荣获全国现代教育技术实验基地、上海市素质教育实验校等多项荣誉。

● **学校景物**

银杏，在学校2号楼建成之初栽种，是师生们钟爱的校园景观之一。

精心打造每一个孩子的精彩人生

——上海市霍山学校

学校之魂

上海市霍山学校传承与创新陈鹤琴教育思想，以"做人、做中国人、做有陈鹤琴精神的现代中国人"为校训，将现代教育理念贯穿于办学之中，探索新时代人才培养模式。"爱"字引领，德育为先，聚焦课堂，面向全体学生，为学生提供多种学习经历，丰富学习经验，"做中学，做中教，做中求进步"，精心打造每一个孩子的精彩人生。

校徽由两部分组成。外同心环上部为红色学校全称，下部为蓝色京剧脸谱花纹海浪图形，彰显学校弘扬京剧国粹的办学特色。内部图形由拼音字母"H"和"S"变形组合而成，似昂首挺进的帆船，象征师生奋发向上、拼搏进取的精神风貌。校徽整体寓意：霍山学校上下同心，乘风破浪，与时俱进，蓬勃发展。

办学之思

严静，中学高级教师，现任党支部书记兼校长。获虹口区园丁奖。她与学校同仁们坚持"一切为儿童"，关注学生的权利和天性。在课程教学改革和德育活动实践中，传承并创新陈鹤琴先生的"做中学，做中教，做中求进步"的教学法，营造浓郁的"爱与责任"文化氛围，建设师生共成长的美丽"活"校园。

🍃 教学之本

● 名师风采

唐丽红，语文高级教师，校政教主任。获虹口区园丁奖、优秀班主任等荣誉称号。论文《携手"父亲联盟"，推进"家校沟通"》获长三角德育论坛一等奖，案例《基于"活教育"思想的"阅读·行走"学生实践活动品牌之创建》入选国家社科重大课题"立德树人的落实机制"课题组优秀案例。

周一梅，虹口区地理骨干教师，校教导主任，参与并录制上海市初中地理学科"空中课堂"及虹口区"虹课优学"课程。获虹口区单项技能评比跨学科案例命题比赛一等奖。

● 特色课程

传统"美""创"课程。打造传统梅派京剧课程，构建京韵校园，学生们在"唱、念、做、舞"中感受梅派戏的精妙之处。学校致力于传统文化跨学科融合课程开发，美术综合陶艺制作与京剧脸谱文化碰撞出"国潮元'塑'"课程。

跨学科生态研拓课程。学校以生态领域为切入点，生物学科与拓展探究学科相结合，创新开发屋顶生态花园基地，建设露天生态实验室，安置小小"生态植物箱"，指导学生从课内走到课外，从感悟、实践、动手操作的生态课程中，培养实践能力、创新能力和社会责任感。

● 学生代表

施泓超，2004届毕业生，华东师范大学硕士。现在杨浦区从事语文教学工作，曾被评为上海市语文大讲堂优秀选手，执教的课程入选上海市德育精品课程。

岳逸飞，2006届毕业生，上海外国语大学亚非语言文学专业博士，曾三次获得国家奖学金。在语言学领域发表论文十余篇，出版专著一本。目前从事朝鲜语教学及研究工作。

张貌貌，2013届毕业生，曾获上海海洋大学本科优秀毕业生称号。现从事民警工作，秉承"立警为公，执法为民"的宗旨为人民服务。

● 品牌活动

学校充分利用北外滩区域多元文化资源优势，创设"阅读·行走"综合实践教育品牌，以研学单为驱动，将课内"阅读"与课外"行走"融合，体现"活"、追求"真"、注重"爱"、突出"思"，促进霍山学子在行走中阅读，在阅读中成长。

● 荣誉奖项

上海市依法治校示范校

上海市家庭教育示范校

上海市教育系统巾帼文明岗

陈鹤琴教育思想研究实验基地

虹口区文明校园

人文之萃

● 杰出人物

陈鹤琴，现代著名教育家，被称为中国"幼教之父"。1928 年创办工部局东区小学，新中国成立后更名为霍山路小学。首创"活教育"理论，有《家庭教育》等著作传世。

戴秉彝，百岁离休干部，终生从教。以"做人应当为真、为善、为美"传家。戴氏一门先后走出八位教师，被上海市教委授予"教育世家"称号。

● 学校景物

陈鹤琴先生铜像

把百姓的孩子高高举起
——让每一个孩子更优秀
——上海市虹口实验学校

◎ 学校之魂

上海市虹口实验学校坚持"把百姓的孩子高高举起——让每一个孩子更优秀"的办学理念，以"有教养、爱学习、会健身、能合作"为培养目标，以"崇德、启智、尚文、博学"为校风，以"正本、合作、严教、爱生"为教风，以"砺志、勤勉、求新、致用"为学风，构建幸福和谐校园，促进学生健康快乐成长。

校徽寓意着学校是培养祖国未来花朵的基地，百年大计教育为本，要用教师的双手去托起祖国明天的太阳。

◎ 办学之思

温静，上海市虹口实验学校校长，民进虹口区委副主委，上海市第 16 届人大代表，虹口区第 17 届人大代表、人大常委，虹口区第 13、14 届政协委员，上海市第四期"双名工程"管理系列攻坚计划成员，上海市第二期"双名工程"培养对象，虹教系统"双名工程"管理种子计划领衔人，虹口区教育学院教研员，连续三届被评为虹教系统教师专业人才梯队跨学科带头人。历任上海市江湾初级

中学副校长、上海市曲阳第二中学校长、上海市霍山学校校长，现任上海市虹口实验学校校长。她由专业型教研员转型担任不同类型的义务教育阶段校长，注重学校课程建设，主张"满足学生个性发展和可持续发展"，关注教师专业发展，重视教育科研。在上海市新优质学校十年认证的基础上，温静校长带领工作团队坚持精致理念的引领、精彩课程的润泽、精心教育的服务，践行优质均衡的教育服务。学校是上海市精准委托管理项目支援校、虹口实验教育联盟龙头校。

教学之本

● 名师风采

邬明敏，副校长，英语学科高级教师，全国中小学外语教师教学能手，上海市初中英语学科中心组成员，上海市第四期"双名工程"攻关计划名师后备成员，虹教系统"双名工程"种子计划领衔人，虹教系统英语学科带头人，上海市空中课堂"名师面对面"授课教师。

李莹，德育主任，道德与法治学科高级教师，上海市十佳班主任，上海市班主任带头人，李莹工作室主持人，虹教系统"双名工程"种子计划领衔人，虹教系统德育学科带头人，虹口区班主任研究会初中组负责人。

杨蔚昀，科研主任，语文学科高级教师，第十届上海市语文大讲堂语文教学之星，上海市空中课堂授课教师，参与"名师面对面""名师点拨"录制，参与《语文统编教材教师参考用书》编写，虹教系统语文学科带头人。

● 特色课程

数学建模。"模"力无极限建模社团共获奖 112 项，在国际数学建模挑战赛（IMMC）和上海地区数学建模联校活动中捷报频传。

射箭。学校是中国射箭协会射箭重点学校。十环射箭队曾获全国比赛团体第二名，上海市运会个人金牌多枚，并向国家青年队、上海市射箭二线队输送优秀运动员。

足球。学校是全国青少年校园足球活动上海市布点学校，上海市体育传统项目学校，上海足球协会会员，为上海市女子足球青年队和国家女子足球队输送人才。

卡魅。学校建有卡魅实验室，开设 STEAM 课程，致力于培养面向未来的"小创客"。

舞龙。"龙腾虹韵"舞龙队传承中华龙文化，获第八届上海市龙文化全能赛二等奖。

● 学生代表

肖裕仪，2010 届毕业生，"红玫瑰"女足队员，中国国家女足现役队员，在亚洲杯中国女足夺冠赛中踢出绝杀球。

曹立宸，2017 届毕业生，十环射箭社团队员，中国国家青年射箭队现役队员，第十六届市运会射箭首金获得者。

赵孙濛，2019 届毕业生，中国国际青少年校园足球邀请赛会标设计者。

赵蕴宁，2023 届毕业生，入选"未来科学家"培养计划。

● 品牌活动

2011 年 4 月，学校入围首批上海市新优质学校项目，同年 12 月，率先召开"信心、行动、优质"市级展示。2018 年 10 月，举行"走进新时代　聚焦新优质"虹口区新优质学校集群发展推进会。2021 年 11 月，接受上海市新优质学校首批认证。学校力求让每一位学生都得到充分的发展，让每一位教师的才智在学生的成长中得到升华，让每一堂课优质高效，让学校成为提升师生生命质量的幸福校园。

● 荣誉奖项

上海市文明校园

上海市安全文明校园

上海市行为规范示范校

上海市教师专业发展学校

人文之萃

● 学校景物

走进学校大门，映入眼帘的就是金光闪闪的大字"把百姓的孩子高高举起"。

为每个孩子创造美好未来

——上海市北郊学校

学校之魂

上海市北郊学校坚持"为每个孩子创造美好未来"的办学理念，倡导"负责、多元、协力"的共同价值，秉承"静思、能群"的校训，师生潜心学习、独立思考、乐于合作、善于合作，和谐而平等地交往，推动学校内涵发展。

校徽中双线椭圆包围整个画面，代表我校和谐团结；红色实心圆代表我校学生如冉冉升起的太阳；图形是我校英语缩写"BJ"的变体，预示我校正展翅高飞；绿色，形似三片树叶，如鸟翼呵护着学生，代表我校为每个孩子创造美好未来的办学理念。

办学之思

邱晓萍，上海市北郊学校党总支书记兼校长。她秉承"为每个孩子创造美好未来"的办学理念，依托"终身学习的员工队伍、培养学力的课程体系、促进学思的管理模式、有利学智的文化氛围、关注学业的合作伙伴"五大支柱，努力培养人格健全、心理健康、学习自主、健体自觉、善于思考、勇于创新、爱好艺术、提升精神的学生，为他们将来有足

够的能力适应并生存于不断进步的社会、经济、文化环境，而且能自由地按照自己的意愿去追求充实、高尚而幸福的生活打下良好的基础。

教学之本

● 名师风采

曹卫君,中学高级教师,区英语学科骨干教师,区初中英语中心组成员,中考讲师团成员,上海市英语教育教学基地学校负责人。

周海忠,中学高级教师,区初中物理中心组成员,中考讲师团成员。

陆蕙,中学高级教师,上海市科学教育专委会副秘书长,上海市科学学科中心组成员,上海市第四期名师培养工程种子基地领衔人。

陈凯峰,国家级非遗海派面塑第三代传承人,指导学生荣获国际青少年艺术作品评比金奖、上海市青少年手工艺评比团体一等奖。

张明轩,中国青少年科技辅导员协会中级认证科技辅导员,指导学生荣获世界机关王大赛、青少年机器人竞赛冠军。

● 特色课程

面塑。以"海派面塑"为载体,成立国家非物质遗产"上海面人赵"第三代传承人面塑工作室,开发"海派面塑"课程。学校每年开展非遗进校园主题活动,培养了一批"非遗小达人"传承非物质文化遗产,弘扬中华优秀传统文化。

体育。在"以体育精神光耀学校,让每个孩子赢得未来"体育教育理念的引领下,实施足球、篮球、乒乓球、羽毛球和射击等阳光体育课程,希望学生在体育运动中培养出勤奋刻苦、积极进取、顽强拼搏和团结合作的精神,为他们赢得未来打下良好的意志品质基础。

科技。以"爱科学,学科学,用科学"为课程目标,开展"小创客玩转开源机器人""人工智能编程机器人玩转物联网"等科技课程,创新科技活动室里孕育了一批小小科学家。

● 学生代表

李嘉捷,2010届毕业生,现在虹口区社会体育管理中心工作,被评为2020年上海市社区体育先进工作者。初中代表学校赴北京向航天员杨利伟赠送面塑作品。

魏子恒,2013届毕业生,现就读于复旦大学药学院。参加莙政中国大学生见习进修基金(CURE)科创项目、复旦大学药学院科创项目。获"莙政学者"称号。

李顺杰,2015届毕业生,体工队运动员,现就读于上海大学工商管理学院。

初中校田径队和篮球队成员，上海市十项系列赛总决赛男子 100 米、200 米冠军，大学阶段获全国锦标赛男子 4×100 米第四名。

● **品牌活动**

上海市北郊学校是上海市非遗进校园优秀传习基地、上海市第三批全国中小学中华优秀传统文化传承学校。学校每年举办"起航非遗梦想，传承中华文化"品牌特色活动。

学校是全国足球、篮球特色学校，上海市足球、篮球联盟校。2013 年起承办虹口区阳光体育大联赛篮球比赛。2015 年起校足球队、篮球队和乒乓球队代表虹口区参加市级各项赛事并取得优异成绩。

学校是上海市科技特色学校，2019 年起承接虹口区欧阳路街道社区创新屋活动，2021 年承接上海市青少年机器人竞赛选拔赛。

● **荣誉奖项**

2019 年全国第六届中小学艺术展演上海市活动学生艺术实践工作坊项目奖

2019—2020 学年度上海市安全文明校园

2019—2020 年度虹口区文明校园

2023—2024 年度上海市非遗在校园示范学校

人文之萃

● **学校景物**

静思园，北郊师生平等交流、共同学习的乐园。

强健的体魄，优雅的风度
——上海市培华学校

🎵 学校之魂

上海市培华学校是虹口区仅有的具有鲜明体育特色的九年一贯制学校。学校为上一级运动队培养和输送了 1600 多名优秀体育后备人才。从这里走出了许许多多优秀中华体育英才，如曹燕华、叶冲、黄雪辰、胡斌渊、水庆霞、徐妍玮、姚彦、谭思欣、黄小惠等。

校徽中跑步冲刺的人物形象代表了学校永不放弃的教育精神。运用了橙黄色，充满了活力与朝气，寓意学校为未来的体育培养栋梁之材，展望明天体坛上的希望，是体育精神力量生生不息的体现！跑步人物下面是蓝色的书本形象，表现了学校的优质教学质量，学生一边运动一边遨游在知识的海洋，成为德育、文化、内涵、智慧全面发展的高素质体育人才。

🎵 办学之思

王健，上海市培华学校党支部书记兼校长，上海市高级校长。获上海市年度最佳体育贡献校长提名奖、上海市普教系统尊老敬老好校长好书记等荣誉称号。他与工作伙伴一起以"加强德育，塑造学生运动员的'精、气、神'"和"'两段式'课堂，促进体校生学业效能提升"推进学校的教育教学，形成培华学校

特有的办学风格。

培华的梦想：国歌因我而奏响，国旗因我而升起。培华的追求：让领奖台上的运动员是有文化的，让没有上领奖台的运动员顺利地就学就业。培华育人目标：强健的体魄，优雅的风度。

🖋 教学之本

● 名师风采

方瑜，政教主任，中学高级教师，虹口区少数民族联第八届理事，区欧阳街道少数民族联副会长。获市优秀辅导员、区明星辅导员、区创先争优十大表彰人物、区服务青少年优秀个人等称号。

龚磊，信息科技教师，中学高级教师。获上海市中小学幼儿园运用调查研究方法优秀成果评选一、二等奖，区课堂单项技能评比一等奖，第 13 届科研成果评比二等奖。2022 年参与编著的《初中生 KODU 趣味程序设计》一书公开发行。

梁亮，语文教师，中学高级教师，区优秀教研组长。获"百年党史进课堂　红色教育入人心——虹口区学校教学案例集"二等奖、"中国梦·全国优秀教育教学论文评选大赛"二等奖。撰写有关体教融合的语文教学文章多次发表在《虹口教育》上。

李艳，英语教师。获区园丁奖、区优秀少先队辅导员。所辅导的中队被评为区快乐动感中队，撰写的文章入选区少先队活动课主题教育系列活动方案汇编并获区少先队辅导员科研成果征集三等奖。

诸冠琼，语文教师，担任辅导员的中队获区红旗中队。获区园丁奖、区优秀班主任、区青少年法制教育优秀案例征集活动一等奖、区第十三届科研成果评比三等奖、区中小学心理学科课堂教学评比三等奖、"钟山杯"禁毒教学课件评比三等奖等。

● 特色课程

学校提出"两段式"课堂教学模式，把一堂课中的教学流程分为两个大的阶段——授课阶段和作业阶段，将这两个阶段统一于教师有计划性和针对性的教学目标设计之中。授课阶段侧重于知识与技能的获得，而作业阶段侧重于对知识巩固训练和掌握程度的反馈。两个阶段的时间分别为 25 分钟、15 分钟。采用不同教学方式化解时间与效率的矛盾。学生练习或作业，做到少而精。

● 学生代表

叶冲，击剑世界冠军，奥运亚军。

黄雪辰，东京夏季奥运会花样游泳获两枚银牌。"四朝元老"黄雪辰共收获花样游泳奥运 5 银 2 铜。

胡斌渊，射击世界冠军，奥运铜牌。

水庆霞，女足世界亚军，奥运亚军。2022 年 2 月 6 日，水庆霞率中国女足时隔 16 年再度夺得亚洲杯冠军。

吴斌，现国家队击剑运动员，全国冠军，2022 年亚洲击剑锦标赛男子花剑个人赛季军。

● 品牌活动

2012 年，中国人民解放军海军体工队的青少年运动员进入培华就读。学校和海军体工队密切配合，重新编制学校课程，让适龄队员能够接受系统的教育。

● 荣誉奖项

上海市文明单位

上海市爱国拥军先进单位

上海市平安校园

上海市依法治校示范校

人文之萃

● 学校景物

培华学生向世界冠军敬礼。

"澄"心旅程，伴你成长

——上海市澄衷初级中学

🎵 学校之魂

上海市澄衷初级中学以"诚朴是尚"为校训，以"质量优先，素质优秀，服务优质，环境优化"为办学宗旨，以"爱国、诚信、自强、创新"为培养目标。

校徽主体采用橙色，寓意"澄衷"校园是由快乐成长的"小橙子"们绘出的。大写字母"C"代表澄衷，火焰形图案设计代表师生蒸蒸日上，麦穗图案寓意丰收与喜悦。

🎵 办学之思

倪永旭，上海市澄衷初级中学党支部书记，校长，高级教师，上海市第四期"双名工程"种子计划领衔人。他遵循"为每一个学生的终身发展奠基"的办学理念，坚持以学生成长为中心，以教师发展为目标，全力打造老百姓家门口的好学校，让学生"走进校园有幸福感，走出校门有成就感"。

教学之本

● **名师风采**

索凯歌，高级教师，副校长，上海市第四期"双名工程"种子基地成员，区人才梯队骨干教师。获虹口区优秀班主任、优秀社区校长、上海市园丁奖、上海市优秀教学论文二等奖。

鞠中华，高级教师，工会主席，上海市第四期"双名工程"种子计划领衔人，区人才梯队骨干教师。获上海市园丁奖、上海市金爱心教师、虹口区园丁奖。

韩琼，高级教师，市、区劳技学科中心组成员，区人才梯队骨干教师。获虹口区园丁奖，获"一师一优课、一课一名师"部级优课、"科教杯"上海市初中劳动技术说课一等奖、上海市中小学中青年教师教学评选二等奖。

● **特色课程**

"澄"心旅程系列课程。秉承"学习者为中心"的理念，努力构建学力与能力、基础与特色、兴趣与特长相结合的系列课程，旨在通过开展差异化教学实践研究，提升基础型课程教学实效；关注多元化学生发展目标，开设人文社科类、艺术素养类、体育素养类、科技素养类等研拓课程，形成"叶澄衷的家国情怀"等系列课程；探索融合式生涯教育课程，开设生涯教育、心理健康教育、家庭教育、劳动教育等，"劳模工作室"作为上海市"劳模进校园"品牌项目，有机融入落实立德树人教育方针全过程，形成一体化育人特色品牌。通过"澄"心旅程系列课程，培养澄初学子爱国的情怀、诚信的品质、自强的精神、创新的能力，打造"澄"文化品牌。

● **学生代表**

赵珈若，2022届毕业生。在校就读期间获虹口区新时代优秀少先队员、虹口区"百优"新时代好少年正直勇敢奖等荣誉称号，参加时政、诵读、环保、生物、创意征文、探究报告、雕刻作品等各类大赛分获一、二、三等奖项，现就读于交大附中。

● **品牌活动**

科技创新特色项目——科普教育节。围绕"放飞科技梦想""科技点亮未来"等主题，为学生提供了校园科技节、科普讲座、科学实验、科技体验等专项活动，用科技为学生的梦想插上翅膀，让校园洋溢智慧碰撞的火花。

生涯教育特色项目——劳模进校园。以习近平总书记"弘扬劳模精神，发挥劳模作用"的号召为己任，从劳模工匠事迹树榜样、劳模工匠基地重体验、劳模工匠精神共分享三个方面开展实践体验活动，培育德智体美劳全面发展的社会主义建设者和接班人。

心理健康教育特色项目——"澄"心驿站。学校先后获得全国"心系女童"青春期女童家庭教育实践活动示范教育基地、第三批上海市人文关怀心理疏导示范点、上海市心理健康教育示范校等荣誉称号。培养学生尊重生命、热爱生活、自信乐观、和谐向上。

阳光体育特色项目——手球运动。学校被授予虹口区手球特色学校，手球作为品牌项目列入学校发展规划重点建设项目，培养特长生并向学生普及手球竞技。学生参加多届上海市青少年运动会手球比赛，表现出良好的竞技能力、拼搏精神和团队合作精神。

● 荣誉奖项

上海市安全文明校园

上海市依法治校标准校

上海市家庭教育示范校

上海市中小学劳动教育特色校

上海市绿色学校

人文之萃

● 杰出人物

张会辰，中共党员，离休干部，复旦大学法律系毕业，1944 年参加远征军赴缅甸抗战，2019 年被中共中央、国务院、中央军委授予庆祝中华人民共和国成立 70 周年纪念章。为进一步倡导科学成才观念，彰显优秀学子的榜样力量，他主动拿出工资中的大部分作为对学生的奖学、助学资金，激励学生、传递爱心。

● 学校景物

澄心园，取自"澄廓心园，衷沁书馥"。"澄廓心园"可解释为澄净心灵，廓清心尘，营建纯洁心灵园地和心灵世界；"衷沁书馥"即心灵德操的高尚是书香透彻浸染的结果。

求真务实，追求发展

——上海市海南中学

✑ 学校之魂

"崇尚求实，追求发展"是上海市海南中学创办五十多年来逐渐形成的价值观。无论是学校管理、教育教学还是学生发展都应遵循规律、尊重事实，以实事求是、与时俱进的精神脚踏实地，求实效，创实绩。教育的根本目标是为了人的发展，故而学校始终将学生、教师、学校的协同发展作为办学的根本宗旨。

校徽中将学校名称的拼音首字母"H"和"N"化身为两只舞动的鸽子，既象征着纯真灵动的海南学子沐浴在党的阳光下健康成长，也寓意海南校园温馨和谐，蒸蒸日上。

✑ 办学之思

丁琼，上海市海南中学党支部书记兼校长，高级教师，上海市"双名工程"第四期初中英语基地学员，第五期"攻关项目"学员，"种子计划"领衔人，连续三年担任虹口区英语学科带头人。她和她的团队一起把"三单"导学模式的研究作为课堂教学改进的突破口，把艺术、科技、体育特色建设作为课程优化的抓手，落实"五育融合"，丰富学生的学习体验，涵养师生的精神品格。

教学之本

● 名师风采

方燕华，高级教师，上海市海南中学副书记兼副校长，上海市第六期社会实践研究德育实训基地成员，虹口区书法家协会理事。探索初中美育"播种计划"实践研究，领衔 2022 年度上海市教科研项目"基于资源整合的初中艺术课程构建和实施研究"。

柴卿卿，高级教师，市教材审查专家组成员，担任区评委工作。区思政学科带头人，学科中心组成员，中考讲师团成员，多篇论文在核心刊物发表。

戴云英，高级教师，区初中数学骨干教师，学科中心组成员，区教育学院兼职教研员。获上海市园丁奖。在市、区各类评比中多次获奖，发表多篇论文。

管宇，高级教师，教育部"国培计划"优秀辅导教师，区美术学科带头人，中国女子书画会成员，市摄影家协会、区美术家协会、区书法家协会会员。参与了清华大学、中央美院等出版的多本教材的编写，多次发表论文。

樊玲，上海市第六期生命科学德育实训基地成员，区人才梯队骨干教师，学科中心组成员，区十佳青年教师。获区第十三届教科研评比一等奖等市区奖项三十余项。

● 特色课程

打造线上"云课堂"和线下艺术普及课互动融合、校内艺术教育与校外艺术活动联动的大美育课程。"跟着劳模去学习""虹色行走"系列课程包含探访历史建筑之美、上海京剧传习馆、海派京剧发展史、照片修复师职业背后的故事等。

● 学生代表

何麟，1967 届毕业生，曾任上海电影演员剧团团长，国家一级演员（享国务院政府特殊津贴），获上海市劳动模范。现任上海市文联党组副书记、副主席，上海演艺工作者联合会会长。

李敏，1979 届毕业生，复旦大学研究生，约翰·霍普金斯大学博士，著有《药物降解的有机化学》，国际领先刊物上发表论文 50 余篇，美国药典化学药专家委员会委员。现任华海药业副总裁、首席科学家。

汪嘉麒，2002 届毕业生，上海戏剧学院艺术学硕士，市青联委员，市朗诵协会常务理事，区禁毒宣传大使，任上海市闵行区融媒体中心新闻主播。获京津沪渝"都市风采"主持人大赛金奖。

● 品牌活动

学校 DI 队赴美国参加"2016—2017 DI 创新思维"大赛，获世界冠军，区领导称赞同学们是"虹口的骄傲、上海的骄傲、中国的骄傲"。2019 年实施"播种计划"，打造艺术科技跨学科融合的"开学第一课"，包含了"诗意中国""品经典国粹，扬家国情怀""为国强而自强""青春心向党　百年再启航"等活动，被多家市级媒体报道。

● 荣誉奖项

2017 年 DI 创新思维全球赛冠军

2018 年上海市美育优秀校园

2019 年上海市校园文化建设"一校一品"特色学校

2021 年上海市绿色学校

2019—2020 学年度上海市安全文明校园

人文之萃

● 杰出人物

胡锦星，曾任上海市海南中学副校长，2001 年任复兴高级中学校长，全国优秀语文教师。现任增爱公益基金会理事长，兼任上海中意交流中心主席、世博国际联盟主席、上海百老德育讲师团名誉团长、西安美术学院特殊教育学院名誉院长、浙江携职专修学院名誉院长等。

叶永广，历任虹口区德育名师工作室和上海市历史学科德育和资源开发研究实训基地主持人，著有《历史·影视·教育》等，建有八万两千多部教育影视资源库。获上海市优秀教育工作者、上海市劳动模范。

建优质学校，育明日英才

——上海市继光初级中学

学校之魂

上海市继光初级中学是一所公办初中，前身为英国教会于1898年在沪创办的麦伦书院。学校秉承麦伦—继光悠久历史，传承一百多年来积淀而成的丰厚文化底蕴，以校训"忠、信、勤、勇"为基石，践行"学养丰富、特长凸显"的办学思想。致力于建优质学校，育明日英才。学校校风正、教风纯、学风良，校园环境精致优美，为学生的全面发展提供了有利条件。

校徽呈盾牌形，"麦伦继光"四个篆书字样环绕一颗五角星；下方有"1898"字样，代表学校建校时间；盾牌底边缘为麦穗。整体寓意继光学子在红星照耀下播种希望，耕耘梦想，收获未来。

办学之思

孙光政，中学高级教师，现任上海市继光初级中学党支部书记兼校长。担任学校中层及校级领导近20年，具有丰富的教育教学管理经验，更具先进的办学理念，具有"为了每一个学生的终身发展为出发点和落脚点"的教育思想。办学过程中注重五育融合，在教育教学实践中扎实落实"全面＋特长"的学生成长目标，关注家、校、社区一体建设。

🎗 教学之本

● 名师风采

丁舒萍，教育和心理高级教师，国家二级心理咨询师，上海市中级学校心理咨询师，家庭教育高级指导师，虹教系统专业人才梯队骨干教师，虹口区初中心理学科中心组成员。现任上海市继光初级中学心理健康教育专职教师。获上海市基础教育三项评比青年教师教育教学研究二等奖、上海市第七届中小幼心理健康教育教学一等奖、上海市第八届学校心理健康教育研究成果一等奖等荣誉，担任上海市青春期家长家庭教育指导进校园项目区级讲师等职务。

● 特色课程

上海市继光初级中学是虹口区全员导师制的首批试点学校，实行三级管理机制，即校级导师制领导小组、年级导师制核心组和班级导师制核心组。在分析校情的基础上，建立了基于"校情 + 学情"的师生匹配机制，为每一位学生建立成长档案。在导师选择上，实行师生双向选择，充分尊重学生选择的自主权。

学校重鼓励、重对话、重成长，丰富多样的活动提高了师生间的"默契度"。在良好的氛围中，学生更容易放下思想包袱，敞开心扉，教师也更能全身心地投入到陪伴学生学习与成长中，师生关系朝着日益良性的方向发展。"全员导师制"的开展，为学生和教师共同成长助力，也为学校践行立德树人的根本任务服务，进一步做好学生成长的引路人。

● 学生代表

王洋帆，2015 届毕业生。在上海外国语大学本科就读期间连续四年获得校级优秀学生奖学金，两次获得校优秀学生称号。参与清华大学国家社科基金重大课题，调查项目报告获上海市"知行杯"调查报告三等奖，论文入选国外、国际会议论文集。目前作为保送研究生继续在上海外国语大学新闻学深造。

赵如风，2016 届毕业生。在上海市工业技术学院就读期间，担任学生干部参与学校管理，代表学校前往中国台湾省交流学习。在校期间被评为优秀共青团员并光荣成为一名入党积极分子，多次在市级比赛中获得优异奖项，两次荣获国家励志奖学金。

● 品牌活动

学校致力于构建家校共育体系。现有家庭教育指导师 11 名，积极发挥上海市家庭教育示范校的引领示范作用，承担市教委"2020 年青春期家庭教育进校园项目"视频及虹口区家庭教育指导微课的录制任务，坚持参加区百名家庭教育指导师进社区活动，着力构建"家—校—社"教育网络。作为全员导师制试点校之一，继光初级中学从2020年起坚持把家校沟通、家校联动作为推进全员导师制工作中非常重要的内容。学校还特别聘请家长担任健康副校长，参与学校建议，在学生的体质健康、视力、运动等方面对学校工作做好监督和促进。

● 荣誉奖项

上海市文明校园

上海市中小学行为规范示范校

上海市家庭教育示范校

上海市安全文明校园

上海市未成年人思想道德建设工作先进单位

人文之萃

● 杰出人物

黄山明，中学高级教师。2002年7月至2005年3月，任上海市继光初级中学首任校长。曾任虹口区中语会副会长、青语会会长，先后获市优秀青年教师奖、市中学语文教学评比一等奖、市园丁奖，被授予虹口区首届十佳青年、虹口区拔尖人才称号。2005年调任民进上海市委，先后任组织部部长、秘书长、专职副主委。现任上海市十五届人大常委会委员。

磨砺淬炼·锻造品质·厚植素养·笃行致远

——华东师范大学第一附属初级中学

学校之魂

"做人求真，学问求实"是一种道德理想信念追求，也是一种做人、做学问的实践行为。做人要真诚，做学问要实事求是。

校徽以校名汉语拼音"H"和"C"为设计原点，圆形中心图案将"H"和"C"融合，"H"笔形中嵌入了"C"的形象。意象"C"既是一只雏鸟，振翅欲飞，又似两棵刚刚吐露新芽的幼苗；橄榄枝体现了教育的希望和关怀。外圈是校名，用红色书写，洋溢着青春的活力。

办学之思

胡珍，华东师范大学第一附属初级中学党支部书记，现为高级家庭教育指导师。获虹口区三八红旗手、上海市第三批"影子校长"等荣誉称号。她不断提升党支部在学校领导中的核心作用，用实际行动践行了"凝心聚力、合作创新"的支部工作理念，有力推动学校各项工作可持续发展。

她重视学校青年教师队伍建设，通过树愿景、聚人心、建平台等多种举措引领青年教师专业发展。她更重视学校心理健康教育，引入表达性艺术疗法作为心理健康教育的特色，学校于 2021 年被评为上海市心理健康教育示范校。

纪莉青，华东师范大学第一附属初级中学校长，虹口区人大代表。获全国初中青年数学教师教学评比一等奖、虹口区园丁奖。她带领全校教师围绕"为学生终身发展奠定坚实基础"的办学理念，打造"促进每位学生全面发展"的学校文化。对标五育并举，采用分层递进的教学策略，以"培养初中学生的高阶思维能力"为突破口和发展点，增强学生的综合素养，提升教师的专业能力。学校现为上海市教育科学院普教研究所科研基地。

教学之本

● 名师风采

刘海涛，上海市中学数学正高级教师。获全国基础教育课程改革先进个人、全国素质教育先进工作者、全国优秀教育园丁等称号，其撰写的论文获全国基础教育课程改革教研成果一等奖、全国教育科研创新成果一等奖等。

周秋容，语文教研组长，虹口区骨干教师，校青协会会长。主持多项市、区级教科研课题，获市"改革开放 40 年——读《上海教育丛书》"征文一等奖、市数字教材语文学科教学案例评比二等奖、青年教师课堂教学技能大赛二等奖。

顾云飞，理化生教研组长，虹口区骨干教师，校青协会副会长。获全国物理创新大赛一等奖、华东六省一市物理教学专业委员会论文评比一等奖、上海市物理论坛论文课题一等奖等。

陈琳，虹口区骨干教师。她领衔的团队在市中小学优秀作业评比中获初中英语学科一等奖，个人获区初中英语学科技能评比一等奖，并参与"义务教育高质量基础性作业建设"项目、人教版教材练习册的编写工作。

● 特色课程

"军事历史与战棋推演"课程以中国历史上若干重要战争为主题，从国防教育、历史人文教育视角，结合历史、地理、科技、艺术等跨学科教学，融入模型制作、沙盘推演的体验方式，引导学生对国防与战争深入理解，提升学生统筹规划、团队协作、挫折应对等核心素养。

● 学生代表

明浩龙，2019 届毕业生。在复兴高级中学就读期间，担任社会实践部部长，获校三好学生称号。获市白猫杯竞赛二等奖、市青少年科技创新大赛三等奖等。现就读同济大学工科试验班（信息类）。

颜心韵，2018 届毕业生。在平和双语高中就读时获优秀毕业生称号。获英国化学奥林匹克初赛金奖、Brainbee 脑神经科学竞赛三等奖。现就读于香港科技大学，获入学奖学金，入选院长嘉许名单。

● 品牌活动

学校围绕"指向学生高阶思维培养"的目标，通过吸纳高阶思维的微课设计、融入高阶思维的课堂教学、探索高阶思维的统整课程三条途径，构建了高阶思维图谱，形成了系列教学策略和统整课程，并运用于实践。本项目获上海市教育科学研究院第七届学校教育科研成果三等奖、2021 年上海市教育教学成果二等奖。

● 荣誉奖项

上海市心理教育示范校

2017 年、2018 年、2020 年上海市安全文明校园

2018 年虹口区文明校园

人文之萃

● 学校景物

香径沁园，师生们陶冶性情的心灵绿洲，承接了师生对于理想校园的想象。师生通过与大自然的亲密接触，激活思维，激发创新。

以课程建设撬动学校的绿色生态发展
——上海市曲阳第二中学

🎵 学校之魂

上海市曲阳第二中学以"崇德、尚美、乐学、创新"为校训，培育阳光师生，打造阳光校园。崇德：崇德明理，修身立己；尚美：尚美笃行，志存高远；乐学：乐学善思，博采众长；创新：创新进取，与时偕行。

校徽中熊熊燃烧的火炬为"QY"的造型，寓意"曲阳"。动感流畅的造型，象征着腾飞中的学校团结向上、奋发有为。红白两色主旋律，红色象征朝气蓬勃的校园风貌，白色代表纯洁无瑕的青春年华。

🎵 办学之思

龙艺，上海市曲阳第二中学党支部书记兼校长，高级教师。获上海市园丁奖等多项荣誉。学校秉承"让阳光教育成就学生的阳光人生"的办学理念，主张以课程建设推动学校整体的内涵发展和特色发展，坚持立德树人，五育并举，让学生成为学有所长的阳光少年，让教师成为助力学生成长的魅力导师，让课堂成为智慧灵动的温馨世界，让校园成为洒满阳光的育人沃土。

✿ 教学之本

● 名师风采

谢励，副书记兼副校长，数学学科高级教师。获上海市园丁奖。带领教师开展课程建设，科研项目获多项市、区科研成果奖项。

杨辉，副校长，体育学科高级教师，区学科带头人，上海市中考武术项目专家组成员，上海市贯彻学校体育工作先进个人。

蔡云霏，政教主任兼大队辅导员，道德与法治学科高级教师，区骨干教师。获上海市园丁奖、市德育精品课等多项奖项。

王娟，年级组长，德育高级教师，所带中队被评为上海市快乐中队、虹口区红旗中队，获上海市园丁奖。

安晨雯，教研组长，语文学科高级教师，区骨干教师。获虹口区园丁奖、明星辅导员等多项荣誉。开设各级公开展示课，录制市级师训视频课程。

● 特色课程

学校以培养"学有所长的阳光少年"为育人目标，构建阳光校本课程体系，以科研项目引领特色课程建设，成果获得上海市教科院学校教育科研成果二等奖。

学校打造以 DI、OM、无人机、编程、智造机甲为核心的"创""智"系列科技特色校本课程，让学生在科技实践中激发创新的乐趣，并在各级各类创新比赛中，获全球、全国及上海市奖项近 50 个；打造体育类特色课程，成为全国青少年校园足球、篮球特色学校，让学生在运动中锻炼意志，培养品格；打造人文和艺术类特色课程，让学生在人文浸润和艺术创作中获得生命的美感。

● 学生代表

徐浩良，现任联合国助理秘书长兼开发署亚太局局长。在联合国的中国人任职史上创造了许多"第一"。

汤康敏，医学博士，博士后，上海中医药大学刺法灸法学教研室教师。获第十四届上海市大众科学传播新锐人物、上海市浦东新区十大杰出青年、上海市优秀共青团员等荣誉称号。

谈晓芸，北京市京师律师事务所社会责任总监，中华社会救助基金管委会主任。获上海市优秀青年志愿者、中国最佳青年榜样、福布斯中国青年精英等荣誉。

朱慰，考入清华大学数理基科班，曾在美国杜克大学数学系做博士后，现担任美国马萨诸塞大学阿姆斯特分校数学系教授。

单佳郦，现就读于复旦大学数学专业，是复旦大学"卓越思源，服务社会"优秀学生培养计划成员。在曲阳二中就读期间积极参加科技创新课程学习和科技竞赛活动。

● 品牌活动

2015年和2019年，学校两次承担"中英数学教师交流项目"英国教师代表团来校访问交流活动。2017年和2018年，学校两次承办以"深化融合，助力教学"为主题的上海市数字教材应用研究学科研讨活动。2019年，学校承办上海市青少年人工智能创新大赛启动仪式。

● 荣誉奖项

上海市中小学行为规范示范校
上海市科技教育特色示范学校
上海市心理健康教育示范校
上海市家庭教育指导"十四五"实验基地
国际生态学校项目绿旗

人文之萃

● 学校景物

悦读园
树阴照水爱晴柔，鸟鸣花香悦读园，
看青春脸庞明朗如天，
悠闲自在，徜徉书海。

钢琴廊
万物静观皆自得，指尖筑梦钢琴廊，
听悦耳琴声余音绕梁，
陶冶情操，才艺飞扬。

"明德"修身求发展，"易趣"自信向未来

——上海市虹口区教育学院附属中学

🖋 学校之魂

明德，光明之德，是中华民族永恒的精神追求，也是上海市虹口区教育学院附属中学师生高度认同和践行的价值观。学校确立"敦品、励学、尚美、自信"的育人目标。敦厚品行，品德为先，是自信的基础；扎实学力，明知事理，是自信的关键；求真尚美，践行美好，是自信的外延；自省成长，健康阳光，是自信的表现。学校坚持以德为先，五育融合，努力拓宽育人渠道，以"EACH课程"推动学生全面发展。近年来，办学成效显著，办学质量稳步提升。学校是上海市首批百强工程校，虹教院集团唯一成员校。

校徽由虹（H）、教（J）、附（F）、中（Z）拼音的第一个字母组成。圆环象征校园；中央变形的"H"，象征团结奋进；白鸽变化的"J、F"，象征展翅高飞；折叠的书写纸张"Z"，象征知识积累。

🖋 办学之思

王穗，上海市虹口区教育学院附属中学党支部书记兼校长，道德与法治高级教师。获虹口区园丁奖，参与的课题先后获上海市教育科学研究院第四届学校科研成果一等奖、上海市第十一届教育科研优秀成果一等奖、上海市普教系统党建研究

课题优秀成果三等奖。

在虹教院教育集团汤国红总校长的带领下，学校工作团队协同合作，务实求索，遵循"让每一个孩子自信地走向未来"的办学理念，以"EACH 课程"的建构为着力点，紧紧抓住"强校工程"发展机遇，努力创办"让家长满意放心，让学生自信多才"的家门口的好初中。

教学之本

● 名师风采

李蔚，语文特级教师，正高级教师，上海市园丁，上海市"双名工程"攻关计划学员，种子计划领衔人，上海市中小学教材编写者，全国中小学教育质量综合评价学科命题入库专家。

林海，数学高级教师，区学科带头人，区园丁，区十佳青年教师，上海市"双名工程"种子计划领衔人，上海市"空中课堂"授课教师。获"一师一优课"部级优课、上海市课堂教学评比一等奖。

陈怡怡，数学教师，区骨干教师，虹口区十佳班主任。获第八届长三角班主任基本功大赛初中组综合一等奖和论文一等奖、虹口区中小幼教师课堂教学单项技能评比初中数学一等奖。

马海涛，体育教师，区骨干教师。获虹口区中小幼教师课堂教学评比初中体育一等奖、上海市中小学（幼儿园）中青年教师教学评比二等奖。上海市中小学"学科德育精品课"获得者，所带中队获全国优秀动感中队称号。

● 特色课程

EACH 课程是学校的品牌课程，其中"武德修身""万物有灵""创客空间"三门课程深受学生喜爱。"武德修身"课程旨在发挥学校武术特色校优势，以"武术"为载体，以"品德养成"为内核，引导学生养成"内外合一"的品性；"万物有灵"课程从科学理性的视角，引导学生树立珍视生命的德行意识；"创客空间"课程重在培养学生科学思维和审美情趣。

● 学生代表

沈严豪，2008 届毕业生。曾服役于南京陆军指挥学院，多次被评为优秀士兵。后加入上海沪剧艺术传习所，参加设计《雷雨》《陈毅在上海》等多部沪剧作品。入围上海好人奖。

邵倩妮，2011 届毕业生，上海财经大学法学院硕士。获研究生国家奖学金、上海市优秀毕业生等荣誉。现就职于北京清律（上海）律师事务所。

叶蕴蕙，2014 届毕业生。在上海政法学院就读期间，获影像节公益单元最佳作品等荣誉，入围中国纪录片学院奖，获评 2021 届上海市优秀毕业生。现为上海戏剧学院广播电视编导 MFA 在读硕士研究生。

● 品牌活动

学校确立了三系课程（行规教育系统课程、劳动教育系统课程、心理生涯系统课程）与三位机制（全员导师制、家庭教育支持机制、社会实践协调机制），并构建了"2+3+X"初中生公益劳动体验活动模式。"2"表示正确的劳动价值观和较好的劳动素养，"3"表示家庭、学校、社区三个实施途径，"X"表示所有配套实施的"三位一体"化劳动教育内容。"2+3+X"建立了从家庭到学校、社区，有机衔接的劳动教育体系，该课程方案获上海市教育创新实践奖。

● 荣誉奖项

2020 年上海市家庭教育示范校

2021 年上海市依法治校标准校

2021 年上海市绿色学校

2022 年上海市安全文明校园

人文之萃

● 杰出人物

吴云青，中共党员，我校原思政教师。离休后，她依旧关心学校发展，曾向学校捐赠图书数百本。坚持为我校中、青年教师上党课，为共青团员、少先队员开展革命传统教育。

● 学校景物

智慧百草园，为学生提供开展劳动实践活动的场所。"智慧百草园"结合中国二十四节气，种植相关植物，设置与之相关的内容，培养和传承中华优秀传统文化。目前已成为学校文化育人的亮点景观。

有戏校园，精彩人生

——上海市虹口区教育学院实验中学

🎵 学校之魂

　　上海市虹口区教育学院实验中学具有悠久的历史传统和醇厚的文化底蕴，是中华人民共和国教育部"京剧进校园"首批试点学校。学校所在地是上海市立实验戏剧学校旧址（现上海戏剧学院）。这里曾是中国早期戏剧人坚持斗争、自强不息的热土。学校始终坚持立德树人，秉承戏剧"认识世界，认识自我；净化心灵，完整人格；同伴激励，互助共赢；综合学习，融合创新"的育人功能，深挖"有戏"校园的"五育"内涵，全面构建兼容并蓄、多元发展的成长空间。

　　校徽由京剧脸谱抽象创意而成。绿色是底色，是青春，是希望，孕育生命成长；红色是基因，是信念，是忠诚，热爱祖国心向党。红绿交辉，映照着师生们在虹教实验中学度过的美好时光，折射出一个个精彩时刻、有戏篇章。

🎵 办学之思

　　全迅，上海市虹口区教育学院实验中学党支部书记兼校长，上海市"双名工程"种子计划领衔人。带领团队获 2022 年上海市优秀教学成果（基础教育）一等奖、上海市第四期"双名工程"种子计划特色团队三等奖。学校获全国关心下一代工作先进集体等。为传承学校红色

基因和艺术教育传统，她深入挖掘"有戏"教育内涵，将"有戏"教育课程与校园文化、项目学习、家庭生活、社会实践融合，帮助学生积淀成长力量，奠基精彩人生。

教学之本

● 名师风采

殷颖，校党支部副书记兼副校长。获上海市园丁、上海市虹口区第十三届科研成果评比一等奖。

龚燕霞，中学音乐高级教师，区学科带头人，上海市非遗进校园传习基地项目负责人，初中义务教育教科书艺术学科教材编写者。

梁菁菁，中学跨学科高级教师，区学科带头人，上海市第四期"双名工程"种子计划领衔人，上海市"空中课堂"授课教师。获上海市科学学科单元作业设计一等奖。

俞蕾，中学化学高级教师，区学科带头人，上海市第四期"双名工程"种子计划领衔人，上海市"空中课堂"授课教师。

● 特色课程

"有戏"教育课程是在原有戏剧艺术教育课程的基础上挖掘和延伸"有戏"教育内涵，开发的一系列提升学生核心素养和跨学科解决问题能力的课程群。依托课程学习，学生从艺术表演"有戏"到生涯发展"有戏"，都呈现出良好的成长态势。

● 学生代表

丁倩，2010届毕业生，毕业于华东政法大学，上海市优秀毕业生。现任职于中国"一带一路"十大律师事务所——大成律师事务所。

吴晓婷，2015届毕业生，大学期间任学生会主席，上海市优秀共青团员，上海市优秀大学毕业生。现任职于国资委下属临港集团。

卢晓菲，2018届毕业生，现就读上海市贸易学校。获中等职业教育国家奖学金、职业技能大赛金奖、上海咖啡大师赛总冠军。

● 品牌活动

学校开展"让每位学生都'有戏'——初中戏剧教育'五育'内涵的挖掘与延伸"的课题研究。聚焦学生希望"被看到""被理解""被支持"的成长需求，探索了艺术教育"五育融合创新，培育时代新人"的新路径。该成果获2022年上海市优秀教学成果（基础教育）一等奖，被上海市戏剧学院、湖南浏阳李白烈士故居等单位应用。

● 荣誉奖项

全国关心下一代工作先进集体

上海市安全文明校园

中国上海国际艺术节艺术教育合作校

上海市非遗进校园优秀传习基地

全国青少年校园足球特色学校

上海市绿色学校

人文之萃

● 杰出人物

倪美琪，学校原副校长。退休后自发牵头成立了"爱的教育研究会"。从 20 世纪 90 年代起，她每年举办"爱的教育体验式班主任培训""爱的教育学生领袖培训营"，评选"金爱心教师""金爱心学生"。与上海市慈善基金会合作创办"上海市爱心假日学校"。

周兆良，学校原语文高级教师，一直守护传承李白烈士精神。退休后作为红色文化优秀传讲人，受浏阳市人民政府邀请撰写《永不消逝的电波——李白烈士的故事》。

● 学校景物

实验戏剧百花园，蕴含"有戏"文化传统的整体校园艺术景观，包括校门口的"和·韵"浮雕、操场周边介绍我国系列优秀剧种的"中华戏曲文化墙"、展示中华传统乐器的"民族音乐走廊"、普及中国古代戏剧和西方经典戏剧知识的"戏剧文化走廊"，获上海市普教系统十大校园文化新景观提名奖。

立人于爱，达人于德

——上海市鲁迅初级中学

学校之魂

上海市鲁迅初级中学的校训：启智、求真、修身、立人。

学校始终把人的教育培养放在第一位，真正践行鲁迅先生所说的"人立而后凡事举"的思想。教育的使命在于启迪学生的智慧，鼓励学生追求事物发展的真理，追寻人生的真谛，帮助学生陶冶身心、涵养德行。

办学之思

王晓闻，上海市鲁迅初级中学支部书记兼校长，市园丁奖获得者。他长年奋战在教育一线，以真抓实干提高教学质量，形成体制机制。通过"改变学生的学"，培育学生核心素养；通过"改变教师的教"，提高学科育人价值。他以立德树人根本任务为内涵牵引，创建鲁迅印记的校园文化环境，从校园点状布置到初步形成文化带，开设鲁迅精神系列课程，充分挖掘鲁迅"首在立人"的精神实质，渗透到各类课程中，走"提升内涵、凸显特色"的办学之路，让每个学生健康快乐地成长。他扎根于教育沃土，站在新时代、新征程的坐标起点上，展现了一名奋进者的身姿，稳步走出了改革者的步伐。

教学之本

● 名师风采

宇海燕，中学高级教师，副校长，国家二级心理咨询师，家庭教育指导师。获上海市优秀共青团干部、虹口区园丁奖、虹口区"新长征突击手"等荣誉称号。主持的德育课题获上海市中小学德育研究协会第九届课题研究成果三等奖。

郑萍，中学高级教师。多次执教区级教学研究课，参加区教研室组织的范式教案的编写。多次参与市、区级语文教育教学的课题研究，发表《以问激活课堂，在对话与体验中发展学生的思辨能力》等多篇教学研究论文。

堵薇薇，中学高级教师，数学教研组长，区学科带头人。获虹口区新长征突击手称号，虹口区中小幼课堂教学评比一等奖，虹口区见习教师规范化培训优秀指导教师评选一等奖，上海市中小学优秀单元作业、试卷案例征集评选初中数学学科二等奖等。参与上海市秋季"空中课堂"的录制、上海市小学数学新教材的编写。

刘畅，中学一级教师，语文教研组长，高级家庭教育指导师，区人才梯队骨干教师。获上海市班主任基本功竞赛（初中组）三等奖、区中小幼课堂教学评比三等奖。担任国家级课题"初中语文'O2O 学习评价模式'的构建与实施研究"和"十三五"市级课题"以案例分析看初中语文课堂教学与现代信息技术的有效融合"等课题的核心成员。

● 特色课程

"奇思科创"课程聚焦科技创新、绿色环保、城市文化等主题，由科学、物理、化学、艺术等教师跨学科协作，依托信息技术开发的一系列综合探究科目群，先后开设了"智在慧实验""3D 设计与打印""OM 创意思维""科技小达人""趣味编程"等科目。在引导学生学习的同时，更多地经历科学探究的过程，以真实情境为学习载体，以驱动性问题为学习导向，以问题解决、探究性实践等为认知策略，培养学生的创新能力、探究力和创造力。近几年，我校在市区级的各级各类比赛中取得优异的成绩。

● 学生代表

李佳琳，2002 届毕业生。2020 年奔赴武汉抗击疫情，在武汉雷神山医院 ICU中发挥自己的作用。同年被授予上海交通大学校长奖。

仇皓程，2011 届毕业生，2017 年入伍，服役于中国人民解放军火箭军某部队。曾参加国庆 70 周年阅兵、新型号导弹实弹发射等重大任务，获优秀义务兵称号，记火箭军嘉奖一次。

陈雅梵，2021 届毕业生，获 2020 年全国优秀少先队员称号，现就读于上海市复兴高级中学。

● **品牌活动**

学校朝花红领巾志愿总队始建于 2008 年，经过十余年的发展，志愿者人数累计 300 余人，并成为区域内最优秀的学生志愿团队之一。朝花红领巾志愿总队为鲁迅纪念馆、鲁迅故居、木刻讲习所旧址、左联会址纪念馆等周边鲁迅小道点位提供志愿讲解服务，传播鲁迅文化和红色精神，彰显了新时代青少年立志服务社会的决心。在"朝花"们的努力下，志愿讲解服务的品质不断提高，陆续获得了市区级荣誉和媒体的报道，2022 年被中国青年志愿者协会评选为中学生志愿服务示范项目。

● **荣誉奖项**

上海市文明校园

上海市绿色学校

上海市家庭教育指导"十四五"实验基地

中学生志愿服务示范项目——朝花讲"鲁迅小道"项目

语文教师专业发展研究共同体成员校

人文之萃

● **杰出人物**

富继兰，1927 年 8 月出生。1942 年，在南京从事学生运动、知识分子统战等党的外围工作，从此走上革命道路，1947 年 8 月入党。中华人民共和国成立后，她积极投入新中国的建设，离休前任我校校长。获上海市市级校长先进个人等荣誉称号。离休后，她仍关心学校师生的成长，定期来学校为师生讲述党的历史和革命传统，勉励全体师生珍惜今天的幸福日子，鼓励青少年做共产主义事业的接班人。她还走进社区，用红色故事感染人、教育人、激励人，传承红色基因，用责任和大爱书写了精彩的晚年。

● 学校景物

红砖砌筑的教学楼以"树人楼""立人楼""育人楼"命名，体现了鲁迅的教育思想，不仅造就了温暖厚重的外观，而且也传承了浓厚的人文气息。

百草园是少年鲁迅的乐园，也是校园里学生放松身心、陶冶情操的成长天地。

立人墙是进入校园的第一主视觉，以版画风格集中呈现鲁迅在虹口的足迹以及主要作品。

构建"均衡—成长"课程，培育北虹"五好少年"

——上海市北虹初级中学

🎼 学校之魂

上海市北虹初级中学以"求真、求善、求美"为校训。求真：用真心、真情、真理构筑师生灵魂深处的"人格长城"。求善：师生当思爱人、利人，既造福别人，也幸福自己的人生。求美：师生应有向美之心，要有发现美的眼睛，要乐于为自己和他人创造美的风景，要善于向他人传递美好。

"BH"为北虹初级中学的拼音缩写。四本书的形状，代表学校培养的是未来社会的四有合格公民。B字母由重叠的书构成，表示学识的不断积累；H字母代表沙漏，表示学习的时间很宝贵，需好好珍惜。

🎼 办学之思

区嘉，党支部书记，副校长，国家二级心理咨询师，学校心理咨询师中级，家庭教育指导师。自2007年开始担任党支部书记的工作，在完中、九年一贯制学校、初中等不同类型学校任职过，也有区政府挂职锻炼和社区学院的工作经历。在工作中能结合不同学段的教育要求和最

新的教育政策，充分整合各类社会教育资源，带给学生不同体验。

　　卞敏，副书记，副校长（主持工作），英语高级教师。长期以来对学校管理和教育教学有着深入的思考和积极的实践，主持并参与多项市、区级课题研究，是"十二五"国培计划中小学骨干教师高端研修班成员、上海市周国政德育实训基地成员、虹教系统专业技术职称评审专家库成员。她与工作团队秉承"立德树人"的教育初心，继承"每天进步一点点"北虹精神，积淀"进步—成长"北虹文化，不断完善"均衡—成长"北虹课程，面向每个学生，提供优质、均衡的初中义务教育，奠定学生终身发展的基础，努力将学校打造成一所"制度与文化和谐、质量与特色并举、人力资源与物力资源优化"，能顺应教育形势变化的优质公办初级中学，为学生终身发展奠定扎实的基础。

教学之本

● 名师风采

　　顾红梅，体育高级教师，副校长。工作以来，潜心研究教育教学，在学科教学和德育工作上有诸多实践与思考。多次开设市、区级公开课、展示课，获得好评。曾担任市体育学科科研项目、区校合作项目、校"班级文化建设"主题校本培训等多个科研项目的主持人，科研论文获虹口区一等奖。

　　李春忆，英语高级教师，英语教研组长。勤于钻研，教学业绩突出，先后获得浙江省市、区两级教坛新秀、教学能手等称号，并多次到各校开展公开教学和经验介绍。曾参加 2014 学年宁波市中考英语命题。

　　阎云，体育高级教师，区学科中心组成员，2018 年区优秀教研组长，区骨干教师。多次获市、区级教学技能、课堂教学、科研论文评比一、二、三等奖，带领学生多次获区广播操比赛一等奖，曾获市金爱心教师三等奖。2020 年入选为第二期上海市领军人才季浏教授基地学员。

　　胡浩，数学高级教师，数学教研组长，获区教学评比二等奖，两次获区优秀园丁奖，多次在数学核心期刊上发表数学学科学术论文。

● **特色课程**

"阳光北虹"体育课程是在"多样化助力全员发展，差异化促进个体提升"课程理念的指引下，整合多方资源，带动校园体育全方位发展的课程建设成果。课程的建构是在"运动能力""健康行为""体育品德""社会适应"等学科核心素养的统摄下，构架"体育与健康""课内拓展""课外社团""校级运动队"和"校园赛事"五个模块的课程内容，并探索不同的实施手段和评价方式，努力满足不同学生的学习需求，促进个性化成长。

● **学生代表**

唐娜薇，2014届毕业生，在就读上海师范大学期间获优秀团员称号、优秀毕业生称号。获第二届长三角师范生教学基本功大赛一等奖。现于中国福利会托儿所任教，任中国福利会托儿所团支部支委会委员，用实际行动传承宋庆龄精神，为党的教育事业贡献自己一份力！

施心怡，2014届毕业生，毕业于上海商学院，优秀学生干部。获全国酒店管理模拟大赛三等奖、全国英语演讲大赛三等奖。现任上海农商银行虹口支行第三党支部书记，凝心聚力、脚踏实地，发挥党组织的政治引领作用。

● **品牌项目**

学校持续推进信息技术环境下教与学方式变革的实践研究，以"技术拓展课程时空，课程规定技术边界"和"学生在学习具有共性的内容时，应经历一个相对稳定的信息摄入、加工过程"为理念，进行信息技术环境下单元教学样式的建构，针对同类教学内容，利用信息技术手段突破学生学习难点，构建基本教学样式，使学生在稳定的学习经历中进行更有效的学习，促进学习方式的变革。

● **荣誉奖项**

上海市教育先锋号

上海市中小学（幼儿园）提升课程领导力项目学校

上海市行为规范示范校

上海市文明单位

上海市安全文明校园

人文之萃

● 学校景物

校园景观墙象征每一位北虹学子在学校课程的浸润下，变得耳聪目明，眼界开阔。

求真为的，育能为基

——上海市复兴实验中学

🎵 学校之魂

上海市复兴实验中学作为复兴教育集团成员校之一，秉承"求真"校训，以"懂感恩、守规则，善思考、尚健康，会合作、能创新"为育人目标，始终坚持以学生为本，构建科学多元的课程体系，不断激发学生的学力、活力和潜力，为学生健康成长和可持续发展搭建平台。

校徽中的图案取自复兴的拼音首字母。"F"化形成带着绿叶的枝丫，象征着复兴实验的学生们就像萌发的嫩芽一般向阳向光，茁壮成长；"X"化形成一本展开的书籍，象征着复兴实验的学生们在知识的海洋里探索求真。绿色代表着生机与希望，寓意着期待复兴实验的学生们健康成长。

🎵 办学之思

陈辞，上海市复兴实验中学党支部书记，校长中国共产党虹口区代表，高级教师。具有跨学段教育视野和背景，主持或参与多项市、区教科研课题。在办学过程中，她秉承文化立校的办学理念，关注学生未来可持续发展能力的培养，和工作伙伴们共同致力于"有温度的校园"建设及综合素质培育课程开发，用温暖的力量滋润师生心灵，支持师生发展，成就师生的共同成长。

教学之本

● 名师风采

冯晓露，党支部副书记，高级教师，上海市第十一期青年物理骨干教师研修班成员。获上海市中小学优秀单元作业、试卷案例征集评选初中物理学科一等奖。

黄继玲，语文教研组长，高级教师，虹口区教育人才梯队学科带头人，虹口区语文学科中心组成员，教学资源获评"一师一优课、一课一名师"活动上海市优课、教育部优课。

范倩玉，学生处主任。获上海市园丁奖、上海市家庭教育优秀指导者、上海市禁毒预防教育先进个人荣誉称号。

● 特色课程

"行·知"课程是学校在"双新"背景下，以"生活语文"为理论引领，为提高学生的语文核心素养而进行的创新尝试。课程以"语文教学的实践性"和"在情境中学习"为理念，基于语文教材挖掘"行走"资源，设计"主题行走"实践活动。学生在知中行，在行中知，全面提升了读写能力、阅读能力、分析能力、口语表达能力等。

● 学生代表

曹雅君，2013 届毕业生，本科毕业于复旦大学管理学院财务管理专业，现就职于德勤摩立特管理咨询有限公司，从事咨询业务。

王一杨，2012 届毕业生，本科毕业于美国巴布森商学院，研究生毕业于南加州大学药物经济学专业，获南加大研究生最高奖阿莱特勋章，现于 L. E. K. Consulting（中国）从事医疗战略咨询工作。

陈双雄，2010 届毕业生，华东政法大学法学硕士，美国维斯康星大学法学硕士，高级企业合规师，现任职于北京大成（上海）律师事务所。

● 品牌活动

学校十分注重家校合作，深耕家庭教育工作领域，连续二十多年成为上海市家庭教育指导实验基地校。形成了"以学生为本，以老师为准；以学校为家，以家庭为根；以育人为的，以立德为魂"的家校合作理念，不断深化合作机制和家庭教育内涵建设，逐渐形成了自身特色，受到学生与家长的喜爱、媒体的关注、同行与社区的认同。

课程的开发与完善也是学校实现育人目标的着力点，学校围绕学生核心素养培育，持续开发丰富多元的课程，目前已形成一批卓有特色和成效的优质课程群，如语文"行·知"课程、数学"数海拾趣"课程、英语"Reading for fun"课程、基于问题解决能力培养的拓展探究型课程群。

● 荣誉奖项

上海市新优质项目学校

上海市"十三五"家庭教育指导实验基地特色校

上海市家庭教育示范校

上海市依法治校示范校

上海市安全文明校园

上海市绿色学校

上海市禁毒教育示范校

上海市体育多样化项目学校

人文之萃

● 学校景物

红枫随风摇曳，大石坚毅稳重，"博学笃行"的四字警句镌刻在校风石上，时刻提醒着学生认真学习，踏实做人。

迎曙亭坐落在学校的东南角，砖木结构，六柱六角，造型优美，寓意迎接曙光，迎接新的希望。

一所理性精神与人文情怀相交织的现代学校

——上海市钟山初级中学

学校之魂

上海市钟山初级中学以"崇德明志、笃学思进"为校训。"崇德明志"意味着钟山人"高尚品德、志存高远、开放向上"的品质理想;"笃学思进"彰显钟山人"求知不辍、锐意进取、大有作为"的奋斗精神。学校形成了积极向上的校园文化、多元发展的课程结构、规范自主的研修团队以及求真求实的教研氛围。

校徽主体由同心圆和三角形组成。"三角形"寓指"山",上半部分"圆形"与"弯月"组合的腾飞的字母"Z"人型,代表钟山体育运动特色;下半部分"打开的书本"体现钟山阅读特色,"绿色"代表"以人为本,多元发展"的办学理念。

办学之思

周玉萍,上海市钟山初级中学党支部书记兼校长。获上海市园丁奖、沪上书香人物(校长)、长三角禁毒先锋等荣誉称号。她秉持"以人为本,多元发展"的办学理念,把培育时代新人作为学校首要任务,以多元活动助推学生全面发展,以多元课程满足学生个性需求,以多元项目引领教师专业成长,以多元机制保障学校健康发展。她和团队成员一起

聚焦课堂教学开展课题研究,获上海市学校教育科研成果两个一等奖和基础教育二等奖。学校先后获得上海市书香校园、教师专业发展学校和依法治校示范校等荣誉称号。

教学之本

● 名师风采

李冬昕,副校长,区地理学科带头人。获虹口区园丁奖、虹口区十佳青年教师等荣誉称号,获市青年教师课题一等奖、市课堂教学大奖赛二等奖,多次参与市级命题工作,出版专著《地图 数据 软件:地理教学与信息技术的深度融合》。

苏菁,党支部副书记,副校长,区历史学科带头人。获上海市教育系统三八红旗手、虹口区优秀共产党员、虹口区园丁奖等荣誉称号,获市"红色一课"馆校合作优秀课程征集及展示活动一等奖等。

马颖颖,教导副主任,区语文学科带头人。获上海市语文大讲堂"语文教学之星"、上海市级精品课、上海市数字教材优秀案例评选一等奖等。

朱纪英,年级组长,区数学骨干教师。获上海市园丁奖、虹口区优秀班主任等荣誉称号,获"一师一优课"部级优课、第十届全国中小学创新课堂教学实践观摩课评比一等奖。

● 特色课程

"数字动漫"课程。从学生喜爱的动漫入手,把现代信息技术与传统的美术课堂教学融合,学生在开放互动的学习环境中激发创造力,提高造型绘画能力和设计创意能力。

"青少年毒品预防教育"课程。发挥学校青少年毒品预防教育基地作用,借助多媒体信息技术,以模型展示、案例呈现、知识竞答等内容,对学生加强毒品预防教育,做到自觉远离毒品。

● 学生代表

钟慧平,2005届毕业生,回母校任职数学教师。获区优秀班主任称号等荣誉。

郁华,1999届毕业生,上海歌剧院青年男高音歌唱家,上海音乐家协会声乐专业委员会委员。获文化和旅游部青年歌剧使者称号。

缪淮扣，1967届毕业生，上海大学教授（二级），博导，国务院政府特殊津贴获得者。主持完成多项国家及市级研究项目，发表论文近300篇，出版9部著作。

● 品牌活动

2016年12月以来，学校四次承办上海市数字教材学校应用研究交流展示。

2018年12月、2019年4月，学校两次举行"书香校园建设"交流展示。

2019年6月，上海市虹口区青少年毒品预防教育基地揭牌，之后每年开展禁毒法治教育活动。

● 荣誉奖项

上海市教师专业发展学校

上海市依法治校示范校

上海市书香校园基地学校

上海市第十一届教育科学研究优秀成果一等奖

全国青少年毒品预防教育"6.27"工程示范学校

人文之萃

● 杰出人物

周健科，1979年3月从事教育教学工作，有35年班主任经历。获市模范教师、区十佳班主任、区优秀党员和区三八红旗手等荣誉称号。

● 学校景物

悦读长廊，利用长廊书架、阅读屏进行读书推荐和分享，实现纸质传统阅读和数字阅读的有机结合。

上海市虹口区青少年毒品预防教育基地，包括科普走廊、多媒体互动教室、测评教室三个区域。在区委政法委、市区禁毒办、未保办等支持引领下，全方位呈现毒品预防教育和法治宣教的主题教育氛围。

志愿者长廊，重点展示志愿特色活动和志愿者风采。展示内容包括志愿者精神、志愿者铭言行动、志愿者招募流程、志愿者风采，长廊还设有志愿者体验区。

以课为程，培育智师慧生

——上海市江湾初级中学

学校介绍

学校之魂

　　勤劳、智慧是中华民族的优良传统，也是江湾师生传承认同的价值观和行动力，今天更成为社会主义核心价值观的重要源泉。"勤于行，慧于心"的"勤慧"校训成为学校立校之魂。学校精神追求和价值取向是"勤慧"之内核，"智师慧生"的培育是"勤慧"之目标，智慧湾豆课程体系是"勤慧"之载体。得益于"勤慧"校训的浸润，学校逐步形成了育人理念优化、常规管理精细、课程设置多元、校园环境优良、办学成效显著、质量稳步提升的良性发展局面。

　　校徽由"护盾"和"丝带"两部分组成，"护盾"象征着关爱与呵护，"丝带"上中文校名与护盾中英文校名相对应，也寓意着学校联结家庭、社区，携手办好优质教育。中间"jw"是校名拼音缩写，其中"j"形似参与球类运动的学生，代表着"五育并举"和学校排球运动特色；"w"宛如一双手和一颗真挚的爱心，守护着每一个"湾豆"在知识雨露的滋润下，勤于习、慧于学、敬业乐群、茁壮成长。

办学之思

　　丁蓓，上海市江湾初级中学党支部书记兼校长，上海市特级校长，市园丁奖、市优秀校园长荣誉获得者，现为市初中教育管理专业委员会副主任。她与工作伙伴一起以"智慧湾豆课程"建构迭代为突破口和着力点，对接"五育并举"育人

目标，丰富学生学习经历，提升师生实践能力，涵养学校"勤慧"文化。学校现为虹口江湾教育联盟的核心校，成为中西部、长三角地区和虹口区学校管理干部的跟岗基地。

教学之本

● 名师风采

倪轶鸣，物理教师，校青教会会长，区人才梯队骨干教师，2017 年虹口区十佳青年教师提名奖获得者，上海市数字教材物理学科核心研究组成员。获上海市中青年教师教学评比研究型课程一等奖、2022 年"AI+OMO"数字化转型优秀在线教学案例一等奖。

吴晓燕，思政教师，副校长兼副书记。获上海市园丁奖、虹口区新长征突击手、虹教系统优秀工会工作者等荣誉称号。她主持的德育课题获上海市中小学德育研究协会第八届课题研究成果一等奖、虹口区第十三届教育科研成果评比一等奖。

苏文耀，美术教师，学校工会主席兼总务主任，上海市普教"孺子牛"奖先进工作者。他所带领的头脑 OM 团队多次荣获世界头脑奥林匹克中国赛区决赛一、二等奖，并在第 23 届全国头脑奥林匹克创新大赛中获得第一名。

● 特色课程

"植物梦工场"课程是我校结合各学科优势，聚焦植物、科技、绿色的主题，由生命科学、物理、化学等教师跨学科协作，借助现代信息技术开发的一系列综合实验探究科目群，先后开设了"智能实验器材 DIY 制作""水体富营养化与治理探索""探究植物对空气污染的影响""葡萄酒的酿造""校园植物"等科目。在课程的实施中，学生将知识更多地与实际生活建立关联，自主假设、自行设计，在尽情地体验探索和创新乐趣的同时，提升了在真实情境中综合运用所学知识解决问题的能力，同时在市区级的各级各类比赛中收获丰硕的成果。

● 学生代表

崔云飞，2013 届毕业生，上海师范大学毕业后回母校任职语文教师，见习期间获华东师范大学课程与教学研究所优秀课例奖项。

郑睿祺，2018 届毕业生，现就读于复旦大学。母校给予他党团知识的启蒙，现已是入党积极分子、复旦大学学生会主席。

翁德玮，2017 届毕业生，现在就读于上海交通大学安泰经济与管理学院。大学攻读本科生"经济学—数学"双学士学位项目，在繁重的课业之余，积极投身各类研究活动和竞赛，获得上海交通大学本科生 A 等奖学金。

徐常睿，2018 届毕业生。在上海逸夫职业技术学校学习期间，获中级西餐厨师证和各项专项证书，参加市级烹饪比赛获得名次。担任学生会会长，并多次获优秀学生会干部、三好学生、上海市奖学金一等奖等。

孙振奇，2017 届毕业生，现就读于华东政法大学经济法学院。初中阶段获全国头脑奥林匹克比赛三等奖，参加虹口区红领巾理事会，获区级、市级三好学生。

● 品牌活动

课程是达成育人目标的跑道，学校历时十余年，围绕打造"构建培育智师慧生的课程"的目标，完成了智慧湾豆课程的开发和课程体系的建立，并获得了上海市教育科学研究院第六届学校教育科研成果二等奖。在此基础上，学校继续优化形成智慧湾豆课程体系 3.0 版的结构和课程图谱，着力聚焦课程实施环节，打造"精智课堂"，促进提质增效和学生综合素质提升。

● 荣誉奖项

2018 年上海市文明校园

2018 年"初中智慧型校本课程的开发与实践研究"课题获上海市第六届学校教育科研成果二等奖

2020 年上海市巾帼文明岗

2022 年"初中学生综合素质评价实施方案的设计与实践"课题获上海市中小学德育研究协会第九届科研成果一等奖

人文之萃

● 杰出人物

黄圭彬，1921 年 11 月出生，1939 年 8 月参加革命，1940 年 9 月入党。1942 年，以学生身份在南京从事党的地下斗争，参加爱国抗日"清毒"运动。进入解放战争时期，她积极投入新的战斗。离休前任江湾中学党支部书记，离休后仍旧积极参与教育探索实践活动。自 20 世纪 90 年代起，她就作为区教育系统的义务讲师，为中青年教师上党课，为共青团员、少先队员开展革命传统教育，还参与对失足青少年的转化工作。获上海市关心下一代先进工作者、虹口区教育系统先进个人、虹口区优秀园丁等荣誉称号。

● 学校景物

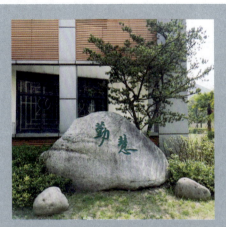

勤慧石，展示了学校以师生发展为本，"勤于行，慧于心"的校园文化。

领操台，积极投入每日丰富校园教学的出发点。

以人为本，和宜共生

——上海市丰镇中学

学校之魂

上海市丰镇中学作为新优质项目学校，在不断发展与积淀的过程中，逐步确立了"宜人、宜学、宜发展"的办学理念，旨在尊重教育规律，立足全面育人，创建适合师生共同学习与发展的学校文化氛围。学校倡导"宜和"文化，创建温馨、和谐、合力的师生团队；孕育"宜修"课程，引领学生涵养修为，修习同步；打造"宜智"课堂，关注学生学力发展，关注差异，激发学生智慧与教师育智能力双提升。

校徽主图由一双温柔的大手、三本厚厚的书、迎风扬起的帆和"1988"字样构成，其中书和帆组成了抽象的"丰"字。整个校徽的寓意为自 1988 年建校以来，丰镇学子在学校"宜"文化的熏陶和教师爱心的呵护下，攀登于书山，扬帆于学海，不断汲取与成长，那乘风破浪的小帆船将带着母校的教诲与期盼勇往直前，驶向成功的彼岸。

办学之思

胡巍华，上海市丰镇中学党支部书记兼校长，上海市园丁奖获得者。她带领学校团队，孜孜探求适合学校师生特点的发展之路，构建了以"宜"文化为核心的教育理念与办学目标，从课程文化、制度文化、环境文化、团队文

化等方面引领学校发展，打造更适宜学生成长、教师发展的学校教育环境，使具有丰镇特色的"和谐合力、和宜共生"成为学校共同的发展愿景，达到了硬环境与软文化的同步发展，实现了办学品质的提升。

教学之本

● 名师风采

王莹，特级教师，正高级教师。获全国、上海市初中语文教学评比一等奖，上海市语文教学之星、上海市先进工作者等称号。虹口区初中语文学科培训基地主持人，拓展型课程教材特约撰稿人。

马红霞，高级教师，曾担任区体育中心组成员。获全国中小学体育教师教学技能比赛一等奖、上海市教学案例评选一等奖、上海市百佳老师等荣誉。

赵懿，高级教师，区"双名工程"种子团队领衔人，中国家庭教育高级指导师。获上海市园丁奖、上海市金爱心教师等奖项。

秦瑶，高级教师，区骨干教师，区艺术音乐中心组成员。获国家级和市级优课、上海市中小学音乐学科课堂器乐教学评比一等奖等奖项。

● 特色课程

"宜修"课程是我校"宜"文化的核心内容之一，旨在涵养修为，修习同步。"宜修"课程将本校特色"艺、体、科"等素养课程和分层分类的立德课程相融合，以培养学生认知能力、合作能力、创新能力、审美能力为目标，设置了以德立人、以文化人、以体塑人、以艺润心、科创育人五大课程板块，以丰富多彩的课程内容和探索体验的授课方式，让学生真正在实践探究中习得人文知识，在欣赏交流中提高审美情趣，在设计创新中发展思维能力。

● 学生代表

王珏，2008届毕业生，现就职于SMG上海广播电视台融媒体中心。曾多次获全国及省市级大学生广告艺术大赛一等奖。参与全国两会、新中国成立70周年大阅兵、国产大飞机C919首飞等重大主题报道的策划、采访、拍摄、编辑工作，独立剪辑和参与主创的作品多次获融媒体及电视新闻奖项。

袁清，2015届毕业生，现为同济大学研究生在读。中学阶段获上海市未来工程师大赛和青少年创新大赛一等奖，并申请了一项国家专利。在上海市大学生工程训练综合能力竞赛中获特等奖，一项作品被宝山3D打印文化博物馆收藏。现已成为一名光荣的中国共产党党员。

金洋，2018 届毕业生，现就读于上海海洋大学经济管理学院食品经济管理专业，担任学生会组织部部长，参与党校培训、智慧团建等党团工作。积极参加学校防疫及各项社会公益实践活动，获优秀志愿者、社会工作积极分子等称号，现已推优成为一名入党积极分子。

● 品牌活动

我校非常重视学生创新精神和实践能力的培养，探索了一套适合我校学生特点的分层分类科技课程，并定期开展学校特色品牌活动——"科技嘉年华"。活动包含大型"科学魔法秀"实验场、"我行我秀"科技制作体验场、"最强大脑"科技创意竞赛场，全校参与率达到 100%，真正让学生在科创活动中发掘自身潜力，展现各自才华，使"宜修"课程、"宜智"课堂在科技园地落地生根。近年来，我校学生获得很多科技奖项，其中全球比赛 5 项，市级 65 项，区级 96 项。

● 荣誉奖项

全国足球特色学校

上海市安全文明校园

上海市课改试点学校

上海市家庭教育基地学校

上海市新优质项目学校

上海市书香校园

上海市绿色学校

上海市虹口区艺术特色学校

人文之萃

● 杰出人物

赵玉银，1937 年 7 月出生，1943 年参加地方武装，担任六师十六旅四十七团三营机炮连机炮手，参加了涟水战役、莱芜战役，并立下三等功。新中国成立后，成为一名保密员，后进入虹教系统工作，获优秀共产党员称号。离休后，赵老师牢记"离岗不离党，退休不褪色"，加入离休支部，积极参与学习交流活动。

向善向美，聚力前行

——上海市第五中学

学校之魂

上海市第五中学创办于 1893 年春。秉承百年悠久历史文化传统，学校始终将"仁善"作为师生代代相传的价值取向。随着时代的变迁，"求善臻美"成为了市五中学的学校之魂。

求善，为人求善，追求健全的人格，是立世的根本；臻美，为学臻美，日趋坚实的学力，是持续发展的动力。学校坚持"为了每一个学生的终身发展"这一办学宗旨，确立了"人格健全、学力坚实"这一培养目标，始终将"善"文化融于日常教育教学，助推学生个性化发展。

校徽主图以变形的"F"作为造型的元素，1893 代表建校年份。F 是英语 FIFTH、FIRST-RATE、FAVOURITE 的第一个字母。简洁的图案、鲜明的色彩、动感的造型、富有强烈的时代感，给人们以视觉的愉悦，表达了五中师生追求卓越的强烈心愿，并能引发众多美好的联想和憧憬。"关爱每一个学生，全力托起明日的太阳"是校徽寓意的动人之处。

办学之思

李西双，上海市第五中学党支部书记兼校长，英语高级教师，先后于英国的兰卡斯特大学和新加坡南洋理工大学国立教育学院参与英语专业培训。李校长始终以面向未来的眼光规划百年五中的当下发展，积极带领全校围绕"五育并举"

理念，以"向未来"的眼光开发学生个性定制课程，以"创一流"的导向构建务实、高效、智慧型教师队伍，以"求卓越"的目标强化百年五中学校建设。在她的推动下，五中在新校区积极开展智慧校园的建设，形成了温馨上进的校园氛围。

教学之本

● 名师风采

沈建范，副校长，英语高级教师，英语学科虹口区骨干教师，2015 年毕红秋英语名师基地结业，出版《中学生英语阅读技巧与提高》（第一册、第二册）（上海教育出版社、上海海文音像出版社）。

王晓怡，心理高级教师，教育心理虹口区学科带头人，国家二级心理咨询师，家庭教育指导师，上海市优秀教育科研员。

黄蕴璐，科学高级教师，虹口区科学学科中心组成员，跨学科教育虹口区骨干教师，上海市虹口区园丁，上海市教委"TI-STEM 科学项目"和"K-12 科学测评研究项目"项目组成员。获上海市中青年教师教学评比二等奖。

包佳珺，美术学科虹口区骨干教师，两次参与"空中课堂"拍摄工作。获上海市中青年教师教学评比一等奖、上海市体育艺术领域教师课堂教学专业能力评选一等奖、虹口区中小幼教师课堂教学公开教学评比一等奖。

● 特色课程

市五中学提出"DP 课程"（Development & Progress）建设思路，"D"意为全方位发展，"P"意为稳步的进步。结合多元智能发展理论和五育并举理念，学校开设了一批个性定制课程，包括"课本剧""数学建模""乐高机器人""FPSPI 未来问题解决""校园创业大亨""人工智能"等。个性定制课程既是基础学科的延伸，又是激发兴趣特长的生长点，同时也是个性发展的出发点，在"乐学善创"的氛围中提升学生核心素养。

● 学生代表

陈诗松，2004 届毕业生，本科毕业于同济大学广播电视新闻学，研究生毕业于复旦大学新闻学。2011 年进入青年报社工作，现任青年报社品牌活动中心副总监、团委副书记。资深媒体人，长期深耕新闻领域和公益领域的实践和研究。获上海市新闻奖、上海市优秀共青团员、上海市优秀志愿者、福布斯中国 30 位 30 岁以下精英等荣誉。

耿福山，2007 届毕业生，2010 年进入上海大学化学系学习，2014 年直升化学系硕士研究生，2017 年进入华东师范大学无线电物理系学习，2021 年 6 月取得博士学位，并留校从事博士后研究工作。专业领域为储能材料、核磁共振与电子顺磁共振。

● 品牌活动

科技节是学校特色品牌活动之一，从专家讲座到科学实验操作，再到创意比赛项目，学生在"创意科学集市"沉浸式体验。

学校先后承办"环球自然日　青少年自然科学知识挑战赛"上海赛区决赛和首届长三角青少年人工智能奥林匹克挑战赛总决赛。

学生在上海市青少年科技创新大赛、上海创客新星大赛、雏鹰杯科创小达人等活动中硕果累累，先后有三个项目参与上交会"青少年科技发明成果展"，4 名学生获得上海市青少年科学研究院小研究员称号。

● 荣誉奖项

2022 年上海市科技示范校

2022 年虹口区行为规范示范校

人文之萃

● 杰出人物

白芦，1930 年出生于上海，学生时代就积极参加中国共产党组织的学生运动，1949 年入党，1950 年在上海青年文工团转正，成为中国共产党的正式党员。在建设新上海的奋斗历程中，她倾注了一生的心血，曾参与编写了《好孩子》电影剧本。1978 年就任上海市第五中学校长，始终致力于为教师和学生搭建良好的平台。离休后长期担任离休支部委员，经常通过座谈、国旗下讲话等形式与少先队员分享自己的亲身经历和切身体会，勉励学生好好学习、天天向上。

培根铸魂，启智增慧

——上海市民办新复兴初级中学

学校之魂

　　上海市民办新复兴初级中学坐落于四川北路原复兴中学旧址，"复兴"二字取"旦复旦兮、振兴中华"之意。1998 年建校后影响不断扩大，2006 年转制为民办中学。

　　校徽中央橙色奋翅欲飞的雏鸽图样系"复兴"二字拼音首字母合体，寓意学生谨记"复兴"使命，逐梦远翔，不忘旧巢。中央蓝黑色的圆形平台系"初级"二字拼音首字母合体，寓意学校着力培根铸魂，为学生的终生发展奠基；坚持启智增慧，助力全体学生腾飞。

办学之思

　　朱筱仙，上海市民办新复兴初级中学校长。二十多年来默默地在学校带头人的岗位上耕耘，以孜孜不倦的工作态度，理顺学校工作机制，秉持"追求卓越，立人为本"的办学理念，引领学校快速发展。她主持创立了基于创新实验室的一系列自主实验课程。她主笔的《数字化创新实验室对学生学习方式转变的研究》获装备部课题二等奖，相关研究收录在区绿色生态项目文集中。2022 年朱校长妥善安排线上教学并形成经验文汇，获区评比一等奖。

郦国凯，上海市民办新复兴初级中学党支部书记兼常务副校长。获全国和上海市优秀教师、区优秀党务工作者等荣誉称号。他始终将党组织建设和学校发展作为工作的出发点和落脚点，从为党育人、为国育才、教育改革、专业技术、师德修养等方面落实政治学习内容。郦书

记始终坚持以德为先、五育并举的育人目标，激励教师挖掘各学科所蕴含的理想信念、爱国主义等教育元素，培养出更多有理想、敢担当、能吃苦、肯奋斗的复兴学子。

教学之本

● 名师风采

刘展鸥，物理高级教师，副校长，区学科带头人，新教材编写组成员，先后 7 次参与空中课堂拍摄。

孙秀珍，数学高级教师，校长助理，高级职务评审专家，《学科基本要求》审稿专家，区园丁奖得主。获区优秀招生工作者、川北好党员等荣誉称号。

张磊，体育高级教师，总务主任，体育学科"种子计划"领衔人，市体育领军后备人才基地班学员。获区年度工作突出贡献奖等荣誉称号。

陈文礼，语文高级教师，语文教研组学习组长。获区教学评比一等奖，市教学评比二等奖，市优秀单元作业、试卷案例征集评选二等奖，市爱岗敬业教学技能竞赛二等奖。

● 特色课程

基于数字化创新实验室的课程是学校特色课程之一。学校以数字化实验室为平台，开发了与科学相关的一系列课程，并形成品牌辐射全区。课程在数字化转型的道路上领先一步，为全体学生搭建开放多元、自主创新的平台，并依托课程促进教师专业发展。

● 学生代表

孔庆昊，1999 届毕业生，于复旦大学毕业后回复兴高级中学任教。获市金爱心教师、区十佳班主任、区园丁奖等荣誉称号。

印敏，1999届毕业生，曾就读于复旦大学和哈佛大学。深耕营销领域，世界五百强公司全球总部高管。

施政，2001届毕业生，同济大学毕业后任上海广播电视台记者。获全国广电新闻一等奖、市广电新闻一等奖等。

马易安，2005届毕业生，曾就读于上海交通大学、华盛顿大学和加州大学伯克利分校。博士生导师，系机器学习和人工智能研究领域专家。

鲍方越，2007届毕业生，曾就读于乔治城大学、哈佛大学、德国不来梅大学。从事音乐剧制作、教育信息化等工作，译著包括《芬兰道路》《新加坡教育》等。

● 品牌活动

"青春飞YOUNG"十四岁生日主题教育是"复兴人"分层成长专题校本德育课程建设中的重要组成。以青春期教育为重点，以"学会关注社会，融入社会"为目标，以提高校本德育特色为重点，辐射集团，聚焦学生成长，如心理健康、兴趣培养、学习动力等，帮助学生迈好青春第一步。

● 荣誉奖项

上海市文明单位

上海市依法治校标准校

上海市拥军爱国模范单位

虹口区先进基层党组织

虹口区党支部建设示范点

人文之萃

● 学校景物

思源池，校门内，两楼间的思源池的清水倒映着绿草红花。每日她迎来送往莘莘学子，劝勉他们饮水思源，勿忘师恩。

学校的主楼已历经百年风雨，巴洛克风格的穹顶下有着8553名学子的青春记忆。主楼门厅内苏步青教授题写的"求真"校训金光闪闪，要求每一位复兴学子须"待人真诚、求得真知、坚持真理"。

探索·奋进

——上海市民办新华初级中学

🎵 学校之魂

上海市民办新华初级中学的校训为"做人求真，学问求实"。"做人求真，学问求实"是一种道德理想信念追求，也是一种做人做学问的实践行为。做人要真诚，做学问要实事求是。

校徽以校名汉语拼音"H"和"C"为设计原点，圆形中心图案将"H"和"C"融合，合二为一。意象"C"既是一只雏鸟，振翅欲飞，又似两棵刚刚吐露新芽的幼苗。橄榄枝体现教育的希望和关怀。校徽为蓝色，充满活力、智慧。

🎵 办学之思

陈剑波，高级教师，上海市民办新华初级中学校长，华师大一附中教育集团总校长。获上海市园丁奖、华东师范大学附属（实验）学校发展贡献奖等荣誉称号。教育理念：在教育改革中勇于探索，在探索中有一份思考，有一些坚守，在思考和坚守中勇于奋进。

方霞琴，高级教师，上海市民办新华初级中学党支部书记。获虹口区三八红旗手、上海市三八红旗手、上海市中小学德育研究协会"育德之星奖"等荣誉称号。教育理念：教育学生树魂立根，懂礼守序，律己敬人，同时珍爱生命，认识生命的本质，理解生命的意义，创造生命的价值，将自己的生命融入到社会之中。

教学之本

● 名师风采

焦琦若，语文正高级教师，教导主任，上海市首批名师工程培养对象，区工作室主持人。

黄智勇，数学高级教师，国家数学奥林匹克一级教练，数学教研组长。

夏丽勤，英语高级教师，教导副主任，区英语骨干教师、中心组成员。获上海市园丁奖、区新长征突击手等荣誉称号。

徐万青，物理高级教师，综合组教研组长。获省优质一等奖、上海市初中物理竞赛优秀指导教师。

张淑云，政教主任，道德与法治高级教师，区学科带头人。

● 特色课程

学校以"全面发展、基础扎实、学有特长、培养能力，为学生的终身发展奠定基础"为课程理念，五育并举，聚焦核心素养，坚持创设"六大教育板块"特色课程，满足学生的发展需要，促进学生的全面发展。

● 学生代表

袁昊琛，2007届毕业生，中信证券高级副总裁，曾任职于美国纽约摩根士丹利外汇期权量化分析师、副总裁。获北京大学李彦宏一等奖学金、中国大学生物理竞赛一等奖等。

朱贻文，2003届毕业生，华东师范大学城市发展研究院副教授，硕士生导师，经济学博士。主持国家自然科学基金项目、上海市人民政府决策咨询重点项目等课题近十项。

陈澍，2016 届毕业生，就读期间获大同杯物理竞赛一等奖、新知杯数学竞赛二等奖、天原杯化学竞赛一等奖等。2019 年至今在清华大学交叉信息学院计算机科学与技术专业学习（姚班）。

吕瑞源，2016 届毕业生，就读期间获第 35 届全国中学生物理竞赛决赛一等奖。2019 年 9 月进入清华大学学习（智班），大学就读期间获学业优秀奖奖学金。

翟政，2007 届毕业生，青年双簧管演奏家，先后获瑞士、匈牙利、新加坡等国际音乐大赛一等奖，出版发行个人独奏专辑《巴塞尔傍晚》。

● 品牌活动

"红十字，在行动"传统德育活动。通过劝募、义卖、走进养老院、帮助社区科普宣传与活动，学生们收获了辛劳与快乐，传递了爱心和善举。

新华初科技艺术节。头脑奥林匹克、机器人、车模、科创小发明、管乐、声乐、戏剧、小品等比赛开展得如火如荼，既锻炼了学生能力，又丰富了师生的校园生活。

"班班有歌声"迎国庆大型文艺汇演。展现了学生出众的文艺才能，增强了班级凝聚力，加深了学生"歌颂祖国，热爱祖国"的情感升华。

新华初广播操暨小小体育运动会巡礼活动。学生在参加各项体育赛事中，用肢体语言来表述团结、活泼、奋发、向上的精神。

● 荣誉奖项

全国红十字模范校

全国青少年标准化科普教育示范学校

上海市文明校园

上海市科技教育特色示范学校

上海市艺术教育先进集体

学校管乐团被市教委命名为上海市学生艺术团

人文之萃

● 杰出人物

陆继椿，语文特级教师，原华东师范大学第一附属中学副校长。获上海市优秀人民教师、全国教育系统劳动模范、全国五一劳动奖章等荣誉。1997 至 2000 年任华东师范大学第一附属初级中学校长。

● 学校景物

丰富多彩的学校活动。

文化立校，素质育人

——上海市民办新北郊初级中学

学校之魂

本着"为学生一生奠基"的办学理念，学校以"学会读书，学会做人"为校训，旨在培养德高、体健、学勤、行笃的栋梁之材，即适应社会发展的德才兼备、身心健康、情趣高雅、勇于实践创新的德智体美劳全面发展的社会主义建设者和接班人。

校徽中心图案为挥动翅膀的小鸟，是"北郊"二字拼音首字母"B""J"的变形组合，体现新北郊学子的活力四射、朝气蓬勃；小鸟由红、黄、蓝三色组成，三原色可以调配出万千色彩，象征学校生活的多彩多姿。外圈是两个同心圆，象征师生凝心聚力、追求卓越的坚定信念。校徽寓意新北郊是梦开始的地方，助学子展翅高飞，成就梦想。

办学之思

张小敏，上海市民办新北郊初级中学党支部书记，校长，上海市特级教师，上海市人民政府督学，上海市中小学德育研究协会班主任专业委员会副主任。她秉承"为学生一生奠基"的办学理念，坚持文化立校、素质育人的办学思路，积极开展环境文化、管理文化、课程文化、班级文化和教师文化建设，引领学生幸福成长，推动教师专业发展，促进学校内涵提升。

教学之本

● 名师风采

邵毓佳，副校长，数学高级教师，上海市第四期"双名工程"种子计划领衔人，虹口区数学学科带头人。获上海市园丁奖等荣誉称号。

邵颖，副书记，德育高级教师，虹口区德育学科带头人。获上海市园丁奖、虹口区十佳班主任、虹口区新长征突击手等荣誉称号。

滕明，语文高级教师，课程教学中心主任。获上海市园丁奖、虹口区三八红旗手等荣誉称号。

李周婷，数学高级教师，教师发展中心主任，虹口区数学骨干教师，虹口区数学中心组成员，全国中学青年数学教师优秀课观摩与评比活动一等奖。获上海市园丁奖等荣誉称号。

吴辉琴，英语高级教师，虹口区英语骨干教师，上海市教育考试院命题专家。

● 特色课程

学校"玩中学"实践体验课程由兴趣、动手做、体育、科艺四个板块组成，每周四课时。全体教师充分发挥自身特长，积极参与课程开发和实施，为学生提供丰富多样的学习经历。

● 学生代表

陈陈，2006届毕业生，清华大学本科毕业，时任清华大学物理系科协副会长，获全国物理奥林匹克竞赛决赛和全国青少年信息学奥林匹克竞赛上海赛区一等奖，现从事计算机软件工作。

薛冬瀛，2006届毕业生，复旦大学本科毕业，曾任复旦大学新闻学院学生会主席，现从事数字化鉴定与分析工作。

陈晓桑，2007届毕业生，复旦大学本科毕业，现就职于复旦大学附属中山医院。

葛辛祎，2010届毕业生，华东政法大学法学学士，上海交通大学、美国哥伦比亚大学法学硕士，现从事律师工作。

陈姿霖，2012届毕业生，北京大学本科毕业，英国牛津大学硕士，现从事金融投资工作。

● 品牌活动

"校园四节"综合实践课程为我校的品牌活动。学校注重顶层设计，将德育活动与学科有机融合，形成体系。读书节与语文、道法、历史、地理等文综学科结合，围绕中华优秀传统文化开展活动。体育节以跑、跳、投、奥运为主题，开展小型多样的体育比赛，向学生传递健身理念。艺术节与音乐、美术学科结合，确立钢琴、合唱、舞蹈、民乐四个内容，让学生体会艺术魅力，学会艺术欣赏。科技节融合数学、物理、化学、生物等理综学科，培养学生的创新精神和实践能力。

● 荣誉奖项

上海市文明单位（上海市文明校园）

上海市中小学行为规范示范校

上海市巾帼文明岗

上海市家庭教育示范校

上海市中小学心理健康教育示范校

人文之萃

● 杰出人物

卜瀛洋，上海市民办新北郊初级中学首任校长，提出"为学生一生奠基"的办学理念和"学会读书、学会做人"的校训，为办学夯实基础。

郎建中，原上海市北郊高级中学校长，2006 年继任校长，提出"文化立校、素质育人"的办学思路，实现办学新的跨越。

● 学校景物

校训石，一本打开的石书上镌刻着红色的八字校训"学会读书，学会做人"，勉励学生牢记校训，为未来发展奠定坚实基础。

智慧墙，刻有古今中外20位名人雕像，引导学生向伟人学习，志存高远，勤奋学习，让智慧闪耀光芒。

生肖廊，将中国传统文化与校园景致融为一体，在笔直绿树掩映中，十二生肖石凳依次排开，栩栩如生，供学生课后休憩。

以鲁迅精神擘画学校发展之路

——上海市民办迅行中学

🎓 学校之魂

上海市民办迅行中学系完中建制。自 2014 学年起，因区域生源调整，停招高中生。校训为"爱迅行校，铸鲁迅魂，做迅行人"。学校以鲁迅精神作为学校文化的核心价值，以培养人作为学校的根本任务，长期致力于弘扬、传承鲁迅精神教育实践。建校二十五年，"迅行文化"结构已基本形成：理念层面——办学理念、学校精神；制度层面——"立人"课程、"爱、诚、立、进"品德教育；行为层面——"三风"建设、师德及行规要求。"首在立人"成为优质立校之魂。

校徽外圈为校名的中英文对照，内圈为校名"迅行"的首字母变异。图案造型为两人携手奔跑，寓意师生共同奔赴美好未来。

🎓 办学之思

以李传荡、陶薇芳为首的董事会，积极探索实践，为办一所优质民办学校笃行不息。党支部书记赵京晶、校长张建国，秉承优良传统，坚持"品行正，体魄健，学力优"的学生培养目标，促进五育融合全面发展。学校管理以质量为中心，努力确保管理过程的精细化、高品质。

迅行中学长期坚持自主学习实践，在培养学生强化

在校工作的董事会成员

知识迁移及综合运用能力、提高学生的思维质量等方面，自成一体，卓有成效。2008 年以来，教学质量始终稳居区域前列。

教学之本

● 名师风采

陈瑾芝，物理高级教师，虹口区学科带头人，上海市第四期"双名工程"种子计划领衔人，中国物理专委会会员。获上海市中青年教师教学评比、作业设计一等奖，全国物理创新大赛、全国物理名师赛、全国物理实验教具制作一等奖。

施佩华，数学高级教师，虹口区骨干教师。课堂教学在简约中追求高效，注重实效，关注学生发展。获上海市中小学中青年教师教学评比三等奖、上海市中小学优秀作业评选活动二等奖。

茅瀛，数学高级教师，数学教研组长，运用新课程标准理念指导教学。领衔项目"基于学生差异的单元作业设计实践研究"系区 2021 年度教科研重点项目，获上海市初中生元认知数学竞赛优秀辅导员奖。

赵京晶，政治高级教师。坚持把思政小课堂同社会大课堂相结合，以人格魅力感染学生。多次带教，以学识造诣助力青年教师专业成长。获上海市思政课教学评比二等奖。

卞文文，历史教师，区研拓学科中心组成员，迅行学生社团工作室主任。2000 年开始探索研拓课教学，成立以鲁迅"立人"精神为主旨的学生社团，在弘扬鲁迅精神领域有一定影响力。

● 特色课程

数学课程崇尚"教需有法，教无定法，大法必依，小法必活"。自编校本教材。应用生活化教学方式，注重培养学生的数学素养。教学成绩颇佳，受到学生好评。

物理课程从学生兴趣、认识规律和探究实践出发，统整教材结构，设计开放性问题和实践性课题。注重过程和方法，充分体现科学思想和人文精神渗透。教学成果明显。

● 学生代表

潘程里，2014 届初中毕业生，上海交通大学保送至北京大学物理化学专业攻读博士，获博士研究生校长奖学金，长期担任迅行学生社团校外辅导员。

严晓悦，2012届初中毕业生，从复旦大学到美国康奈尔大学、北京大学连续攻读硕士、博士学位，主修法律，迅行"立人"教育实践浸润她一路成长。

崔樱子，2009届初中毕业生，中共党员，复旦大学国际关系专业硕士研究生毕业，在某跨国药企负责市场品牌战略规划，迅行的价值观奠定其成长基础。

朱一欧，2003届高中毕业生，中共党员，高级会计师，美国瑞德大学会计学硕士，市教委财务与资产管理中心评审专家。

● 品牌活动

迅行学生社团构成了学校"立人"文化建设的一部分，主要活动有上海鲁迅纪念馆组织的"行走鲁迅小道"、鲁迅版画木刻临摹等；比赛有鲁迅课本剧创作表演、上海市中学生微课题大赛、环球自然日青少年自然科学挑战赛等。各类活动学生参加人数、获奖类项均在全市名列前茅。

● 荣誉奖项

上海市文明校园（文明单位）

上海市中小学行为规范示范校

上海市家庭教育示范校

上海市安全文明校园

上海市绿色学校

人文之萃

● 杰出人物

李传荡，迅行中学创办者，董事长。1960年从福建诏安县考入厦门大学数学系，1964年毕业后进入上海市鲁迅中学工作，2000年从校长岗位上退休。在鲁迅中学工作期间，培养了大批优秀学生，其中最具代表性的是李骏同学，获得全国中学生数学竞赛第一名，现为中国科学院院士、复旦大学数学研究所所长。

陶薇芳，迅行中学创办者之一，1964年毕业于南京师范大学数学系，现任迅行教育集团总校长。2002年提出"全员、全程、全方位"德育管理模式，并在首届"上海市民办教育德育研讨会"中作经验分享，德育理论与实践研究造诣深厚。2021年起，陶薇芳同志偕同家人，以已故丈夫的名义，出资设立宋耀生奖教金，用于奖励迅行中学优秀教师及优秀管理者。

● 学校景物

迅行中学自设学习鲁迅精神陈列室，对学生开展"立人"文化主题教育。

迅行中学每年参加的环球自然日比赛活动，成绩斐然。

印痕之美，不出校园玩拓印——上海鲁迅纪念馆送教上门活动。

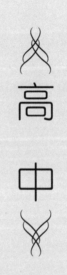

高中

这一站，复兴

——上海市复兴高级中学

学校之魂

上海市复兴高级中学的校训为"求真"，意为"追求真理、探索真知、崇尚真情、塑造真我"。"求真"是复兴立校之本，也是复兴强校之魂。复兴教师的"求真"是"秉真心、崇真性、识真趣、育真材"。复兴学子的"求真"是"探真知、炼真才、做真人、求真理"。

校徽兼有古朴典雅与现代开放的特点。校名采用篆书与英文两种字体，以示学校悠久的历史和包容开放的性格。校训"求真"二字用隶体书写于课本之上，以体现复兴人追求真理、获取真知、感情纯真的精神。校徽顶部冠以白玉兰的图案，点明学校所属政区，也用以象征复兴人纯洁、高雅的气质。整体造型别致而庄重。

办学之思

陆磐良，上海市复兴高级中学党总支书记、校长，曾任华东师范大学第一附属中学校长。在30多年的教育生涯中，始终聚焦"以德立校、依规治校、数字强校"的办学策略，养成了深入研究、小心实践的习惯，撰写出版了《高考新政下的学校办学变革》《高中生职业生涯教育探索与实

践》等研究成果。2012 年成为第三期"上海市普教系统名校长名师培养工程"刘彭芝校长培养基地学员，2013 年被评为西藏自治区优秀教育工作者，2017 年被评为上海市园丁，2018 年获评上海市特级校长。

教学之本

● 名师风采

付文治，特级教师，正高级教师，区学科高地理事长，学校学术委员会主任，历史教研组组长。

杨迅，特级教师，正高级教师，区学科带头人，学校学生发展中心主任。

奚骏，特级教师，正高级教师，区学科培训基地主持人，学校后勤保障中心副主任，信息中心主任，信息技术教研组组长。

施娟，正高级教师，区学科带头人，学校体育教研组组长。

楼蕾，正高级教师，区学科带头人，学校英语教研组组长。

陈华，正高级教师，学校生物学教研组组长。

● 特色课程

上海市复兴高级中学是国家级排球传统项目学校，排球课程是学校最具特色的课程之一。近年来，体育教研组在"教会、勤练、常赛"理念指导下，对排球课程系统重塑，建构了双向选择、项目分层、结构化教学、学生联赛、校队辐射相互贯通的实施体系，丰富了学校"新课程、新教材"改革，为发展学生的运动技能、体育精神和健康习惯铺设了广阔路径。

● 学生代表

许厚泽，1951 届毕业生，中国科学院院士，著名大地测量与地球物理学家，为建立大地测量学与地球物理学的交叉科学——动力大地测量学做出了重要贡献。

倪光南，1956 届毕业生，中国工程院院士，曾任联想集团首任总工程师，是我国最早从事汉字信息处理和模式识别的学者之一，主持开发了联想式汉字系统、联想系列微型机等。

郑时龄，1959 届毕业生，中国科学院院士，著名建筑学家，曾参与上海城市空间规划、上海世博会总体规划、南京路步行街等重要工程项目，是上海市复兴高级中学现址总设计师。

● 品牌活动

自 1988 年举办首届"科技兴邦，为国成才"科技节以来，学校逐步形成了以"YUE 动校园"为主题的读书、体育、艺术、科技四大校园文化节，构建起指向五育融合的校内活动体系，使学生在活动实践与文化浸润中实现人文素养、运动热情、审美意趣、创新精神的提升。

● 荣誉奖项

世界顶尖科学教育联盟实验基地校

全国青少年道德培养实验基地

首批上海市文明校园

上海市优秀教师专业发展学校

上海市教育信息化标杆培育校

人文之萃

● 杰出人物

姚晶，1959 年 6 月任复兴中学校长，1990 年离休。在数十年的教育生涯中，姚校长始终是引领时代之先的探索者。二十世纪五六十年代，他领衔"五年一贯制"试点，提出"透彻理解、牢固掌握、举一反三、熟练运用"十六字教学质量标准，取得重要教改成果。离休后，他仍为学校的发展贡献着力量，值得每一个教育工作者学习。

● 学校景物

图书馆，命名为"涵泳阁"，取自陆九渊《读书》："读书切戒在慌忙，涵泳工夫兴味长。未晓不妨权放过，切身须要急思量。"陆九渊是陆王心学的代表人物，与理学的集大成者朱熹齐名。一般认为，理学偏重道问学，而心学更讲尊德性。以此命名是希望复兴学子能够潜心书海，掌握有效的读书之法，学海无涯乐为舟。

创新五修课程，锻造新光华人

——华东师范大学第一附属中学

🎵 学校之魂

　　华东师范大学第一附属中学的校训为"格致诚正，自强不息"；办学理念是"培养研究型学生、造就研究型教师、建设研究型学校文化"；办学思想是"积极研究、勇于尝试、艰苦卓绝"；办学策略是"以德立校，依规治校，数字强校"；办学特色是"科研领先，教有特点；全面发展，学有特长"；培养目标是培养"品行正、能力强、素养高"的新时代"光华人"。学校以"立德树人"为根本任务，基于"五育并举"实施指向育人方式变革的"五修课程"，践行社会主义核心价值观，传承优秀文化传统，为学生终身发展奠基。

　　校徽图形的构思来自老校区独特的建筑造型，与坐落在虹关路88号的现校区的空中俯视外形契合。图案中上方的一"横"表示争创一流之意，下方的三"竖"意为德、智、体全面发展，造栋梁之材。

🎵 办学之思

　　王新，学校党总支书记，上海市特级书记，正高级教师，上海市督学。获上海市"四有"好教师、上海市三八红旗手、上海市园丁奖等荣誉称号。

　　袁芳，校长，党总支副书记，上海市园丁奖获得者，上海市教育系统三八红旗手，上海市物理特级教师，正高级

教师，上海市教育学会物理教学专业委员会副主任，上海市物理教材审查组成员，上海市普教系统"攻关计划"主持人，虹口区拔尖人才。

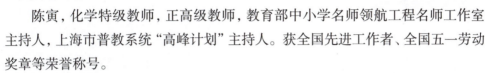

 教学之本

● 名师风采

陈寅，化学特级教师，正高级教师，教育部中小学名师领航工程名师工作室主持人，上海市普教系统"高峰计划"主持人。获全国先进工作者、全国五一劳动奖章等荣誉称号。

陈明青，政治特级教师，正高级教师，教育部大中小学思政课一体化建设指导委员会、基础教育教学专家指导委员会委员。获全国最美教师、全国先进工作者等荣誉称号。

李支舜，语文特级教师，正高级教师，华东师范大学硕士研究生导师，中国阅读鉴赏研究会理事，中国语文现代化学会研究员。获"曾宪梓教育基金奖"、全国优秀语文教师等荣誉称号。

管维萍，语文特级教师，正高级教师，虹口区高中语文基地主持人，上海市普教系统"种子计划"领衔人。获上海市园丁奖等荣誉称号。

阮武林，通用技术正高级教师，上海市普教系统第四期"双名工程"学员，攻关计划成员，种子计划领衔人。获上海市优秀教学成果二等奖等荣誉。

● 特色课程

语文"读写一体"课程。关注学生阅读转化为写作能力的学习经历，在阅读与写作之间搭建桥梁，实现读写的深度结合。

英语"语用实践"课程。利用小班化、模块化教学以及"听说写融合"形式，结合趣配音、课本剧等实践活动，提升英语的语用能力。

"斑马鱼"实验室。以斑马鱼为研究主角，创设研究型学习场域，实现自主探究的学习模式，让学生体验趣味的科学研究过程。

UAV 无人飞行器。实施 PBL 课程教学模式，由同济大学沈海军教授与科技总辅导员高华教师执教，旨在培养自主学习和解决问题能力。

体育"一条龙"。体育课程实行"3+2+2+X"教学模式，是全市体育"一条龙"羽毛球人才培养体系的首批学校。

● 学生代表

姚依林，1934 届毕业生，第十三届中央政治局常委，原国务院副总理，经济工作卓越领导人。

谢晋，1940 届毕业生，著名导演、编剧。

尉健行，1949 届毕业生，第十五届中央政治局常委，原中央纪律检查委员会书记。

陈凯先，1962 届毕业生，中国科学院院士，我国计算机辅助药物设计领域的开拓者。

钱文忠，1984 届毕业生，文学家，语言学家，教育家。

● 品牌活动

生涯心理：以常规活动课程化、体验活动项目化、规划活动体系化为策略开展教学，形成研究型人格养成的心理、生涯教育特色，连续 20 年荣获上海市心理健康教育示范校称号。

教师成长摇篮：学校是上海市教师专业发展学校暨见习教师规范化培训基地，连续多年被评为上海市优秀教师专业发展学校；学校也是华东师范大学教育硕士培训基地。

● 荣誉奖项

1999 年—2022 年上海市文明单位（校园）

2021 年上海市先进基层党组织

2021 年上海市三八红旗集体

2021 年节约型公共机构示范单位

2022 年上海市科技教育特色示范学校

2022 年上海市中小学心理健康教育示范校

人文之萃

● 杰出人物

廖世承，我国著名的教育家、心理学家，华东师大一附中首任校长，提出了"积极研究、勇于尝试、艰苦卓绝"的办学思想。学校尚真楼大厅里大理石基座上端坐着廖校长半身像，铜像背后是他亲笔书写的办学思想和签名。

20 世纪 90 年代，华东师大一附中持续在教学领域进行改革探索，形成了"五朵金花"。语文特级教师陆继椿设计以写作为中心的循序渐进体系；特级教师张思中创立"适当集中，反复循环"外语教学法；特级教师刘定一创办"跨学科研究所"；崔乐美教师积极探索心理教育；特级教师吴传发遵循思维规律，培育学生数学思维。

● 学校景物

校训石，石料选自太湖的天然卵石，其正面镌刻校训"格致诚正，自强不息"，彰显办学之魂。

文化立校，素质立人

——上海财经大学附属北郊高级中学

学校之魂

　　上海财经大学附属北郊高级中学具有125年悠久办学历史和优秀传统文化积淀，以"文化立校，素质立人"为办学理念，倡导"尊重、合作、包容、共生"的文化精神，确立"德才并重，知行合一，身心俱健，文理兼优"的育人目标，培养上财北郊学生成为拥有"家国情怀、国际视野、博雅学识、创新潜质、审美情趣、财经素养"的高素质人才。

　　校徽的外圈是学校的全称，小篆"晏沪"两字和"1897"字样代表学校由1897年建校的晏摩氏女中和1906年建校的沪江大学附中合并而成，象征着学校悠久的历史。校徽中央的图案是校名"北郊"中"北"字的剪影，也是学校教学楼的建筑造型。

办学之思

　　唐群，上海财经大学附属北郊高级中学校长，上海市特级校长，教育管理正高级教师，上海市督学。主张"回归教育本源""释放师生潜能"等办学理念，出版专著《用心做教育》《育人细无声》。获上海市五一劳动奖章、上海市"四有"好教师、上海市优秀校长等荣誉称号。

　　陈雪斌，党总支书记，地理高级教师，曾担任区第七

届青联会委员，区第十次、第十一次党代会代表，区教育系统党建研究会成员。长期从事党务和管理工作，曾主持研究"高中学生生涯辅导试点项目"，先后发表《以课程改革为中心　建设高水平教师队伍》《让教师主动引领学校文化的发展》等论文。

📖 教学之本

● 名师风采

张林森，数学特级教师，虹口区数学名师基地主持人。获"全国六省一市聚焦课堂优质课评比活动"一等奖，两度荣获上海市园丁奖。

周义钦，地理特级教师，正高级教师，上海市高中地理新教材总副主编，上海市第四期名师培养基地主持人，上海市督学，中国教育学会高中地理新课程专家组成员。

徐凯里，化学特级教师，正高级教师，上海市初、高中化学新教材编写组成员。获全国高中化学优质课评比一等奖、上海市五一劳动奖章、虹口区拔尖人才等荣誉称号。

马冰，语文特级教师，虹口区名师工作室主持人。2022年远赴青海果洛州大武民族中学支教，积极投入，充分展现名师风采，深受当地师生尊重和信赖。

● 特色课程

财经融合课程是我校探索高中—高校贯通式财经创新人才培养模式的成果之一。课程分为"三类九模块"，借助财经创新实验室等平台，培育学生的财经知识、财经品格与财经能力。近三年有百余位学生升入财经类院校或财经类专业。学校多次举办"高中财经融合课程"市级展示活动，发挥了良好的社会辐射效应。

● 学生代表

张全兴，1957届毕业生，环境工程专家，中国工程院院士，中国离子交换与吸附技术的主要开拓者之一。获国家自然科学奖二等奖、国家科学技术进步奖二等奖等。

张森，1958届毕业生，著名书法家，中国书法家协会理事，上海市书法家协会副主席，国家一级美术师。

钱沛云，1963 届毕业生，全国著名书法家和书法教育家，上海唯一书法特级教师，全国写字教学研究中心副主任。

项青，1988 届毕业生，现任科思创企业传播部亚太区负责人，上海市著名外企工会联合会副主席。获全国五一劳动奖章、上海市劳动模范等荣誉称号。

任晓雯，1996 届毕业生，小说家。获茅盾文学新人奖、百花文学奖、十月文学奖、华语青年作家奖等，作品荣登新浪年度十大好书榜首。

● 品牌活动

班主任节。1996 年 5 月，我校在全市首创班主任节，彰显班主任的作用，提高班主任的地位，加强班主任队伍建设。27 年来，每年围绕不同主题开展系列活动，如好书推荐、主题教育展示、德育论坛、优秀班主任表彰等，为班主任的专业成长和发展奠定坚实的基础，一批批青年班主任迅速成长、成熟。

● 荣誉奖项

上海市文明单位

上海市文明校园

上海市依法治校标兵示范校

上海市十佳中小学行为规范标兵校

上海市爱国拥军模范单位

人文之萃

● 杰出人物

李公朴，中国民主同盟早期领导人，著名的爱国民主人士。1922 年入沪江附中（北郊前身）求学。抗日战争爆发后积极从事抗日救亡运动。1946 年 7 月 11 日，在昆明被国民党特务杀害。

朱瑞珠，1954 年至 1972 年任北郊中学校长。在短短的十年内把当时生源差、名不见经传的学校办成了虹口区重点中学。1960 年荣获全国三八红旗手称号。

郎建中，1998 年至 2005 年任北郊高级中学校长。提出"文化立校"的办学思想，在管理改革、教育教学改革和学校文化建设等方面成绩斐然。2005 年学校被命名为上海市实验性示范性高中。

● 学校景物

世纪鸣钟，悬挂于学校"湛恩楼"楼顶，是1997年为纪念北郊中学百年校庆而铸造，钟身镌刻"金钟长鸣"四个大字，展现了百年老校坚忍不拔的爱国精神和不断走向辉煌的铿锵跫音。

求索少女，由同济大学设计的2.5米高的不锈钢雕塑，外观为三位少女共同托举着天文仪的形象，基座上镌刻"求索"二字，象征北郊学子一个多世纪以来薪火相传的科学精神。

着眼新时代外语预备英才培养之道
——上海外国语大学附属外国语学校

🖋 学校之魂

上海外国语大学附属外国语学校的校训为"自强、至诚、志远"。自强：以中华民族"浩然之气"为支撑，面对一切艰难困苦，振奋精神，自强不息、坚忍不拔、励精图治、改革图强。至诚：忠诚于祖国，忠诚于中国特色社会主义事业；以诚信为立身、立业之本，以诚实待人为弘扬集体主义精神之基。志远：将个人和学校的理想融入到祖国发展的事业中去，树立与全国人民共同理想相一致的远大理

想，并将其作为个人、学校矢志不渝的追求目标和人格塑造的精神境界。

校徽以"SFLS"（上外附中英文缩写）为设计元素，采用对称结构，以摇篮与花蕾造型作为总体造型，意会钱其琛题词"培养外语外交人才的摇篮"。

🖋 办学之思

杜越华，上海外国语大学附属外国语学校校长兼党委副书记，上海外国语大学附属外国语学校东校校长，语文高级教师。他有着丰富的学校管理和教育教学经验，长期致力于探索教师的专业发展和

学生多元成才的路径和方法，继承"服务祖国发展、服务人类进步"的办学宗旨，

秉承"以人为本"的教学理念和"培养文理并举的国际型预备英才"的成才目标，提出了"多语助力下多元发展"的教育策略，始终以造就一所"党和人民满意的学校"为价值旨归。

教学之本

● 名师风采

黄桂兰，上海市特级教师，正高级教师，中国教育学会"基础教育国家级教学成果奖评审专家库"和"上海市普教系统评审专家库"成员，华东师大师范生兼职导师。

王琳艺，正高级教师，校课程发展中心副主任，上海市英语教育教学研究基地兼职研究员，二期课改初、高中英语教材研究评价专家。

任念兵，正高级教师，虹教系统人才梯队学科带头人，区高中数学学科研修团队主持人。获全国高中青年数学教师教学评比一等奖，上海市中小学中青年教师教学比赛一等奖。

● 特色课程

为了适应学生对多样化、个性化和高质量外语教育的需求，学校通过"双外语班""一带一路班""英语＋选修二外"和"多语种科创人才班"四种班型，推进落实多语种课程。不同班型匹配不同基础条件、学习能力和兴趣意愿的学生，为学生今后的发展提供了多元的路径。"多语种科创人才班"采用围绕"理科特长""创新特质""外语特色"构建人才培养体系，创新人才培养模式，高质量培养多语种科创预备人才。

为了配合国家双新和高考新政的改革，适应学生多元发展需求，学校在高二年级6门加三学科实施合格班和等级班、在数学学科实施分层班和常规班的分流分层教学。

● 学生代表

胡诗成，2020届优秀毕业生。获2018中国化学奥林匹克竞赛省级一等奖、2019英特尔国际科学与工程大奖赛(Intel ISEF)瑞典青年科学家基金会大奖、能源化学组一等奖、学科最佳奖。曾受邀参加2019年诺贝尔颁奖大会。

汪晨欢，2020届优秀毕业生。获2018年第四届"外研社杯"全国中学生多语种技能大赛最佳语言奖、西班牙语团队冠军、2018年上海市高中英语竞赛一等奖、2018年北京国际模拟联合国大会"最佳代表"。

苗懿元，2021届优秀毕业生。获上海市青少年科技创新大赛三等奖、上海市青少年科学创新实践工作站优秀学生、外研社英语辩论公开赛团队一等奖、大学组个人最佳辩手。

汪栎宬，2022届优秀毕业生。获2019年第十七届21世纪杯英语演讲比赛初中组冠军、2020年度上海"希望之星"竞赛高中组特等奖、2021年全国中学生外语素养大赛全国一等奖。

董思成，2023届优秀毕业生。两次进入国际科技交流项目冬令营，并成为国际科学与工程大奖赛(ISEF)决赛选手。获高中数学联赛三等奖、物理和化学省赛三等奖、上海市古诗文阅读大赛二等奖、虹口区三好学生称号。

● 品牌活动

民族魂—中国文化节。活动展现了附中人的民族情怀，将"弘扬中华民族优秀文化、继承中华民族传统美德、发扬中华民族高尚精神"的爱国主义教育融入育人理念。

国际文化节。活动聚焦十国语言、文化、政治、经济、历史、艺术等内容，在探索语言世界的文化内涵中，接受中外优秀文化的滋养，努力实现核心素养的人才培养目标。

● 荣誉奖项

上海市实验性示范性高中

上海市行为规范示范校

全国中小学外语教研示范学校

全国外国语学校工作研究会会长学校

理事长学校

人文之萃

● 杰出人物

刘葆宏，1963年7月任学校副校长。1978年4月任学校校长。1985年3月至1988年3月任学校名誉校长。新中国成立后上海市首批化学一级教师。先后获上海市先进工作者、全国三八红旗手等荣誉称号。

杨洁篪，1963年9月至1968年8月在上海外国语大学附属外国语学校就读。

曾任中华人民共和国驻美大使，外交部第十任部长，党委副书记，国务委员，国务院党组成员，中央外事工作领导小组办公室主任，中央国家安全工作领导小组办公室主任，中央维护海洋权益工作领导小组办公室主任，中央外事工作委员会办公室主任，中共第十六届中央候补委员，十七届、十八届、十九届中央委员，十九届中央政治局委员。

● 学校景物

文化花园，处于绿荫环绕的校园中央，新廊道与校园教学楼相连，具有异国风情的植物、多语种地刻和喷泉等元素，承载了英、法、德、日、俄、西等国家的花园艺术文化，构建起校园学习和生活的丰富脉络，体现了附中校园文化的独特魅力。

使命石，附中"老三届"校友集体敬赠学校的礼物，石碑上刻有杨洁篪外长题为"使命"的书法墨宝，代表着校友们对母校的深情厚谊。

青春颂三烈士纪念碑，矗立在绿荫环绕的校园中央，见证了附中的变迁，承载了李笑牛、林小薇和陶华三位校友心系国家、心怀大爱、为保护国家财产英勇献身的事迹。

夯实"外语+X"优势，促进品质提升

——上海外国语大学附属外国语学校东校

学校之魂

　　学校秉承"自强、至诚、志远"的校训精神，努力培养外语突出、文理并举、全面发展的国际型预备人才。自强：以中华民族"浩然之气"为支撑，面对一切艰难困苦，振奋精神，自强不息、坚忍不拔、励精图治、改革图强。至诚：忠诚于祖国，忠诚于中国特色社会主义事业；以诚信为立身、立业之本，以诚实待人为弘扬集体主义精神之基。志远：将个人和学校的理想融入到祖国发展的事业中去，树立与全国人民共同理想相一致的远大理想，并将其作为个人、学校矢志不渝的追求目标和人格塑造的精神境界。

　　校徽设计以图形、文字和符号的组合展现学校的办学理念。校徽整体图形为"火车头"轮廓，表示"学无止境，行者致远"的追求，与英语"No end to learning"的中文译文形成呼应；内圈一艘扬起风帆的航船构成"上外"的汉字，嵌入学校校名。帆船主要采用红、蓝两种颜色，红色代表学校的育人目标，培养的是"红色底色"的人才，蓝色代表由无数人才汇聚成的浩瀚海洋。

办学之思

　　杜越华，上外附中校长，党委副书记，上外附中东校校长。他始终肩负为国育才、为党育人的初心使命，积极推动多语助力、多元文化浸润下的学生多元发展。在凸显外语教育特色的同时，重视基础学科拔尖人才和创新人才培养，构建了五大学科特长生七年一贯的培养体系，努力打造有创新能力、科学素养、家国情怀、国际视野的外国语学校学子形象。

　　蔡虹，校党支部书记，副校长，上海市"双名工程"思想政治学科高级研修班首届学员，第一、二届区政治学科带头人。获上海市园丁奖、区三八红旗手等荣誉称号。

教学之本

● 名师风采

　　杨辉，虹教系统人才梯队骨干教师。获市中小学中青年教师教学技能比赛一等奖、长三角区域初中数学青年教师教学设计大赛一等奖。2019年至2022年参与中英数学交流项目和坦桑尼亚数学交流项目。

　　周颖，科研办主任，教育部普通高中西班牙语课程标准修订组成员，市中小学关键语种中心组成员，区关键语种学科兼职教研员，虹教系统干部队伍第四梯队成员，虹教系统人才梯队骨干教师。获区园丁奖。

　　王序，虹教系统人才梯队教学能手。获"21世纪·园丁学堂杯"全国英语教师课例展评活动总决赛冠军。在"2021年中国英语教育大会"上作专题发言。

　　李茹奕，教务处副主任。获市初中英语青年教师教学展评一等奖、第四届上海基础教育青年教师教学竞赛外语类三等奖、区教育系统青年教师爱岗敬业教学技能竞赛一等奖。

　　俞倩雯，日俄西教研组组长，虹教系统人才梯队教学能手，区先进教研组长。获第四届全国中学日语优质课评比大赛一等奖。

● **特色课程**

学校积极探索将中华优秀传统文化融入外国语学校课程，将传统节日、非遗手工劳动、节气、书画诗词等元素融入课堂教学和实践活动。学校以"外语＋"为立足点，设计实施了外语＋礼仪、生物＋地理、美术＋音乐、数学＋美术、历史＋政治、体育＋医学等跨学科教学案例，在市、区、校级平台进行展示，尤其是将红色故事、家国情怀、传统文化与外语学科融合，充分发挥立德树人的育人功能，增强学生的民族自豪感和文化认同。

● **学生代表**

曹奕昀，2022届毕业生，现就读于复旦大学。区三好学生。获全国中学生数学奥林匹克（预赛）三等奖、市高二数学竞赛二等奖、第十五届高三物理竞赛三等奖、第35届化学奥林匹克（初赛）一等奖。

王馨仪，2020届毕业生，现就读于卡耐基梅隆大学。获丘成桐化学竞赛南方赛区冠军、全国一等奖，AMC 12美国化学奥林匹克竞赛中国赛区金奖（前10%），欧几里得数学竞赛优异奖（前25%）。

● **品牌活动**

校"红岩剧社"成立于2016年，每学期由学生自编、自导、自演、自译的红色经典剧目会在全校公演。剧社推出《红岩》《真理的味道》《国歌响起》等十多部中、外语版本作品，塑造了江姐、李白、陈望道等经典人物，成为积极用外语传播中国文化、讲好中国故事、演好中国故事的重要载体。

● **荣誉奖项**

上海市安全文明校园

上海市绿色学校

上海市依法治校示范校

虹口区行为规范示范校

虹口区劳动教育项目推进校

上海教育国际交流协会会员单位

中学西班牙语联盟校

新闻晨报中学生写作实践基地学校

虹口区高中"双新"关键语种学科基地校

复旦大学基础医学院创新实践人才培养基地

人文之萃

● 学校景物

校园内装置雨水收集再利用系统，将雨水收集后，经过沉淀过滤，通过喷灌系统代替自来水进行绿化浇灌，节省了宝贵的生活用水。学校将雨水收集再利用的技术融入日常教育，营造生活教育、劳动教育的场景，培养学生的节水意识和可持续发展意识。

绿色生命教育，为每一个学生的未来奠基

——上海市虹口高级中学

🕊 学校之魂

上海市虹口高级中学是一所与行政区同名、与共和国同龄的区实验性示范性高级中学。在七十余年的办学历程中，虹高人以"励志笃学、自强不息、见贤思齐、厚德载物"的校训为指引，形成了"严以治校、严以治教、严以治学"的治校特色，"勤奋、踏实、俭朴、友爱"的优良校风；孕育出"严、勤、实、活"的勤勉教风，"勤学苦练、多思善问、联系实际、精益求精"的端正学风，始终以治教严谨、治校有方、治学有成享誉一方。如今的学校正以先进的办学理念、与时俱进的创新精神，诠释着新时代区示范性高中的丰富内涵和深厚底蕴。

校徽中间图案的原型为武进路校舍，中间的 H 为虹口中学的首字母，左边图案象征书本，右边图案象征笔，也和校舍主楼形状相似。书香校园，笔耕不辍，寓意校园。

🕊 办学之思

吴炎，上海市虹口高级中学校长。曾担任上海市物理学会理事，华东师范大学公费师范生兼职导师，虹口区第十届、十五届政协委员，上海市第三、第四批"双名工

程"名校长培养对象、攻关计划学员、种子计划领衔人。获上海市基础教育成果二等奖、上海市园丁奖、虹口区教育系统十佳青年等荣誉称号。他提倡教师必须务实和严谨，同时要有人文情怀，信奉"大爱无言、桃李可期"。他认为学校要以学生为核心并提出学校"三圆"行动法，圆心就是学生，三个同心圆由内而外：第一个圆是课程围着学生转，第二个圆是教师围着课程转，第三个圆就是校长围着教师转。

吕凌，上海市虹口高级中学党总支书记，中学高级教师，上海市第三、第四批"双名工程"名校长培养对象。面对新时代新挑战，她以"价值引领，文化立人，汇聚智慧，绿色发展"为工作思路，努力将党建工作融入办学治校，充分发挥党组织的战斗堡垒作用，推动学校高质量发展。学校党总支 2016 年荣获虹口区先进基层党组织称号，2022 年被评为虹口区党支部建设示范点。

🎵 教学之本

● 名师风采

刘玉华，语文教研组长，中国民主促进会会员，政协虹口区第十四、十五届委员，高级教师，国家二级心理咨询师，上海市"经典诵读写活动"骨干教师。2014年获虹口区园丁奖，2021 年获上海市园丁奖。

梅云霞，物理信息教研组长，区物理学科带头人。获全国中学物理教学创新大赛上海赛区二等奖、上海物理教学论坛论文三等奖、虹口区青年教师教学风采一等奖、上海市教学成果二等奖、2021 年区先进教研组长称号等。

● 特色课程

"四立"课程群是结合各学科优势，聚焦学生的个性健康发展，促进学生全面成长的特色课程群，由立德课程、立能课程、立趣课程、立志课程组成。学生将知识与实际生活建立起联系，体验探索创新的乐趣，提升了综合运用所学知识解决问题的能力。

● 学生代表

邓景发，1951 届毕业生，中国科学院院士，物理化学家，化学教育家，中国电解银催化剂基础研究和应用的开拓者，高校真空表面化学研究的先行者，非晶态合金催化剂研究的奠基人。

余梦伦，1955 届毕业生，中国科学院院士，航天飞行力学和火箭弹道设计专家，中国火箭弹道设计的开创者。获国际宇航联合会"名人堂"奖，参加长征二号、长征三号等运载火箭的研制工作。

费维扬，1957 届毕业生，中国科学院院士，清华大学教授，化学专家，在应用理论知识和计算机辅助设计方法解决工程技术难题方面做出重要贡献。

孙承纬，1957 届毕业生，中国工程院院士，爆炸力学专家，为中国核武器、强激光技术和国防高科技预研工作做出重大贡献。

林国强，1959 届毕业生，中国科学院院士，有机化学家。获国家科技进步二等奖、中科院科技进步一等奖、上海市科技创新功臣、最美奋斗者等荣誉称号。

● 品牌活动

语言类学科重视语用实践，开设演讲类课程、论语经典诵读等；政史地学科重视情境实践，开设模拟法庭、历史剧等课程；数理化学科重视创新与实践能力，开设实验类课程，依托大学实践工作站和创新实验室，开设物理 3D 打印、无人机课程、化学创新实验、机关王、STEM 课程等。

● 荣誉奖项

上海市文明单位

上海市中小学行为规范示范校

上海市绿色学校

全国国防教育示范校

上海市法治教育示范校

上海市家庭教育基地校

✿ 人文之萃

● 杰出人物

于运联，原虹口中学校长，生物教师，20 世纪 50 年代被评为中学一级（最高等级）。提出治校特色和校风，带领学校投身中学语文"一类教改"试验、国家教委指定的人口教育试点、中学生数学实验教材的试教工作。

郭凤麟，原虹口中学副校长、物理教师。2009 年不幸患病，其间与夫人梁文媛老师商量后决定，将一生勤俭所得的积蓄包括房产全部捐赠给学校，设立"郭梁奖学金"。

艺术北虹，梦想开始的地方

——上海市北虹高级中学

学校之魂

学校传承"自强不息，日新又新"的北虹精神，恪守"学会学习、善于适应、勇于创造、乐于奉献"的校训，致力于将学生培养成为"有知识、有道德、积极的公民；品鉴艺术，有美学视角的生活者；追求卓越，能适应未来挑战的终生学习者"。

校徽主体图形设计为"北"字，上方为五星构成的弧线，形似"彩虹"，五星意为德、智、体、劳、美五育并举，"北"字形似"ART"首字母"A"，体现北虹艺术教育特色。

办学之思

张峻，特级校长，北虹高级中学党总支书记兼校长。获上海市园丁奖、上海市三八红旗手等荣誉称号。她秉承"让每一个学生得到充分和谐的发展"的办学理念，传承北虹"以美立人"的办学传统，以美育贯通形成"五育融合"的育人格局，积极构建"以学生为中心，以课程为载体，

凸显艺术育人功能，注重综合素质提升，强调创新精神与实践能力培养"的人才培养模式，促进学生健康而全面地发展。

ℰ 教学之本

● 名师风采

沈涌，区园丁奖获得者。获上海市中小学中青年教师教学评比二等奖。参与生物学科上海市学业水平考试命题、上海市空中课堂录制。

施荣，区艺术学科带头人。获上海市中小学中青年教师教学评比一等奖、上海市体育艺术领域十佳教学能手。参与高中美术及义务教育阶段美术教材编写。

杨学，区历史学科带头人。带领人文科学组获得上海市三八红旗手集体、巾帼文明岗等称号。

施鸣一，数学学科骨干，上海市园丁奖获得者。

马剑波，语文学科骨干，上海市园丁奖获得者。

● 特色课程

围绕"自信优雅的新时代公民"特色育人目标，学校构建形成"一体两翼"的北虹"大艺术课程"体系，开设了"百年外滩""合唱""平面设计""台词与表演""微电影"等一系列校本特色课程。

● 学生代表

刘立清，国家邮政局局长，党组书记，信息产业部党组成员。

郑洞天，中国第四代导演代表人物。获中国电影金鸡奖最佳导演奖、中国长春电影节最佳导演奖、中国电影导演协会表彰大会杰出贡献导演奖。

高博文，国家一级演员，上海评弹团团长，上海市曲艺家协会副主席，上海市非物质文化遗产代表性传承人。

洪亮，上海至合律师事务所主任，全国劳动模范，全国五一劳动奖章获得者，全国青联常委，上海市第十一次党代会代表，上海市第十三届政协委员。

● 品牌活动

"北虹之春"艺术节：北虹艺术教育品牌活动。创办于 1985 年，已连续举办 38 届，内容包括"班班有歌声"比赛和声乐、器乐、舞蹈、书画等专场活动，隆重的闭幕式暨文艺汇演成为校园的传统节日。

"北虹剧团"话剧演出：戏剧教育特色品牌活动。"北虹剧团"是融表演、舞美、剧评、宣传和统筹策划为一体的大型综合性学生社团。自 2016 年成立以来，已先后排演了《仲夏夜之梦》《赵氏孤儿》《风雪夜归人》等多部年度大戏。

"校友访谈"活动：学生综合实践品牌活动。"校友访谈"融校史教育、生涯教育、语文学习等为一体，自 2014 年起，每届学生都会参与校友访谈活动，访谈文章和活动感悟汇编形成《校友访谈录》。

● 荣誉奖项

上海市文明校园

上海市行为规范示范校

上海市艺术教育特色学校

上海市戏剧特色学校

上海市心理健康示范学校

人文之萃

● 杰出人物

朱学范，民革创始人之一，第一任邮电部部长，民革第七届中央主席，第五、六、七届全国人大常委会副委员长。

朱穰丞，中国近代话剧先驱之一。早年创办辛酉剧社，编导新戏。1931 年加入中国共产党，任中国留学生法国支部书记。

安子介，香港知名实业家，著名爱国人士，第八、九届全国政协副主席。

宋子文，民国时期的政治家、外交家、金融家。

● 学校景物

钟楼，学校主建筑，建于 1884 年（光绪十年），为四层孟莎屋顶带三角顶的无彩饰法式洋房。

素位而行，立己达人
——上海市鲁迅中学

🎧 学校之魂

　　上海市鲁迅中学的校训为"抱诚守真"。抱诚，即正直坦诚、信守承诺、言行一致、表里如一；守真，即纯真率直、探求真理、实事求是、朴实无华。"抱诚守真"源自鲁迅《坟·摩罗诗力说》一文。以此为校训，希冀每一位鲁中人时时讲诚信、处处讲诚实、事事讲诚朴，同时，循规律、尚科学、做真人、干实事。

　　校徽圆内主体是字母"LX"（鲁迅）的抽象演绎，形似青春、奋进的学生。红色是初升的太阳，热情而有活力；绿色代表书本，充满朝气与希望；蓝色代表知识海洋。校徽整体寓意鲁中学子在新时代阳光的沐浴下，勤奋学习，为建设祖国而努力奋斗！

🎧 办学之思

　　周巍，上海市鲁迅中学校长，中学语文高级教师，第63期全国高中骨干校长班学员。其办学思想是爱诚进韧、首在立人，其治校思想是素位而行、立己达人。获上海市赴滇支教先进个人、虹口区新长征突击手、虹口区园丁奖、虹口区先进工作者、虹教系统党政干部个人记功等荣誉称号。编撰出版专著《中学教研组建设》《让变革真正发生》，并主持多项推进学校教研组建设和育人方式转变的课题，推动学校和教师专业发展。

🌀 教学之本

● 名师风采

丁志伟，中学数学正高级教师，现任上海市鲁迅中学副校长，虹口区政协委员，民盟虹口区委委员，虹教系统教师专业人才梯队（2022—2024学年）学科带头人（数学），2019年至2022年上海市第四批援青团队核心成员。获2017—2020年度上海市助力脱贫攻坚先进个人、2020年青海省五一劳动奖章。

禹晓丽，中学英语高级教师，现任上海市鲁迅中学高一年级组长，虹口区班主任研究会理事，虹口区班主任中心组成员，虹口区校级班主任工作室联盟成员，虹教系统教师专业人才梯队学科带头人（德育）。获上海市优秀班主任、虹口区十佳班主任、上海市班主任高端培训班优秀学员。

● 特色课程

亲近鲁迅特色课程。本课程引领学生了解鲁迅先生一生中重要的十个瞬间，感受先生爱国情怀，使学生树立正确、积极的世界观、人生观和价值观，学习并践行鲁迅爱诚进韧之精神。

生命医学体验课程。本课程以学习急救安全知识为主，引导学生将理论与实践相结合，增强急救意识，掌握急救技能，促进学生身心健康和谐发展，在"认识生命、尊重生命、珍爱生命"中确立积极的情感、态度及价值观。

● 学生代表

李骏，1978届毕业生，数学家，中国科学院院士，复旦大学数学科学学院教授，上海数学中心首席教授，斯坦福大学终身教授。

彭沉雷，1979届毕业生，上海市人民政府副市长，上海市行政学院院长。

陈明青，1994届毕业生，上海市华东师范大学第一附属中学思政学科正高级教师，曾被授予全国模范教师、全国先进工作者、最美教师等荣誉称号。

许迅，1978届毕业生，主任医师，教授，博士生导师，上海交通大学附属第一人民医院副院长兼眼科医生，所带团队获上海市科技进步一等奖。

肖雅，1980届毕业生，著名越剧尹派表演艺术家，上海戏剧家协会理事，中国戏剧梅花奖得主，国家一级演员。

● 品牌活动

"三全导师制"已成为本校育人品牌特色，主要经验有：构建中心联动、整体推进的工作机制，形成基于数据、协同共育的管理格局，修订导师导生关爱、导航谈心记录册。"三全导师制"为学生健康成长推荐了一批引路人，为教师育德能力提升提供了一条新路径，为学校稳健发展构建了一套特色机制。

为了全面践行"双新"，实现育人方式转变，学校确定五年规划课题——"旨在提升教师课堂设计力的生本课例研究"。三年来，循序渐进地推进课例研究，覆盖全学科以及德育。已形成六十余篇课例，生动具体地呈现了"双新"理念落实的全过程，提高了教师践行"双新"的专业素养。

● **荣誉奖项**

上海市文明单位

上海市依法治校示范校

上海市行为规范示范校

上海市安全文明校园

上海市家庭教育示范校

上海市中小学心理健康教育达标校

2021 年，案例"爱诚进韧　首在立人——立德树人落实机制典型案例"入选全国立德树人落实机制研讨会优秀案例。

2022 年，科研成果"研究学生个性　构建多维联动　导航助力成长——鲁迅中学三全导师制的探索与实践"获上海市基础教育优秀教学成果二等奖。

人文之萃

● **学校景物**

民族脊梁　　　　　　　　　　　　鲁迅作品墙

陶冶性灵，启迪智慧，涵养气质

——上海市澄衷高级中学

🌀 学校之魂

上海市澄衷高级中学校训为"持诚求真"。持诚，即做人行事要始终保持诚实、诚朴、诚信的品格；求真，即说话做事讲究实际，不求浮华，不为表象迷惑，坚持探求真理。"持诚"与"求真"相辅相成。"持诚"是澄衷优秀文化传统的延续和继承，是"求真"地开展工作的基石和保证；"求真"是澄衷优秀文化传统的光大与发展，是坚持"持诚"有所成效的集中体现。

校徽以抽象的鼓起的风帆为整体造型，三层嵌套设计，上方"1900"为学校成立年份，正中间勾勒出三角形区域，内接圆形，澄衷校名铭刻其上，代表学校历经时代变迁但不忘学校创始人和办学宗旨，不断乘风破浪向前进。

🌀 办学之思

潘红星，上海市澄衷高级中学校长，地理高级教师，第四期"上海—加州影子校长"学员，第三期"双名工程"、第四期攻关基地学员，种子基地主持人。获上海市三八红旗手等荣誉称号，主持过近10个市、区级课题，有百余篇论文在区级以上报刊发表，有10篇论文在全国、长三

角、市、区级评比中获奖，是《诚朴是尚》等多部著作的主编，是《特色普通高中课程建设探索》的主要作者。她与工作团队一起，以"传承中创新"为基本办学思路，秉承"陶冶性灵，启迪智慧，涵养气质"的办学理念，明确"现代商业素养培育"为学校特色，以市级课题为引领，以课程建设为载体，开展教育、研究、行动三维合一的研究，提升教师专业素养，培育学生核心素养，将"育有个性的学生，塑有风格的教师，办有特色的学校"作为办学追求。

丁克芳，上海市澄衷高级中学党总支书记，英语高级教师。获虹口区教育系统优秀共产党员、三八红旗手、上海市家庭教育科研成果一等奖、基层党政干部年度考核集体记功奖。她将习近平总书记提出的"信念坚定、为民服务、勤政务实、敢于担当、清正廉洁"好干部标准作为自己的目标追求，全面加强基层党的领导，加强党员学习教育，充分发挥党员先锋模范作用，使党组织成为教育育人的坚强战斗堡垒。

教学之本

● 名师风采

徐雪君，生物高级教师，副校长，虹口区生物学科带头人。获上海市园丁奖，主持的多项课题在市区评比中获奖。目前在云南省马关县第一中学开展教育"组团式"帮扶工作，任帮扶学校校长兼党委副书记。

柳毅，物理高级教师，副校长，虹口物理学科带头人。多次参与市级项目，主持区级重点课题。获上海市中青年物理课堂教学技能评比二等奖。

徐玉华，数学高级教师，数学教研组组长，虹口区数学学科带头人。多次参与市级项目，主持区级重点课题。获上海市中青年数学课堂教学技能评比二等奖。

● 特色课程

学校基于国家课程，围绕学校特色育人目标整体规划课程，通过必修、选择性必修课程有机结合，综合实践活动课程深度融合，选修课程广泛结合的方式，形成相互关联、比较完善的"现代商业素养培育"特色课程群。课程基于校史，联系生活，重视体验，关注前沿，让学生学习必备的现代商业知识，掌握关键的现代商业能力，形成现代商业优秀品格和价值观。

● 学生代表

李达三，1937 届毕业生，香港著名实业家、慈善家，曾任声宝——乐声（香港）有限公司董事会主席，是香港大紫荆勋章获得者。

尹后庆，1971 届毕业生，现任国家督学，中国教育学会理事会副会长，上海市教育学会理事会会长。

单霞丽，1978 届毕业生，现任上海棋院院长，1984 年晋升为女子特级大师。

● 品牌活动

2019 年 10 月，学校以"培育现代商业素养，添彩未来幸福人生"为主题，面向全市成功开展特色展示。

● 荣誉奖项

2016 年上海市特色普通高中项目学校

2016—2020 年首批上海市依法治校示范校

2020 年上海市家庭教育示范校

2019—2020 年度上海市文明校园

2021 年上海市安全文明校园

人文之萃

● 杰出人物

叶澄衷，清末著名实业家、慈善家，宁波帮先驱。1899 年 9 月，捐地 28 亩，出银 10 万两，创办澄衷蒙学堂。

蔡元培，中国著名教育家，历任北京大学校长、中研院院长。1901 年来学校任教，并代理校长。

竺可桢，气象学家，地理学家，教育家，曾任浙江大学校长、中国科学院副院长。1905 年至 1907 年在学校就读。

胡适，著名学者，历史学家，哲学家，曾任北京大学教授和校长。1905 年至 1906 年在学校就读。

倪征燠，中国第一位国际大法官，著名法学家。1946 年作为日本东京远东国际军事法庭国际检察组成员、中国检察组首席顾问，参与审判日本甲级战犯工作。1919 年在学校就读。

　　王怀琪，体育教育家，创造了"三段教学法"，有《八段锦》等著作近百部。作为精武会先贤，其塑像和霍元甲等一起竖立在虹口精武体育公园内。在学校任教长达 43 年。

百年荣光，传承发展

——上海市继光高级中学

🎵 学校之魂

上海市继光高级中学前身是 1898 年英国教会创办的麦伦书院。1953 年改为公立，更名继光，寓意为"继承"和"光大"，纪念抗美援朝英雄黄继光。学校将蔡元培先生所提校训"忠信勤勇"赋予新内涵，成为继光师生教与学、生活与实践的根本指导原则和最高行为规范。

🎵 办学之思

金晓文，现任校长。获上海市园丁奖、市教育系统三八红旗手等荣誉称号。她基于校情确立办学理念：以"忠信勤勇"为基石，以"为了每一个学生的终身发展"为出发点和落脚点，让学生成为未来的社会中坚。学校办学目标为秉承校训，继承和发扬"规范＋特色"的办学思路，坚持走"以课程开发为承载体，以课堂改革为主战场，以教师成长为原动力，以学生发展为落脚点"的内涵发展之路，在科学、优质、特色发展的进程中，把继光办成结构优化、管理精细、师有品位、生有特长、校有特色的现代化学校。

🎗 教学之本

● 名师风采

王林，语文正高级教师，副校长，副书记，区学科带头人，中心组成员，第三期、第四期市双名工程成员。获市教育系统三八红旗手、区园丁奖。

戴妍，地理高级教师，教导主任，区学科带头人，中心组成员。获市学科单元作业设计赛一等奖、市园丁奖。参加空中课堂录制，参加市学科项目研究。

侯淑峰，体育高级教师，教研组长，区学科带头人。获区课堂评比一等奖。参与市重点课题研究，获上海课程教学研究 2022 年征文二等奖。协同全员获 2022 区优秀教研组称号。

金文，语文高级教师，政教主任。获市中青年教师教学评选一等奖，市优秀单元作业、试卷案例征集评选二等奖，虹教系统青年教师教学技能赛一等奖，金爱心教师称号。

● 特色课程

"探索·发现"的生涯课程。关注学生的生涯发展指导，强化"忠信勤勇"的德育基础，实施"忠有情感、信有基础、勤有方法、勇有表达"的校本育人"四有研究"。在市级课题引领下，以"自主发展、责任担当"为目标，从关注内在动机、提升认知出发，创设"聆听未来足音""我的未来我设计"等系列科目，构建了贯穿"高中—大学—职场"的课程体系。

● 学生代表

倪嘉成，2012 届毕业生，毕业于上海大学，现上海市第六人民医院糖尿病研究所贾伟平院士课题组助理研究员，从事稀有糖尿病 Wolfram 综合征分子机制研究，多篇 SCI 论文发表在国际期刊。

王佳立，2017 届毕业生，毕业于东华大学人文学院，任学生会文艺部部长，获社会工作奖奖学金等。现就职于上海文广集团旗下东方明珠新媒体。

王睿颖，2017 届毕业生。高中时获"未来杯"市课外活动赛一等奖、"青史杯"全国历史剧本赛二等奖。毕业于上海大学汉语言文学专业，现就职于波士顿科学。

● 品牌活动

继光高级中学在麦伦时期是沪上闻名的"民主堡垒、学运先锋"。2021 年，"麦伦中学遗址"被列入上海市第二批革命文物"一般不可移动文物"，麦伦时期档案入选第三批上海市档案文献遗产名录。进入新时代的继光高级中学，以"忠信勤勇"为灵魂，以"赓续红色基因、厚植家国情怀"为主旨打造校园环境，组织一系列红色育人活动。其中每年邀请社区共建单位和兄弟学校参与在黄继光广场·校史陈列馆（虹口区爱国主义教育基地）举办的"清明祭"主题活动，是学校的一项品牌活动。

● 荣誉奖项

上海市五一劳动奖

上海市文明校园

上海市依法治校示范校

上海市行为规范示范校

上海市花园单位

全国青少年校园足球特色校

人文之萃

● 杰出人物

沈体兰，1931 年至 1951 年任麦伦中学校长。沈校长以"培养新国家公民，造就新人格青年"为办学宗旨，传播进步思想，提倡爱国运动，培养革命干部，使麦伦始终站在时代的前哨。

赵朴初，1941 年至 1942 年在麦伦中学任教。我国著名社会活动家，佛学家，书法家，史学家和文字学家，全国政协委员，常务委员，副主席，中国佛教协会会长，中国民主促进会名誉主席。

刘晓，1938 年在麦伦中学任教。新中国成立前历任中共江苏省委书记，中共中央上海局书记，长期领导上海地下党的工作。新中国成立后任中国驻苏联大使，外交部常务副部长，中共中央顾问委员会委员。

王竹溪，1929 届毕业生，物理学家，原北大副校长，中国科学院学部委员，物理学家杨振宁的恩师。

陆汝钤，1952 届毕业生，数学家，中科院数学研究所副所长，中科院院士，博士生导师。

● 学校景观

校训石印刻着校训"忠信勤勇"，是百年校史的积淀，是学校精神与文化的凝练，彰显了一代代继光人进步发展的信念与力量。

1996 年 5 月建成的黄继光广场和 2015 年扩建的校史陈列馆，融合为虹口区爱国主义教育基地，成为在广大师生、社区居民和社会人士中赓续红色基因、厚植家国情怀的重要载体。

体教结合，多元发展

——上海市第五十二中学

🎵 学校之魂

　　上海市第五十二中学是一所以足球为特色的公办全日制完全中学。学校校训为"崇德、尚文、健体"，校风为"求真、务实"，教风为"严谨、创新"，学风为"勤奋、扎实"。

　　校徽中"52"代表上海市第五十二中学。校徽以上海市市花白玉兰为背景，寓意学校发展得益于上海市各级政府和社会的大力支持，体现五十二中人"崇德"向上的勃勃生机；底部为打开的书本，象征五十二中人遨游在知识海洋中"尚文"的学习热情；足球符号展现学校足球传统特色，也是五十二中人"健体"的运动特质。

🎵 办学之思

　　奚林明，上海市第五十二中学校长，化学高级教师。获上海市园丁奖、虹教系统 2015 学年党政干部考核个人记功等荣誉称号。2021 年主持编写《中考改革与课程教学》一书。在他的带领下，上海市第五十二中学先后荣获上海市安全文明校园、上海市文明单位、上海市依法治校示范校等荣誉。

刘晓聪，上海市第五十二中学书记，副校长，语文高级教师。她的课例选入上海教育出版社出版的《语文学科教学目标与课堂教学设计》。她从事教育管理、党建工作近十年，探索学校党建、教师专业成长和学生教育的有效模式，坚信自我教育是教育的最高境界，尽一切可能激发教师和学生的内在发展动力，促进每一位师生发光发热。

教学之本

● 名师风采

赵海榕，化学高级教师，副校长，上海市第二期普教系统优秀青年教师后备人选，上海市第三期普教系统名师培养对象，2016—2018 年虹口区化学学科带头人，上海市优秀教育科研员，长三角地区教育科研优秀个人。获虹口区中小学课堂教学评比一等奖。

庞春子，语文高级教师，2016—2018 年虹口区语文学科带头人，在省级以上刊物发表论文 30 多篇。

洪慧，英语教师，教研组长，区骨干教师。获上海市中小学和中等职业学校十佳班主任、第七届长三角地区中小学班主任基本功大赛高中组一等奖。

● 特色课程

定格动画。将定格动画从艺术课本中独立出来。学生在校本习材的指导下，体验动画创作过程，培养艺术通感，提高审美能力。社团获区优秀社团和市明星社团称号。

足球课程。根据初高中各年级学生的足球基础编排教学课程，包括足球常识、基本技术、基本战术、规则、基础裁判法等。学校曾为各地方俱乐部乃至国家队输送多名职业球员。

● 学生代表

朱琪，1994 年加入上海申花，作为主力队员获 1995 年甲 A 联赛冠军，1998 年足协杯冠军，现任南通支云俱乐部副总经理。

张界天，华东师范大学第一附属中学体育高级教师，美国犹他大学高级访问学者,国家游泳一级运动员,国家游泳一级裁判。

沈骏,上海市第五十二中学历史教师,现任团委书记,党务副主任。获 2015 年虹口区班主任基本功大赛一等奖、2020 年虹口区教育案例评比一等奖。

● 品牌活动

聚焦校园足球,助推特色发展——校园足球发展论坛。2015 年 12 月 11 日下午,六十周年校庆"聚焦校园足球,助推特色发展"论坛成功举行。虹口区副区长、教育局领导、上海体育学院、虹口区体育局、兄弟学校,以及足球界嘉宾、家长代表等出席活动。特邀嘉宾有体育学院董众鸣教授、前国家女足队长浦玮女士、上港足球队领队兼执行教练奚志康、体育学院何志林教授(我校第一届校友)。论坛由五星体育评论员刘越主持。

循学科规律,塑教育本真——张大文语文课堂观摩及研讨。2019 年 12 月 18 日,"循学科规律,塑教育本真——张大文语文课堂观摩及研讨"活动在校举行。初中语文教研组全体教师和虹实联盟的青年教师观摩特级教师张大文老先生执教的《藤野先生》。课后张大文向青年教师们提出殷切期望。

● 荣誉奖项

全国青少年校园足球特色学校

上海市依法治校示范校

上海市文明校园

上海市安全文明校园

上海市绿色学校

国际生态学校绿旗认证

人文之萃

● 杰出人物

陈成伟,曾任第二军医大学主任医师、教授。1991 年被评为南京军区优秀中青年科技干部,1992 年被评为上海市十佳中青年医师。获国务院政府特殊津贴。1994 年被英国剑桥大学收入第十一版世界名人录。

朱广沪,中国著名足球教练。2005 年被国家体育总局正式任命为中国国家男子足球队主教练。2017 年担任国家足球学院特聘专家,任上海市足球协会主席。

索丽生，历任河海大学院长、副校长，曾任江苏省政协常委、政协人口资源环境委员会副主任，2001年任水利部副部长，2003年当选全国政协常委。

● 学校景物

致远楼，初中部学生学习成长的主要场所，正中央展示学校校训"崇德、尚文、健体"，希望学生志存高远，朝着目标奋勇前行。

文德楼，高中部学生学习成长的主要场所，楼名凸显了学校校训精神，体现了五十二中人"崇德"向上的"文化"学习热情。

七人制足球场，打造五十二中足球特色的品牌。

做优教育生态，促进学生发展

——上海民办克勒外国语学校

学校之魂

　　上海市民办克勒外国语学校的办学宗旨：服务祖国发展、服务人类进步。教育作为上层建筑，既要为国家发展服务，也要为人类命运共同体事业服务，这也是外国语学校的历史使命。

　　学校校训：自强、至诚、志远。自强：弘扬中华民族"浩然之气"，直面一切艰难困苦，振奋精神，自强不息、坚忍不拔、励精图治、改革图强；至诚：忠诚于祖国，忠诚于中国特色社会主义事业；以诚信为立身、立业之本，以诚实待人为弘扬集体主义精神之基；志远：将个人和学校的理想融入到祖国发展的事业中去，树立与全国人民共同理想相一致的远大理想，并将其作为个人、学校矢志不渝的追求目标和人格塑造的精神境界。两个"服务"和校训，构成学校办学的灵魂和基本价值观。

　　校徽以英文单词"Koller"为主要元素，寓意学生聪明、恳挚、美丽、大方、敬业，在各个方面有所成就。"Koller"与沪语中的"老克勒"音近，表达了办学的一种期望：希望学生可以接受良好的教育，养成温文尔雅、彬彬有礼、不急不躁不功利、热爱生活的品质。校徽中"Koller"的上下方采用对称展开的书本图形，起到装饰作用的同时又突出了学校读书育人的特性。上方的五角星寓意冉冉升起的希望之星。"1994"为学校创始年份。标志主色采用蓝色，体现端庄大气展望未来的属性。

办学之思

崔德明，上海民办克勒外国语学校校长，原上海外国语大学附属外国语学校书记、校长（兼任上海外国语大学附属外国语学校东校校长），全国外国语学校工作研究会会长学校校长，全国外国语学校工作研究会专家组专家。

办学思想：办学要坚持"两个服务""六字校训"。实行办学以教师为中心，教育以学生为中心的育人方针；实行成人与成才并举的育人策略；实行德育、课程（外语＋）、科技、国际交流相融合的育人路径。坚持以实践体验、提升为育人动力，最终为社会贡献大批外语突出、全面发展、具有科创意识和科创能力的高素质、复合型、国际化的预备人才。

严贝娜，上海民办克勒外国语学校党支部书记，副校长。2004 年 3 月至 2021 年 8 月任职于上海外国语大学。任职期间获得各级各类荣誉十余项，多篇论文发表于具有影响力的主流媒体。自从 2021 年任职于本校以来，提出"德育之树"的工作架构，实行"德育垂直管理、'五育'多维培养"的育人模式。同时开展基于"德育＋"这一核心理念的多种活动。她先后提出"三个带动"和"两个并驱"的工作理念，为学校的党建工作带来了新的活力。

教学之本

● 名师风采

魏然，英语教师，英语教研组组长，2019—2021 年区人才梯队高中外语束定芳团队成员。在虹口区课堂教学评比、全国外国语学校外语教学论文评比中多次获奖，并在多个全国学生英语比赛中荣获优秀指导教师。

江雪峰，信息科技教师，科技辅导员。获上海市初中信息科技教师专业知识比赛优胜奖，他所带领的 VEX 机器人社团获得 VEX 机器人各级别多项锦标赛冠亚军。

陆祎婧，生物教师，综合理科组教研组长兼年级组长，区人才梯队骨干教师。多次获教师技能比赛大奖，并多次获评优秀指导教师。

汪炜琳，化学教师，班主任，师训专管员。关注科学前沿资讯，多次获奖。同时积极投身于馆校合作项目的探索。

王大红，数学教师，虹口区班主任研究会会员，虹口区初中数学朱丽霞团队人才梯队的学员。获虹口区优秀园丁奖。

● 特色课程

学校以外语教学为特色，通过基础型小班全外语教学的课程搭配适合不同学生的特色社团课程，如模联社团课程、英语音乐剧课程、CCA 社团、TED 演讲社团、外语辩论社团等，全方面培养学生外语能力，为国家培养高素质预备语言人才。

● 学生代表

蔡昕辰，2018 届毕业生，现就读于卡内基梅隆大学 Statistics and Machine Learning 与建筑双专业。高中阶段参加斯坦福国际邀请赛获 Public Form 辩论国际组季军。独立撰写论文《上海城市更新与产业转型闲置老厂房更新策略研究》获上海市科技创新大赛二等奖，并发表于《建筑时报》。

毛嘉伟，2018 届毕业生，现就读于北京大学外国语学院韩语专业，同时攻读北京大学国家发展研究院经济学双学士学位项目。现任北京大学中韩交流协会会长，外国语学院团委学术调研部部长，北京大学学生学术委员。获北京大学三好学生称号，并获北京大学君远奖学金。

张怡霏，2015 届毕业生，初中毕业参加新加坡 SM1 留学生奖学金项目，就读于新加坡立华中学。大学在新加坡南洋理工大学攻读英文文学与艺术史，获得南洋理工大学奖学金。

任睿欢，2018 届毕业生，多次参加模拟联合国活动。现就读于复旦大学历史学系，获院系一等奖学金。

● 品牌活动

科创类活动：VEX 机器人社团活动、青少年科创大赛、OM 头脑奥林匹克竞赛。

英语类比赛：全国希望之星英语演讲大赛、ESDP 英语演讲辩论大赛。

校园活动：上外一实杯学生商业挑战赛、音乐剧社团"爱剧社"年度表演活动、心理社活动。

● 荣誉奖项

全国希望之星风采大赛优秀组织学校

全国模拟联合国大赛最佳组织学校

全国外国语学校工作研究会成员学校

2021 年中国区头脑奥林匹克大赛一等奖第一名

2021 年世界头脑奥林匹克大赛第四名

2019 世界机器人大赛二等奖

上海市绿色学校

上海市依法治校标准校

上海市安全文明校园

人文之萃

● 学校景物

学生在环境优美的校园中漫步。

高职校

在改革中创新，在探索中前行

——上海南湖职业技术学院、上海市南湖职业学校

🍃 学校之魂

　　"厚德、精技、善思、笃行"是上海南湖职业技术学院校训，保留了南湖职业学校校训"尚德、修身、勤技、励志"中的"德""技"元素，既是传承和延续，也是办学特色的体现。厚德，就是首先要有深厚的德行，也表明学校要重视育人；精技，就是要有精湛的技艺和对技艺精益求精的追求。同时，作为高职校，我们的师生还需要具备善于独立思考、敢于创新的能力，需要有脚踏实地的行动实践。由此，形成了"善思"和"笃行"。

　　校徽蓝白相间，简约素雅。以南湖蓝为主色调，配以渐变色波浪，凸显白帆远航。扬帆起航、乘风破浪的造型，生动诠释"创业创新，追求一流"的南湖精神，也预示南湖再次创业的开始。四片扬起的帆，组成一个"业"字，彰显南湖职教基因：办学紧贴产业动向、科学规划专业设置、着力培育职业素养、成人成才乐业为魂。四片帆和四道浪组成抽象的凤凰头像图案，取"进取"之意，寓意事业发展无止境，南湖人初心不改。同时，也寓意上海南湖职院创校初始设立的四个专业群和四个校区。

🍃 办学之思

　　芦秀兰，上海南湖职业技术学院党委书记，上海市南湖职业学校校长，教授，

特级校长，上海市第四期"双名工程"高峰计划基地主持人。获全国特色教育先进工作者、全国五一巾帼标兵、上海市劳动模范、上海市优秀共产党员、上海市教育功臣提名、上海市教书育人楷模、上海市中小学最美校长等荣誉称号，入选"改革开放 40 周年：职业教育 40 年 40 人"。现为全国旅游专业教学指导委员会委员、上海教育评估协会中职分会副主任。她以"爱"的情怀、"闯"的劲头、"创"的精神、"干"的作风，为职业教育发展鼓与呼，为师生发展搭平台。在她的带领下，南湖成为上海首家新型公办高职学校。她坚持"德技并修，育训结合"，抓好思政课程和落实课程思政。她力求让每个学生都拥有"人生出彩"的机会和"开创幸福"的底气，提出了"把需要生活的人培育成生活需要的人"。

朱建柳，上海南湖职业技术学院党委副书记兼院长，博士，"东方学者"特聘教授，虹口区领军人才，虹口区第十一届党代表，上海市第四期"双名工程"攻关计划基地主持人，上海市高职名师工作室主持人，全国中职诊改委员会专家成员，教育部汽车类行业职业教育指导委员会委员，上海市高职高专汽车类专业教学指导委员会副主任，上海市高职高专教学诊断与改进教学指导委员会副主任，上海市高职高专"1+X"委员会副主任，上海市名师工作室主持人，在华东师范大学、上海工程技术大学兼职硕士生导师。获上海市育才奖。她为南湖职院第一个五年规划确立了"一年起步，三年成形，五年出教育特色"的发展战略和"专业特色鲜明、社会服务能力强、综合办学水平领先、与上海数字化城市转型契合度高"的"创新型、开放型、特色型、服务型"全国新型高职学校的发展目标，努力实现让"每个学生都能实现梦想，拥有人生出彩的机会；每位教师都能发展，感受学院的温度"。

周巧玲，上海市南湖职业学校党总支书记，高级讲师，上海市第四期"双名工程"公关计划金怡基地学员，市教育系统三八红旗手，市关心共青团工作的好书记，市普教系统尊老敬老的好领导。2022 年 8 月参加中组部首批教育人才"组团式"帮扶工作，担任云南省马关县民族职业高级中学校长、党支部副书记。她将党建工作深度融合到学校改革发展和"五育"并举中，提出"党建引领学校发展，思想领航谋篇布局，融合发展筑牢根基，政治功能精准发力，学校发展优质有道"的党建工作思路，完善干部选拔任用机制和干部竞聘制度，全面激发学校生机与活力，努力践行为党育人、为国育才的使命担当。

教学之本

● 名师风采

朱列，副教授，智能汽车服务系部主任，上海市高职名师工作室主持人。获全国交通技术能手、上海市五一劳动奖章、上海市教书育人楷模、上海市脱贫攻坚个人记大功等荣誉称号。全国汽车服务职业教育集团副秘书长，上海市技师协会汽修专委会副秘书长，上海市汽车维修行业协会教育培训委员会副主任。获中国交通教育优秀中青年教师奖、上海市优秀教学成果奖一等奖、全国交通运输职业教育教学成果二等奖等奖项。带领团队建设师德高尚、师风优良、态度积极向上、教学成绩突出的教师队伍。

裴燕南，高级讲师，金融专业教师，科研室主任，上海市金融名师培育工作室主持人，上海市第四期"双名工程"种子计划领衔人，虹口区教师人才梯队学科培训工作室主持人。获上海市园丁奖、上海市优秀教学成果奖一等奖、第五届教师教学法改革交流评优活动一等奖等奖项。

孟伟，副教授，区人才梯队学科带头人，上海市"巾帼建功"标兵，第45届、46届世界技能大赛餐厅服务项目中国专家组专家、教练组组长，上海旅游行业大赛裁判长，高级导游，美国饭店协会注册高级培训师（AHLA），澳大利亚 TAFE IV 培训师，上海市四星金牌指导教练。获上海市优秀教学成果奖一等奖。

● 特色课程

"红色匠人"是南湖职校在二十多年的办学实践中逐渐开发完善的特色课程，形成了整合校内外育人资源共同培育红色匠人的完整模式。该课程将传承红色基因、弘扬工匠精神与专业教育融为一体，校政企联合打造校内外三个课堂，引导学生形成"红色基因＋综合素质＋专业技能"三维素质结构。第一课堂推出"课程思政"一体化教学项目、"专业故事会"拓展教学项目；第二课堂实施"校园准企业"创新创业项目、"民族产业荣光"科普教育项目、"青马工程"思想筑基项目；第三课堂推进"南湖学子游南湖"红色场馆游学项目、"微光志愿者服务"社会公益项目，引导学生从知情意行四方面养成红色信仰、综合素养、专业技能。"红色匠人"培养模式构建与实践的相关研究成果获 2022 年上海市优秀教学成果奖特等奖。

● 学生代表

丁晓，2009 届毕业生，现为中共四大纪念馆党支部副书记、宣教部主任，全国首批红色旅游"五好讲解员"，上海市第十二届党代表。获上海市优秀共产党员等荣誉称号。

冯玉麒，2007 届毕业生，现为绿波廊酒楼点心组组长，豫园股份团委副书记，中国工会十七大代表。获上海市五一劳动奖章、上海商业技术能手、上海餐饮技术标兵、中国烹饪世界大赛个人赛最佳面点金奖等荣誉称号。

● 品牌活动

"南湖杯"职业技能大赛始办于 2002 年，至今已举办十四届。通过历届"南湖杯"的磨炼，崇尚技能、精益求精、追求卓越的精神已经融入南湖师生的血脉，成为一代又一代南湖人的传承。

● 荣誉奖项

国家中等职业教育改革发展示范学校

全国职业教育先进单位

全国教科文卫系统模范职工之家

上海市总工会工人先锋号

全国职业院校数字校园建设单位

全国示范性虚拟仿真实训基地培育单位

上海市课程思政教学研究示范中心

上海市"十四五"首批科技教育特色示范学校

上海市市级创新创业学院（培育）

上海市高职高专高水平专业群建设单位

虹口区"北外滩高质量发展、高品质生活、高效能治理"先进集体

人文之萃

● 杰出人物

张云生，1965 年参加教育工作，1984 年起历任黄山中学、广灵中学、交通职校校长，2001 年至 2010 年担任南湖职校校长，获评上海市特级校长、上海市优秀

教育工作者、中国职业教育杰出校长、全国职业教育先进个人，2009年至2014年担任上海市职业教育协会副会长。他提出了"文化合格、技能过硬、素养良好"育人目标和"把需要工作的人培养成工作需要的人"办学理念。

● 学校景物

新校门　　　　　　　　　　5G数字创意实训中心

滴水池